Financial Statement Analysis

工业和信息化普通高等教育“十三五”规划教材立项项目

21世纪高等院校经济管理类规划教材

# 财务报表分析

## ——理论、方法与案例（微课版）

□ 续芹 编著

人民邮电出版社

北京

图书在版编目（CIP）数据

财务报表分析 ：理论、方法与案例 ：微课版 / 续芹编著. -- 北京 ：人民邮电出版社，2021.10
21世纪高等院校经济管理类规划教材
ISBN 978-7-115-57037-6

Ⅰ. ①财… Ⅱ. ①续… Ⅲ. ①会计报表－会计分析－高等学校－教材 Ⅳ. ①F231.5

中国版本图书馆CIP数据核字(2021)第153615号

## 内 容 提 要

本书共十二章，分为四篇。

第一篇是财务报表分析概述，具体包括第一章至第三章。本篇主要讲解财务报表的制度环境和相关基础知识，对财务报表的体系和内在联系进行了描述，并介绍了财务报表分析的基本框架。

第二篇讲解财务数据质量判断，具体包括第四章至第七章。本篇对资产负债表右边、资产负债表左边、利润表和现金流量表的主要项目在财务报表分析时应当注意的要点分别进行了讲解。

第三篇集中介绍了财务报表分析常用工具，具体包括第八章和第九章。第八章介绍了分析的基本方法，第九章详细介绍了各种常用比率的设计原理、适用条件和优缺点。

第四篇是财务报表分析专题，具体包括第十章至第十二章，讲解了对集团报表、会计调整、关联方交易、日后事项和分部报告的财务报表分析要点。

为便于教师教学和学生学习，各章知识讲解前设置了“知识目标”“技能目标”等，知识讲解后设置了“本章小结”和“综合练习题”，正文中穿插了“案例”“视野拓展”等栏目，以大量上市公司财务报表作为分析案例。

本书配有教学大纲、电子课件、教学案例、综合练习题答案、模拟试卷等教学和参考资料（部分资料仅限用书老师下载），索取方式参见“更新勘误表和配套资料索取示意图”（咨询 QQ：602983359）。

本书可作为本科和高职高专院校管理类、财务类相关专业课程的教材。

◆ 编　　著　续　芹
责任编辑　万国清
责任印制　李　东　胡　南

◆ 人民邮电出版社出版发行　　北京市丰台区成寿寺路 11 号
邮编　100164　　电子邮件　315@ptpress.com.cn
网址　https://www.ptpress.com.cn
北京盛通印刷股份有限公司印刷

◆ 开本：787×1092　1/16
印张：14.75　　2021 年 10 月第 1 版
字数：354 千字　　2025 年 1 月北京第 3 次印刷

定价：52.00 元

读者服务热线：(010)81055256　印装质量热线：(010)81055316
反盗版热线：(010)81055315
广告经营许可证：京东市监广登字 20170147 号

# 前言

解读财务报表不仅是会计人员应当具备的技能，也是管理岗位人员应具备的技能。现如今，那些大型跨国集团的董事会成员基本上或多或少都拥有相关的财务经验和财务背景，管理类人才的基本素质之一就是懂财务、会看财务报表。

财务报表分析是一门建立在经济学、管理学、会计学基础上的应用型学科，它研究的是如何通过观察企业披露的财务报表对企业的投资活动、筹资活动、经营活动的结果进行评价。分析过程中，不同分析者的分析目的不同，关注的侧重点也可能会有差异。一般来说，分析者需要对宏观环境、行业特性和企业战略进行综合了解和判断，运用多种分析工具对财务报表数据进行剖析，并对财务报表披露质量进行判断。如果认为披露质量较差，分析者还需要在根据情况调整财务报表数据之后，再进行分析和评价。本书详细讲解了与财务报表分析有关的内容。

为满足教师教学与学生学习的需要，编者在编写本书时力争做到以下几点。

（1）系统性。本书是一本系统而全面地讲解财务报表分析知识的教材，全书分四篇，分别是财务报表分析概述、财务数据质量判断、财务报表分析常用工具和财务报表分析专题。本书理论框架系统完整，在编写过程中，编者积极吸收了国内外有关财务报表分析领域新的研究成果。

（2）前沿性。本书在讲解财务报表基础知识时，选用了新版的财务报表格式进行讲解；在讲解管理用杜邦分析法时，也是基于新版财务报表格式来进行财务报表重构分析的；教学案例也多是较为新颖的近期典型案例。

（3）启发性。为了加深学生对相关理论知识的理解，启发学生思考，本书在编写体例上做了如下安排。每章均以引例导入，并有相关思考题用于引发学生思考；在正文中结合大量教学案例对相关知识点进行讲解；除教学案例之外，还提供大量拓展性阅读材料——可能是一些补充案例，也可能是与教学知识点相关的延伸知识点的讲解；每章后的综合练习题可以让学生进一步温习和巩固所学知识。

（4）配套资料丰富。本书配有教学大纲、电子课件、教学案例、综合练习题答案、模拟试卷等教学和参考资料（部分资料仅限用书教师下载），索取方式参见“更新勘误表和配套资料索取示意图”（咨询 QQ：602983359）。

为更好地落实立德树人这一根本任务，编者团队在深入学习党的二十大报告后，在本书重印时对局部内容进行了微调，新增了素质教育指引等配套教学资料。

本书由对外经济贸易大学续芹编著。由于作者水平有限，书中难免有不当之处，敬请广大读者批评指正。

# 目录

# 第一篇

# 财务报表分析概述

# 第一章　财务报表制度环境与基础知识

【知识目标】

1. 了解会计制度和会计准则在我国的发展历史与变革过程。

2. 了解与财务报表信息披露相关的制度的四个层次。

3. 理解四个会计基本假设，以及这些假设受到挑战或者有所松动时，对财务报表信息披露的影响。

4. 理解国际会计准则新的概念框架中对会计信息质量的有关规定。

5. 掌握权责发生制与收付实现制的区别，以及权责发生制在业绩报告中的理论先进性。

6. 理解会计计量属性及其应用场景。

7. 掌握管理层进行盈余管理与盈余操纵的动机。

【技能目标】

1. 需要检索相应的法律法规时，能够准确获取正式官方资讯。

2. 掌握权责发生制与收付实现制的区别，能够运用权责发生制得到一个会计主体的当期利润。

3. 发现公司存在盈余管理、盈余操纵情况时，能够分析出其动机和目的。

【关键术语】

会计准则、会计制度、会计假设、会计信息质量要求、会计确认基础、权责发生制、收付实现制、会计计量属性

## 引例

### 财务报表格式的不断修订

2019年9月19日，财政部[①]会计司发布了《关于修订印发合并财务报表格式（2019版）的通知》。该通知表示："为解决企业在合并财务报表编制中的实际问题，针对2019年1月1日起分阶段实施的《企业会计准则第21号——租赁》（财会〔2018〕35号，以下称新租赁准则），以及企业会计准则实施中的有关情况，在《财政部关于修订印发2019年度一般企业财务报表格式的通知》（财会〔2019〕6号）和《财政部关于修订印发2018年度金融企业财务报表格式的通知》（财会〔2018〕36号）的基础上，我部对合并财务报表格式进行了修订，现予印发。《财政部关于修订印发2018年度合并财务报表格式的通知》（财会〔2019〕1号）同时废止。"

根据该通知，2019年度合并财务报表需要按照新的格式进行披露。之所以要对合并财

① 为简便起见，一般情况下，书中出现的国家机构、法律法规等名称均使用简称。

务报表的格式进行修订，主要是由于自2017年以来财政部先后对金融工具等相关准则、收入准则和租赁准则进行了修订，已经执行这些新准则的企业应当按照该通知的报表格式编制合并财务报表；部分执行新准则的企业则需要结合此次通知的要求对合并财务报表项目进行相应调整。企业可以根据自己的实际情况，按照重要性原则对合并财务报表的项目适当进行增删。

**启发思考：**会计准则为何会进行修订？合并财务报表的格式为何必须不停调整？

# 第一节 我国财务报告的制度环境与法规体系

会计是一门商业语言。语言的重要功能是交流和沟通，作为商业语言，会计的重要功能之一就是帮助企业的利益相关者了解企业的经济情况，为他们作出相应的决策提供部分依据。如果语言标准不统一，则会造成交流沟通不畅（试想一下，你不懂外语，却要和某个外国人交流的困难情境）。因此，对外报告的财务会计一定需要相对统一的标准，来保证其最终产品——财务报表的编制基础是可比的。

这一节，我们将了解我国目前财务报告的制度环境和法规体系，看看目前这门商业语言在我国的基本规范要求。

## 一、我国财务报告的制度环境

Davis和North（1970）在《制度变迁和美国经济增长》中提出，制度环境是“用来管理经济和政治活动的一系列基本的政治、社会和法律基础规则”，它是人类社会在长期交往活动中形成的，又反过来管理和约束人类的各种活动。制度环境可以分为正式制度环境和非正式制度环境。正式制度包括各种明文规定的法律、法规、规范等；非正式制度则是人们一些不成文的限制，包括价值观念、道德观念和意识形态等，即公序良俗。

我国的制度环境有其特殊性。1993年，十四届三中全会明确提出进行市场化改革，随后政府通过一系列制度安排来保证市场在配置资源中的主体地位，这些制度安排就构成了我国企业近些年面临的正式制度环境。在整个改革过程中，由于我国幅员辽阔，各个地区受地理、历史、文化等诸多因素的影响，各地区情况不一，改革也不宜采用“一刀切”的方式。我国改革采用“先试点后推广”的做法，而且地方政府在改革过程中也有相当大的政策自主权，这就导致了不同地区面临的制度环境可能不同。

新制度经济学强调宏观制度环境与企业微观机制之间的关系。可以将财务报告看作一种企业微观机制，其功用的发挥势必受到外部制度环境的影响。这种影响也一直是众多学者研究的课题。例如，一种假说认为当外部制度环境比较好的时候（例如，法制体系完善、金融市场发达、市场化程度高、政府干预少、投资者保护机制健全等），财务报告会发挥更大的决策有用性（这种假说被称为互补效应假说）；还有一种假说认为当外部制度环境不好的时候，财务报告会发挥更好的决策有用性（这种假说被称为替代效应假说）。[①]

这两个假说到底哪个成立呢？国内外的研究证据是混杂的，并没有压倒性的结论。

其实，此处二者之间的作用效果并不是单向的（就像这个世界上很多事物的作用规律一样）。当外部制度环境不够健全的时候，更高质量的财务报告会充当一种筛选机制，是投资者保护机制的一种替代；随着外部制度环境的不断健全，高质量的财务报告所代表的优质企业能够更加顺畅地在市场资源配置中得到投资者的青睐。而事实上，财务报告披露标准和要求的不断修订、变更和完善更是外部制度环境的一部分。所以，可以将两者的关系理解为相辅相成、互相作用。

就像上文所述，制度环境这个题目非常巨大。即使我们聚焦正式制度环境，也包罗万象。以下内容将视线聚焦到会计制度和会计准则这一直接与财务报告相关的制度层面，回顾一下会计制度和会计准则在改革开放以来的发展变化历程（阶段划分主要是从会计准则的发展视角来进行的）。

### （一）会计准则“光杆司令”阶段（1992—1997）

**视野拓展**

**会计准则“光杆司令”阶段陆续发布的征求意见稿名单**

我国在借鉴苏联的会计制度的基础上，经过不断补充调整形成了有中国特色的会计制度体系。与英美等国家按照业务类别制定会计体系的做法不同，我国会计制度是以企业所有权性质和行业特征为标准设立的，因此种类繁多。20 世纪 90 年代初，我国有《国营工业企业会计制度——会计科目和会计报表》《国营供销企业会计制度——会计科目和会计报表》《国营建设单位会计制度——会计科目和会计报表》《乡镇企业会计制度——会计科目和会计报表》和《中外合资经营企业会计制度》等。改革伊始，我国企业的所有制结构比较单一，因此会计制度主要围绕国营企业展开，而《中外合资经营企业会计制度》的颁布则往往被认为是我国会计采用国际会计惯例的首次尝试。

一般认为，在会计改革方面真正具有分水岭意义的是 1992 年以“两则、两制”为特征的会计改革。彼时不同行业、所有制和组织形式的会计制度条块分割，不同性质的企业执行不同的会计制度，导致企业之间财务信息不可比。于是，1992 年 11 月 30 日，财政部发布了《企业会计准则》，其定位是基本会计准则，与国外准则体系中的概念框架有相似之处，都是原则性规定，不涉及对具体会计事项的确认、计量和报告。为了能够指导企业具体核算，财政部还发布了《企业财务通则》，并陆续发布了 13 个具体行业会计核算制度以及 10 个具体行业财务制度。这就是通常所说的“两则、两制”，至此我国形成了会计准则和会计制度并行的“双轨制”局面。这段时期我国会计体系的特点是，以《会计法》为顶层设计、以“两则”为制度基准，以分行业企业会计制度为具体规范。

彼时的会计准则还是一个“光杆司令”，只有基本准则，没有具体准则。但是国家也意识

① 如何衡量制度环境呢？国际上有一些组织会对不同国家或地区的制度环境进行测量，例如 Fraser Institute 会从政府规模、司法结构和产权保护、健全通货可得性、国际贸易自由度和政府管制等五方面来衡量，每年发布世界经济自由指数；世界经济论坛则通过衡量一国或地区利用其资源的效率，用 100 多个指标来衡量一个国家或地区的全球竞争力，并发布全球竞争力指数；世界银行也通过一系列指标衡量“生意轻松指数”和“世界商业环境调查”等。由于我国不同地区的制度环境差异性较大，也有学者测量我国不同地区的制度环境，例如樊纲等在《中国市场化指数：各地区市场化相对进程 2006 年报告》中的研究结果，得到了后续研究该类问题学者的广泛引用，作者后续也对该指数进行了跟踪研究。

到了统一可比的会计准则对经济发展的作用，财政部积极组织专家小组紧锣密鼓地进行具体会计准则的建设工作，1994 年 2 月至 1996 年 1 月，财政部陆续发布了 30 项具体会计准则的征求意见稿。可以说，当时对具体会计准则的研究是稳步推进的，意图推出一套完整的具体会计准则。

### （二）会计准则陆续发布阶段（1997—2000）

当时的计划是用三年时间完成具体会计准则的制定工作。但是 1997 年“琼民源”事件的爆发，直接导致我国历史上第一个具体会计准则《企业会计准则——关联方关系及其交易的披露》出台（被戏称为“救火准则”）。随后，到 2000 年 12 月《企业会计制度》颁布为止，我国陆续发布了九项具体会计准则。这一阶段会计准则的陆续颁发，十分典型地体现了我国会计改革的渐进性和增量改革的特点。

> **视野拓展**
>
> 会计准则陆续发布阶段发布的九项具体会计准则名单

### （三）会计准则建设放缓阶段（2000—2005）

> **视野拓展**
>
> 会计准则建设放缓阶段发布的六项具体会计准则名单

这一阶段，会计准则的建设进程放缓了，主要原因是在准则的实践过程中出现了一些问题。例如，有些公司恶意利用如“债务重组”“非货币性交易”等准则中对公允价值的估计来操纵利润。这导致准则的建设工作出现了反复，似乎有回归会计核算制度的倾向。财政部于 1998 年发布了《股份有限公司会计制度——会计科目和会计报表》，2000 年又发布了《企业会计制度》（同时废止了《股份有限公司会计制度——会计科目和会计报表》）。国务院在 2000 年 6 月发布了《企业财务会计报告条例》，对 1992 年《企业会计准则》中的会计要素定义做出了重大修订。《企业会计制度》的出台，打破了行业、所有者和组织形式的限制，对所有企业适用，该制度成为我国这一阶段会计规范的主要形式。而会计准则的制定步伐则明显放缓了，仅在 2001 年发布了六个会计准则。

直至 2005 年，我国一直保持这 16 项具体会计准则不变。与此同时，会计制度的制定工作进展迅速。2001 年 11 月发布《金融企业会计制度》、2004 年 4 月发布《小企业会计制度》、2004 年 8 月发布《民间非营利组织会计制度》、2004 年 9 月发布《村集体经济组织会计制度》等。这一阶段我国会计体系的特点是，以《会计法》为顶层设计、以《企业财务会计报告条例》为中层、会计制度和会计准则并行指导的规范体系。

### （四）我国会计准则与国际财务报告准则趋同阶段（2005 年至今）

此时，国际上已然出现各个国家的会计制度与国际会计准则趋同的趋势。为了进一步加强与国际各组织的交流与合作，进一步确立市场经济在我国的地位，以及进一步助力我国企业在国际贸易中发挥作用，2005 年前后，我国会计准则的制定工作又一次提速。

> **视野拓展**
>
> 2014 年以来我国会计准则制定和修订情况

2005 年 11 月 8 日，中国会计准则委员会与国际会计准则理事会签署联合声明，确认我国的企业会计准则体系实现了与国际财务报告准则的实质趋同。

2006 年 2 月，财政部正式发布了“1+38”的会计准则体系，即 1 项基本准则和 38 项具体准则。执行新会计准则体系的企业不再执行《企业会计制度》和《金融企业会计制度》。

2007 年 12 月 6 日，中国会计准则委员会与香港会计师公会联合签署《关于内地企业会计准则与香港财务报告准则等效的联合声明》。2008 年 11 月，欧盟证券监管委员会就第三国会计准则等效问题投票，允许我国证券发行者在进入欧洲市场时使用我国会计准则，不需要根据欧盟境内市场采用的国际财务报告准则调整财务报表。2010 年 4 月，财政部发布《中国企业会计准则与国际财务报告准则持续趋同路线图》，再次明确了我国准则与国际准则持续趋同的目标。

在随后几年内，基于持续趋同的路线指引，财政部又新颁布和修订了若干准则，实现了我国企业会计准则与国际财务报告准则的持续趋同。

**微课堂**

**会计准则在我国的发展**

除企业会计准则的建设之外，2011 年，财政部颁布《小企业会计准则》。2015 年，财政部颁布《政府会计准则》，并随后陆续发布了若干项具体政府会计准则。会计准则的层次和体系也丰满起来。

那么之前地位非常重要的会计制度还存在吗？在我国目前的会计体系中，会计制度仍然是存在的。只不过现在的会计体系中以会计准则指导业务为主，会计制度具体针对不同性质组织的核算科目和披露事项进行明细规定。可以说发展到今天，我国的会计体系已经是准则为主、制度为辅的局面了，如图 1.1 所示。

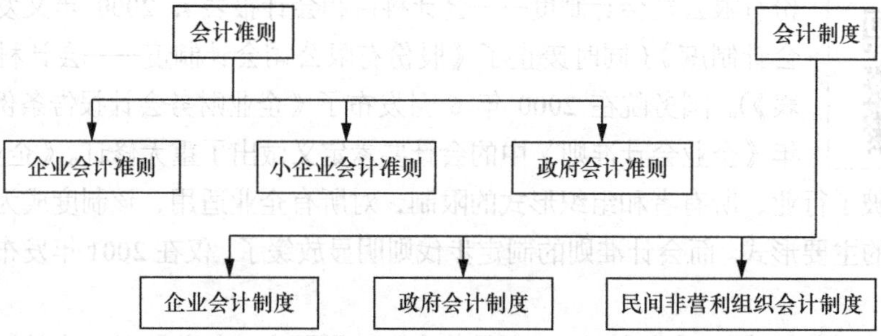


图 1.1　我国会计体系

随着会计职能的进一步演进和深化，近些年我国开始强调管理会计的发展。财政部于 2014 年印发了《财政部关于全面推进管理会计体系建设的指导意见》，2016 年印发了《管理会计基本指引》，并于 2017 年印发了一整套管理会计应用指引。本章内容聚焦会计准则的发展，管理会计的内容就不讲述了。

在我国的改革开放进程中，会计准则和会计制度的改革经历了复杂和渐进式的变革。对我国会计体系构建过程的理解应当放到我国整个改革开放的进程中去考量。事实证明，这种增量式的渐进性改革是适应我国国情和特点的，会计体系的摸索构建、调整修订是为了更好地服务我国企业。随着我国市场经济的深化发展和企业力量的崛起，我国会计体系既实现了与国际接轨，又体现了中国特色，将会继续为我国经济发展保驾护航。

这部分内容主要从会计准则的角度回顾了改革开放以后，我国会计体系的建立和发展（纵向发展）。下面将主要描述与上市公司财务报表信息披露直接相关的法律法规。

## 二、与财务报表信息披露相关的法规体系

与财务报表信息披露直接相关的法规体系从法律效力上可分为以下四个层次：法律、行政法规、部门规章和自律规则。

### （一）法律

法律的法律效力最高，例如《公司法》《证券法》《刑法》《会计法》等法律中都涉及企业信息披露的相关内容。随着我国经济的发展，法律也在不停修订以适应当前的经济社会。例如，《会计法》于1985年1月21日第六届全国人民代表大会常务委员会第九次会议通过，经过1993年、1999年和2017年的三次修订，2017年修订后的《会计法》自2017年11月5日起施行。《会计法》中规范了会计的一些基本事项，例如："各单位必须依法设置会计账簿，并保证其真实、完整。会计年度自公历1月1日起至12月31日止。因有提供虚假财务会计报告，做假账，隐匿或故意销毁会计凭证、会计账簿、财务会计报告，贪污，挪用公款，职务侵占等与会计职务的有关违法行为被依法追究刑事责任的人员，不得再从事会计工作。"

《会计法》第四十二条至第四十七条列举了违反《会计法》的行为，这些违法行为如果给国家、集体和个人的财产造成很大的经济损失或者造成极大的社会影响，就构成了会计犯罪，需依法追究刑事责任。

### （二）行政法规

行政法规的制定主体是国务院，行政法规根据宪法或其他法律的授权制定，行政法规必须经过法定程序制定，行政法规具有法的效力。行政法规一般以条例、办法、实施细则、规定等形式组成。发布行政法规需要国务院总理签署国务院令。它的效力次于法律、高于部门规章和地方法规。行政法规是法律内容具体化的一种主要形式。

中国政府网为我们提供了搜索工具，可以用于检索目前生效的各项行政法规，具体可以在中国政府网的"政策"栏下检索。该网站建设得十分完备，在"政策"栏的文件库中还有目录导航，分别按照发布机构、主题、公开年份等对行政法规进行了分类。例如，按照主题分类中的"财政、金融、审计"这一类别中的行政法规大多与我们讨论的信息披露和财务报告等问题相关。

### （三）部门规章

部门规章是国务院所属的各部委根据法律和行政法规制定的规范性文件。与上市公司财务报表信息披露密切相关的部门规章主要包括财政部和证监会发布的有关规定。

财政部发布的规则主要有会计准则、会计准则应用指南、会计准则解释、会计制度以及一些有关会计处理和信息披露的其他规定。

（1）会计准则。关于我国会计准则的发展历程前文已经介绍。

（2）会计准则应用指南。会计准则应用指南是用来规范具体准则在实际应用中的操作性规范，应用指南的发布有利于会计准则的贯彻落实。

（3）会计准则解释。为了解决会计准则执行过程中出现的问题，财政部还制定了企业会计准则解释，截至2021年5月，共颁布了14项准则解释。每一号准则解释中可能会涉及不同的会计准则，解释的问题往往是实务中大家疑问较多的、争议较大的问题，这些问题在具体准则的规定中并不清晰，或者尚未规定。通过准则解释的方式，予以规范。

（4）会计制度。会计制度的发展历程在介绍会计准则时一并介绍了。

（5）其他规定。财政部还会颁发一些有关会计处理和信息披露的其他规定，例如《关于修订印发 2019 年度一般企业财务报表格式的通知》《关于印发<永续债相关会计处理的规定>的通知》等。会计从业人员应当关注与会计相关法律法规的出台和更新。

对于上市公司而言，除了财政部发布的相关会计规定需要遵守之外，具体在披露信息时还需要符合证监会发布的一些指导文件。具体可以查看证监会官网—法律部—法律法规。证监会建立了一个“证券期货法规数据库系统”可供查询。对公开发行证券的公司信息披露的相关规定主要分为三大类：内容与格式准则、编报规则、解释性公告。

（1）内容与格式准则。公开发行证券的公司信息披露内容与格式准则对年报、半年报、季报的内容和格式作出了具体规范，还对一些特殊事项（例如，重大资产重组、发行债券、招股说明书等）的信息披露作出了具体规范。

（2）编报规则。公开发行证券的公司信息披露编报规则涵盖了财务报告的一般规定、净资产收益率和每股收益的计算及披露、非标准无保留审计意见及其涉及事项的处理、财务信息的更正及相关披露等内容。

（3）解释性公告。公开发行证券的公司信息披露解释性公告规范了非经常性损益、政府补助、可供出售金融资产减值、分步实现企业合并、分步处置对子公司投资至丧失控制权等方面的财务信息披露，并对弥补累计亏损、支付会计师事务所报酬、新旧会计准则衔接等信息披露要求进行了说明和规范。

这里强调一下，对于一般上市公司的年报编制，《公开发行证券的公司信息披露内容与格式准则第 2 号——年度报告的内容与格式》对年报的具体披露内容作出了非常详细的指导；《公开发行证券的公司信息披露编报规则第 15 号——财务报告的一般规定》则具体对年报中的财务报告应当如何披露，特别是附注披露的内容作出了具体规定。如果想要了解一般上市公司的年报内容，认真学习这两个文件是很有必要的。

### （四）自律规则

自律规则是各个组织或者行业协会制定的一些规则。对于上市公司的财务报表信息披露，具体还需要满足所在交易所对信息披露的具体要求。上海证券交易所（以下简称“上交所”）和深圳证券交易所（以下简称“深交所”）会根据与会计相关的法律法规以及财政部、证监会等部门规章制定更加详尽的规范文件，企业可以去交易所网站查询。查询路径：上交所—规则—法律规则；深交所—法律规则。

## 第二节 会计假设、会计信息质量要求与财务报表

进行财务报表分析，需要具备一定的会计基础。下面我们将进一步介绍会计假设、会计信息质量要求、会计确认基础和计量属性这些概念，以及这些概念在财务报表分析中发挥的作用。对于会计基础较好的读者，本节内容可以简要了解；对于没有接触过与财会相关知识的读者，则需要认真学习。

## 一、会计假设与财务报表编制

### （一）会计主体假设

视野拓展

会计主体假设的举例讲解

《企业会计准则——基本准则》第五条规定，“企业应当对其本身发生的交易或者事项进行会计确认、计量和报告。”这实际上就是我们通常所说的会计主体假设，即需要明确做账的主体是谁。该假设界定了会计处理与财务报告的空间范围。传统的、界限清晰的会计主体与法人主体重合。对一个企业法人的经济活动进行会计处理，是人们普遍理解的会计主体。当然，随着经济发展，经济活动越来越复杂化，会计主体假设会有所松动，或者受到挑战。对松动后会计主体的核算被归类为特殊业务会计，是高级财务会计讲解的内容。接下来，我们讨论三种不同的情境。

情境一，企业对外进行控制性投资，形成企业集团。为了反映整个集团的财务状况、经营成果和现金流量（也称现金流），就需要将整个企业集团作为一个会计主体编制报表。这就是合并报表的内容。

情境二，由多个组织或个人通过协议形成的虚拟组织。有些项目的开发是基于一系列的协议安排进行的。这些协议规定了参与者（各个不同的组织和个人）在该项目中的权利、义务等内容。基于这些协议规范的内容，各个参与方共同构成了一个虚拟组织。对这个虚拟组织的会计核算显然也非常重要，只有核算清楚才能够根据协议安排进行利益的分配。因此，虚拟企业（虚拟组织的一种，虚拟组织[①]也可能是非营利性的）会计（也可称为项目会计或事件会计）也构成了特殊业务会计。

以上两种情境，都使得会计主体包含了多个法人主体。

情境三，企业内部的分支机构或业务有独立核算的需求。例如，企业组织内的分公司，如果有独立核算的需求，就需要以分公司作为会计主体核算。分公司会计也算是特殊业务会计。再如，一家基金公司（法人主体）发行了数支基金，每一支基金都有独立核算的需要。基金会计也构成了特殊业务会计。

情境三中，一个法人主体下可能包含多个会计主体。

我们对会计主体假设的理解不能受限于物理实体（不一定要有办公大楼）、法人实体（如上所述，会计主体可能大于或小于法人实体）的概念。在分析经济交易的时候，首先要明确交易的对手方都是谁，即明确会计主体。尤其要注意区分企业的经济活动与股东、债权人的经济活动，区分企业的经济活动与员工个人的经济活动。总之就是，该谁做账谁就做账。会计主体假设对指导实际工作的重要性是毋庸置疑的，直接决定了报表编制的空间范围。

### （二）持续经营假设

《企业会计准则——基本准则》第六条规定：企业会计确认、计量和报告应当以持续经营为前提。这个假设意味着会计做账是以企业在可预见的未来会持续经营下去作为前提的。如果这个假设因受到挑战而有所松动，如企业要进行破产清算，破产清算是特殊业务，破产清

① 关于虚拟组织的定义，很多文章认为只要是网络公司就是虚拟公司。此处不是这个概念，此处的虚拟组织是指没有注册成立法律主体，而是参与各方基于一系列的协议而成的组织。例如，有些政府和社会资本合作（Pubilc-Private Partnership，PPP）项目并没有单独成立公司，这些项目的核算问题既包括 PPP 项目（虚拟组织）本身的会计核算问题，也包括参与各方（政府部分、私人组织）在各自账本上如何反映的问题。

算会计就是高级财务会计讲解的内容。持续经营假设的存在使得会计处理过程中可以按照既定的常规套路处理业务。例如，对固定资产进行折旧，对无形资产进行摊销，而不是将其按照清算价值进行计量和报告。

持续经营假设是一开始就存在的吗？Richard（2004）指出，19 世纪的欧洲和北美还遵循的是会计期末重估所有资产的价值这一原则，实时反映一个实体拥有全部资源的当下价值。那时候，持续经营还不构成会计做账的假设。而到了 20 世纪中叶，上述操作已经基本绝迹。会计人员的主要工作变成判断与当期收入相配比的各种成本和费用，以确定真实的利润。持续经营假设、历史成本的计量属性和配比原则，这些我们耳熟能详的会计术语开始出现并发挥作用。是什么促使了这种转变的发生呢？

大家可以想象一下，19 世纪及以前的作坊式生产中，组织拥有的主要资产应当是流动资产（存货为主），那时候还没有大规模生产的各种器械设备。对于作坊主来说，实时了解和提供存货的可变现净值是非常有用的。例如，作坊主可以提供存货的可变现净值给债权人，并将存货作为抵押物（那时候的融资往往是短期融资）。而随着生产力的发展，大型设备，甚至是大型专用设备的出现，改变了企业的资产结构，固定资产在总资产中的比例急剧增加。由此带来的问题是，如果再按照原来的变现价值去计量固定资产，可能并不能给决策者提供与价值相关的信息。虽然这些专用设备变现性很差，但是它给企业带来未来盈利（现金流）的能力却很强。企业的融资需求也发生变化，希望使用长期资金来支持长期资产的构建。此时再提供变现（清算）价值，就很难吸引投资人。所以，会计的任务自然就由原来计量“变现（清算）价值”转变为衡量“持续经营价值”。

而进入 20 世纪末期，国际上准则制定者的导向又开始倾向于资产负债表观，为了提高资产负债表的决策有用性，在资产负债的计量上又一次开始大量引入公允价值，甚至一度讨论全面引入公允价值会计。但是 2008 年的金融危机，使得公允价值计量带来的“顺周期效应”暴露，并引发了国际理论和实务界的广泛批评。如果全面引入公允价值，持续经营假设就没有存在的必要了。目前在我国，持续经营假设依然是基本假设之一，历史成本的计量属性依然是最主要的计量属性。

### （三）会计分期假设

《企业会计准则——基本准则》第七条规定：企业应当划分会计期间，分期结算账目和编制财务会计报告。会计期间分为年度和中期。中期是指短于一个完整的会计年度的报告期间。

会计分期是将企业持续的经营活动分为连续的、相等的期间，分期进行核算和报告。会计这个职业一产生就带着“会计分期”的基本属性。因为利益相关者总是希望隔一段时间就了解企业到底经营得如何，这种对信息的天然需求就必然导致会计需要分期报告业绩。那么这个分期的时间点在哪里呢？

我国的会计分期实行公历制，年报时点是 12 月 31 日，所有企业都一样。统一的会计分期的好处是：第一，整齐划一的会计分期有利于对同行业企业进行比较。当我们比较两家同行业企业的业绩时，至少其编制报表的期间是完全一致的，可以排除时间差异带来的业绩差异这一干扰因素。第二，整齐划一的会计分期有利于集团管理。例如，母公司需要编制整个集团的合并报表，当集团中所有企业会计分期一致时，报表期间这个因素就不需要调整；而当集团中所有企业会计分期不一致时，还需要先调整会计分期，才能编制合并报表。第三，整齐划一的会计分期也有利于国家的宏观统计和管理。同样，当国家管理部门统计某一个行业的状况时，由于行业内每一个企业会计期间都相同，所以开展统计工作非常便利。

但是国际上也有不采用公历制的，企业可以根据自己的实际情况来确定年报时点。美股上市公司的年报截止日就各不相同（例如，沃尔玛的资产负债表日是 1 月 31 日，APPLE 的资产负债表日是 9 月的最后一个星期六）。自由选择年报截止日（资产负债表日）的好处是：第一，可以量体裁衣地制定适合自己企业的报表日。企业可以根据自身的经营周期（淡季旺季）来确定合适的报表日。例如，对于我国零售行业来说，年末至第二年年初都是销售旺季。最好是等旺季过去之后，如二月底或三月份再编制报表，此时库存也较少，利于盘点。第二，有利于审计师的工作。由于各企业资产负债表日不同，就避免了审计师在上半年特别忙、加班无数，下半年太闲、放假的局面出现。审计工作不再那么集中，也有利于提升审计质量。

会计分期的期间多长为适宜呢？这就需要结合会计信息的及时性统筹考虑。会计期间如果很长，及时性就得不到满足；会计期间如果过短，信息比较及时，但是带来的编制成本和审计成本较高。所以权衡之下，我国 A 股上市企业目前是披露经过审计的年报，同时为了满足信息及时性的需要每季度都披露中期报告（不需审计）。美股目前的披露频率与我国一样，也是年报需要经过审计，同时需要披露季报（不需审计）。英国的证券市场是以半年为频率来披露财务报表信息的，季报不做强制披露要求。

**视野拓展**

**关于会计分期假设的补充资料**

### （四）货币计量假设

《企业会计准则——基本准则》第八条规定：企业会计应当以货币计量。

财务会计只反映那些可以被货币准确计量的事务，但是企业经营中可能有很多隐性的资源无法用货币准确计量，因此也被排除在财务核算系统之外。但这些隐性资源对于分析一家企业来说，可能是非常重要的。因此，分析一家企业只看报表是不行的。

货币计量隐含了币值稳定的假设，如果币值极其不稳，如出现严重的通货膨胀，那么继续用名义金额列示报表就有可能带来一系列问题。例如，去年期末有 500 万元的存货，今年期末存货金额变为 1 500 万元，貌似存货增加很多，但这只不过是由于存货价格极速上涨导致的。经过通货膨胀系数调整之后的金额，比较起来才更有意义。因此，币值不稳定的情况下，货币计量假设受到一定挑战，需要适用通货膨胀会计，这又是特殊业务会计（属于高级财务会计的内容）。

**视野拓展**

**电子货币是否挑战了货币计量假设**

当一个企业业务涉及多币种的时候，如何确认、计量和报告就会比较复杂。多币种的业务对单一币种的货币计量形成一定挑战，我们将外币业务会计作为特殊业务会计，在高级财务会计中讲述。当一个跨国集团下属各个公司采用不同的货币计量时，集团的合并报表编制如何处理？外币报表如何与本位币报表合并？我们将外币报表合并作为特殊业务会计，在高级财务会计中讲述。

当然，随着信息技术的进步，各种非货币信息的取得成本也在进一步降低。出于不同的报告目的和不同利益相关者的需求，除货币计量的维度之外，还可以结合其他维度来进行报告。例如，环境会计中对碳排放的持续跟踪、计量和报告等，生成的是碳排放报表或者环境报告等，而不能称为财务报告。

货币计量涉及一个会计概念——记账本位币。记账本位币是指日常登记账簿时用以表示计量的货币。《会计法》第二章第十二条规定：会计核算以人民币为记账本位币。业务收支以人民币以外的货币为主的单位，可以选定其中一种货币作为记账本位币，但是编报的财务会计报告应当折算为人民币。

大家不要觉得会计假设与核算离得很远，和盈余操纵没有什么关系。事实上，会计假设奠定了会计核算的基础，高阶的盈余操纵会从会计假设入手，而且会做得不露痕迹。

例如，记账本位币的选择也是蛮有讲究的。如果以人民币作为记账本位币，外币收支业务就适用《企业会计准则第19号——外币折算》规定的“外币交易”的处理原则，在资产负债表日需要按照相关规定进行汇率调整，形成的汇兑损益是直接计入当期利润的。但是，如果选择以外币作为记账本位币，则期末的任务是将外币报表折算成人民币报表，相应的折算差额记入“其他综合收益”科目，是直接计入权益的。因此，结合汇率变动走势和对当期利润的影响，企业有可能会通过变更其境外实体的记账本位币，来达到操纵利润的目的。

## 二、会计信息质量要求与财务报表编制

视野拓展

了解我国会计信息质量要求

四个会计基本假设奠定了会计核算和报表编制的基石，但是只有基石是不够的。随着经济发展，新业务层出不穷，会计规则的制定一定程度上是实务倒逼的结果。常规业务的处理遵循已有规则即可，对于那些新业务又该如何进行会计处理呢？《企业会计准则——基本准则》第二章规定了八条“会计信息质量要求”——可靠性、相关性、可理解性、可比性、实质重于形式、重要性、谨慎性、及时性。也就是说，如果会计处理后的结果能够满足这些信息质量要求，这就是合适的会计处理。因此，这些会计信息质量要求对于指导新业务（没有现成准则依循的业务）就显得尤为重要了。

2018年3月29日，国际会计准则理事会发布了修订后的《财务报告概念框架》，其第二章“有用财务信息的质量特征”对财务信息应当具备的质量特征作出了详细规定。与之前简单罗列各个质量特征不同，新版的概念框架将财务信息的质量特征分为两个层面——基础质量特征和提升性质量特征。

基础质量特征（fundamental qualitative characteristics）包括相关性（relevance）和如实反映（faithful representation）。提升性质量特征（enhancing qualitative characteristics）包括可比性（comparability）、可验证性（verifiability）、及时性（timeliness）和可理解性（understandability）。此外，信息披露还需要满足成本效益原则这一限制性条件。

相关性要求与决策相关的信息具有预测价值（predictive value）或者反馈价值（confirmatory value），或者二者兼有。预测价值和反馈价值并不是割裂的，很多财务信息都同时具备预测价值和反馈价值。例如，企业今年的收入对预测未来收入趋势是有用的（预测价值），同时又可以通过将实际发生的收入数字与去年预测数字比较，来分析或者改进预测模式（反馈价值）。原来单独作为一项的重要性（materiality），现在被归入相关性，因为不重要的信息也就不相关，相关的信息应该是重要的信息。信息是否重要，需要考量该信息的性质、金额的大小，或者将二者综合起来考量，并且需要放到具体的企业情境下判断。因此，国际会计准则理事会无法给出或者确定某个情境下的重要性门槛。

如实反映取代了原来的“可靠性”，成为与相关性并列的基础财务信息质量特征。大多数情况下，一个经济现象的经济实质和法律形式是一致的。但是，一旦这二者不一致，仅仅按照法律形式提供财务信息将不能够如实反映企业的经济现象。如实反映需要具备以下三个特征。

（1）完整性（complete）。企业应该用数字以及详细的文字说明共同描绘出一副完整的图景，以有利于报表阅读者了解该事项。例如对于资产，至少应当披露该资产的性质、金额，以及该金额是如何得到的（是历史成本还是公允价值）。完整性要求对相应的事项要给出充足的文字说明——对其质量或者性质给予充分解释；对影响其质量或性质的因素给予充分说明；对具体金额的得出过程给予充分说明。

（2）中立性（neutral）。中立性是指不偏不倚，不要故意制造某种好印象或者不好印象。谨慎性（prudence）归为中立性。谨慎性通常说的是不高估资产和收益，不低估负债和费用。但是谨慎性并不是让我们低估资产和收益，高估负债和费用。谨慎性也并不意味着会计处理的不对称，如谨慎性并不意味着资产和收益的确认条件要比负债和费用的确认条件高出很多。

（3）无差错（free from error）。无差错并不是说在所有方面完全准确，无差错指的是在描述某现象时过程正确、流程正确。例如，需要对公允价值进行估计的时候，将估计的过程、影响因素都完全披露和表达清楚，就“无差错”了。

概念框架强调了财务信息要想有用，必须同时满足相关性和如实反映的特征。当二者出现矛盾的时候，准则建议在保障相关性的情况下，尽量如实反映。例如可以通过文字描述该事项的性质、影响因素、估计过程等方面尽量如实反映。如果不确定性太高，无法做到如实反映，可以退而求其次，用与第二顺位相关的信息来做，直到在相关性和如实反映之间找到一个平衡点。

在界定了两个基础质量特征之后，概念框架还给出了四个提升性质量特征。

（1）可比性。可比性包括横向可比和纵向可比。与其他信息质量要求不同，其他特征在描述单个信息的特征，而可比性是信息之间比较时需要具有的特征。可比性中也包含了对一致性的要求。一致性既包括同一个企业在不同期间会计方法的一致性，也包括不同企业在同一期间会计方法的一致性。但一致性描述的是手段，而可比性强调的是结果。通常情况下，如果信息能够满足相关性和如实反映，则可比性就自然达成了。

（2）可验证性。可验证性包括直接可验证（例如，清点现金）与间接可验证（例如，通过输入变量，按照处理流程和模型，验证得出结果）。

（3）及时性。一般来说，越老旧的信息越没用。

（4）可理解性。可理解性要求清晰、准确地分类、记录和报告信息。有些经济行为可能十分复杂，导致可理解性变差。但是如果不披露报告，信息又会不完整。

提升性质量特征不能使原本无用的信息变得有用，这四个特征的运用是想让有用的信息变得更加有用。这四个特征都是从信息使用者的角度出发，对有用的财务信息提出的要求。

对新版国际会计准则概念框架中的财务信息质量特征的总结如图 1.2 所示。

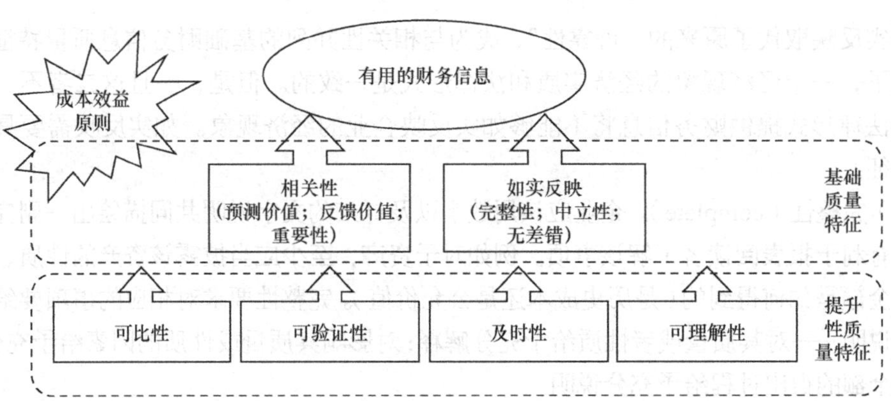


图 1.2　有用财务信息的质量特征

新概念框架改变了原来罗列信息质量特征的方式，将质量特征分为两个层次，第一层次是首要的、最基本的质量特征——相关性和如实反映，企业应在满足第一层次质量特征的基础上，再考虑提升性的质量特征。新概念框架用“如实反映”替代了“可靠性”的说法；也不再将实质重于形式作为单独的质量特征，因为如实反映本就说的是反映业务的经济实质；谨慎性也没有再单列，而是在谈到如实反映的“中立性”时提到，这强调的是，不能因为谨慎性而丧失中立性。我国《企业会计准则——基本准则》中的 8 条会计信息质量要求应该也会随着经济发展而在未来有进一步调整。会计信息质量要求又称为“会计原则”，对于指导财务报表的编制发挥重要作用。尤其是当会计准则的出台或修订无法跟上实践发展的步伐时，这些原则无疑就成为指导会计实践的重要依据。

# 第三节　会计确认基础、会计计量属性与财务报表

会计假设与会计信息质量要求奠定了会计核算的一些基本规则，报表的编制与呈现与这些会计假设与信息质量要求息息相关。这一节再来看一下会计确认基础与会计计量属性对财务报表编制的影响。

## 一、会计确认基础与财务报表编制

微课堂
权责发生制与收付实现制

《企业会计准则——基本准则》第九条规定：“企业应当以权责发生制为基础进行会计确认、计量和报告。”第十一条规定：“企业应当采用借贷记账法记账。”这明确了企业会计的确认基础是权责发生制，记账的方法是借贷记账法。我们学习财务会计，其实学习的就是权责发生制和借贷记账法。与权责发生制对应的是收付实现制。

什么是收付实现制？收付实现制是指按照款项的收付时间确认收入和费用的归属期，凡是在本期收到的现金或银行存款，不论是否归属于本期，均作为本期收入处理；凡是本期支付的现金或银行存款，不论该款项是否在本期收入中取得补偿，均作为本期费用处理。

什么是权责发生制？权责发生制是指对于会计主体在一定的会计期间内发生的交易和事

项，凡是满足收入确认条件的本期收入，不论是否收到款项，均应作为本期收入处理；凡是满足费用确认条件的本期费用，不论是否支付款项，均应作为本期费用处理。

视野拓展

了解为什么权责发生制更具有理论先进性

与收付实现制相比，权责发生制在衡量业绩上是有其理论先进性和逻辑合理性的。这也是为什么会产生会计这个职业的根本所在——需要有一群专门学过权责发生制的人来负责做账。

由于企业是以营利为目的的单位，因此企业会计准则明确规定了企业必须用权责发生制来做账，这样才能报告准确的业绩。而政府机构、事业单位并不以营利为目的，所以长久以来是以收付实现制为核算基础的，把钱算清楚就行。但是政府机构、事业单位的近期会计改革方向是加强权责发生制在这些单位的运用。

2015 年 10 月 23 日，财政部公布了《政府会计准则——基本准则》，接着又发布了关于存货、投资、固定资产、无形资产、公共基础设施、政府储备物资等具体准则。2017 年 10 月，财政部印发了《政府会计制度——行政事业单位会计科目和报表》，进一步推动了权责发生制在行政事业单位会计核算中的运用。

正如前文所述，权责发生制由于在确定财务状况和报告业绩上的理论先进性和合理性，已经被政府机构、事业单位会计采纳，以期提升这些单位的资金管控能力、防范资金使用风险，实现资金的更合理配置。

## 二、会计计量属性与财务报表编制

### （一）会计计量属性的相关规定

《企业会计准则——基本准则》第九章“会计计量”第四十二条规定了会计计量属性，主要包括以下内容。

（1）历史成本。在历史成本计量下，资产按照购置时支付的现金或者现金等价物的金额，或者按照购置资产时所付出的对价的公允价值计量。负债按照因承担现时义务而实际收到的款项或者资产的金额，或者承担现时义务的合同金额，或者按照日常活动中为偿还负债预期需要支付的现金或者现金等价物的金额计量。

（2）重置成本。在重置成本计量下，资产按照现在购买相同或者相似资产所需支付的现金或现金等价物的金额计量。负债按照现在偿付该项债务所需支付的现金或现金等价物的金额计量。

（3）可变现净值。在可变现净值计量下，资产按照其正常对外销售所能收到现金或现金等价物的金额扣减该资产至完工时估计将要发生的成本、估计的销售费用以及相关税费后的金额计量。

视野拓展

会计计量属性在我国的发展沿革

（4）现值。在现值计量下，资产按照预计从其持续使用和最终处置中所产生的未来净现金流入量的折现金额计量。负债按照预计期限内需要偿还的未来净现金流出量的折现金额计量。

（5）公允价值。在公允价值计量下，资产和负债按照市场参与者在计量日发生的有序交易中，出售资产所能收到或者转移负债所需支付的价格计量。

《企业会计准则——基本准则》第九章“会计计量”第四十三条规定，企业在对会计要素进行计量时，一般应当采用历史成本，采用重置成本、可变现净值、现值、公允价值计量的，应当保证所确定的会计要素金额能够取得并可靠计量。

从准则的表述可以看出，历史成本仍然是目前最主要的计量属性。绝大多数的资产和负债需要用历史成本计量。从会计的历史沿革可以看出，现代工业化的发展、长期经营性资产（固定资产、无形资产）占资产比重的上升、长期性融资的需求等因素，促成了历史成本计量模式的产生和发展；而随着现代金融市场和资本市场的发展，金融资产和金融负债市场价值的相关性又凸显出来，因此公允价值又一次被引入会计计量属性中。凡是制度更迭、准则变迁，总是会产生不同的意见。歧义、商榷、争议、讨论都是再正常不过的事情。总之，到目前为止，大家看到的报表是各种不同计量属性的“大杂烩”，这也增加了理解财务报表的难度。因此，想要对财务报表进行比较透彻的分析，需要对基本的会计概念和方法有一定了解。

### （二）会计计量属性的应用场景

历史成本是最主要的计量属性。报表中的固定资产、无形资产、存货和大多数负债等的基本计量属性仍然是历史成本。当资产盘盈的时候，盘盈的资产需要入账，这时就是按照重置成本入账的。存货到了期末，需要按照成本与可变现净值孰低的原则入账。现值也有很多运用场景，例如分期付款购买固定资产、无形资产时，超过正常信用期限的资产就按照现值入账；存在弃置义务的固定资产，需要将弃置义务现值计入固定资产，并同时确认预计负债等。某些金融资产期末是按照公允价值入账的，投资性房地产可以选择公允价值模式计量；公允价值在很多准则中都有体现，如《企业会计准则第 12 号——债务重组》《企业会计准则第 7 号——非货币性资产交换》等。

基本准则中规范的五种计量属性，在具体准则中都有运用。财务报表是各种计量属性的综合呈现，这给财务报表的解读和分析带来了挑战。因此，在对财务报表进行解读之前，学习和掌握相应的会计知识是十分必要的。

# 第四节　盈余管理与盈余操纵的动机

微课堂

盈余管理动机

为什么财务报表分析成为一门课程，需要进行专门讲解？其中一个缘由正如前文所述，财务报表的编制是相对专业的一门技术，因此对财务报表的解读和分析也具有一定的专业难度；另一个缘由则是财务报表存在错报、漏报的可能性，最终呈现在财务报表上的结果可能是盈余管理甚至盈余操纵后的结果。这就更增加了财务报表分析的难度。

让我们先来了解一下可能的盈余管理和盈余操纵动机，以在财务报表分析过程中保持适当警惕。后续章节则会根据具体内容详细讲解可能的盈余操纵手段和识别技巧。

## 一、盈余管理和盈余操纵的定义

盈余管理，指利用会计准则的选择余地或者模糊地带，或者在职业判断的合理范围内进行一些有利于自己的会计处理和操作。盈余操纵，指对利润的操控手段和方法已经超出了法律和法规允许的范围，使得会计利润偏离了对公司业绩的公允表达。

适度盈余管理可以说是企业的普遍操作，但盈余操纵显然是误导报表阅读者的主观故意行为，是需要严刑峻法予以规范和制止的。

## 二、盈余管理和盈余操纵的可能动机

为什么企业会进行盈余管理或者盈余操纵呢？盈余管理和盈余操纵的相关研究文献中提到过的动机主要可以划分为以下三大类——契约动机、资本市场动机和政治成本动机。

契约动机是指企业运营过程中与各方面的利益相关者订立契约，他们之间的利益分配格局靠这些契约来完成。为了使得利益分配朝着有利于自己（企业或者企业管理者——经理人）的方向变化，就可能利用会计手法来操纵利润。资本市场动机是指为了配合影响股价或者资本市场融资而进行的会计操纵。政治成本动机是为了避免被政府监管部门或者公众过分关注，而对财务数据进行处理。每一类动机中又包含不同内容，具体见表 1.1。

**表 1.1　盈余管理和盈余操纵的可能动机**

| 动机 | 表现形式 | 具体解释 |
|---|---|---|
| 契约动机 | 与经理人的薪酬相关 | 例如，经理人的薪酬除了基本工资之外，可能会有奖金等与业绩挂钩的薪酬。这可能会引发与相关业绩指标挂钩的盈余管理或者盈余操纵。 |
| | | 例如，若业绩指标规定了利润的下限，即必须达到某一利润水平，才可能获得奖金，如果没有达到，经理人可能存在向上调整利润的动机。若业绩指标规定了利润的上限，即超过部分不再计发奖金，经理人可能隐瞒利润，将该部分利润留存下来，以备将来之需 |
| | 经理人变更 | 在总经理变更后第一年，往往会出现“洗大澡”行为（即巨亏）。新经理人将前任的“泡沫”洗掉，以方便今后做出业绩 |
| | 财务困境动机 | 企业经营情况不好的时候，往往存在向上调增利润的动机。因为这样有利于保全经理人的职位，也可以延缓债务违约的发生时间 |
| | 劳资契约 | 企业管理层为了在劳资谈判过程中较少地让利于员工，有可能在劳资谈判期间通过会计调整来减少利润 |
| | 债务契约 | 企业与债权人的借款协议中可能含有对债权人的一系列保护性条款。例如，要求债务人的某些财务比率要符合一定规定，如果不符合这些规定，就会限制企业的股利发放或者提前收回贷款等。为了避免触发这些条款，当企业的实际财务比率不满足规定时，企业有可能通过会计手法来操纵财务数据 |
| | 税务动机 | 企业是负有纳税义务的，如果企业想方设法想要少缴税，可能会偷税漏税或者运用避税手段来实现目的。相应地，有可能通过会计操纵来降低收入和利润，达到少缴税的目的 |
| 资本市场动机 | 平稳股价 | 稳定的股价有利于坚定投资者的信心，出于平稳股价的需要，经理人有可能倾向于通过平滑利润来传递公司业绩稳定的信号 |
| | 管理层收购 | 管理层如果有收购计划，一般会在收购之前通过会计手法调减企业利润，打压企业股价，从而降低收购成本 |
| | 首次公开募股 | 为了在发行股票的过程中能够使股票定价较高，进而扩大融资规模，企业可能会通过虚增利润的方式来提升股票定价 |
| | 符合盈利预测 | 如果企业的业绩没有达到资本市场上分析师对它的预期，企业的股价往往会下降。企业有可能为了达成分析师的盈利预测而作出“各种努力” |
| | 少数人不当得利 | 上市公司配合市场上的“庄家”进行会计操纵或者消息造假，诱导或者致使普通投资者在不了解事实的情况下作出投资决策，使少数人不当得利 |

续表

| 动机 | 表现形式 | 具体解释 |
| --- | --- | --- |
| 资本市场动机 | 符合再融资的限制条件 | 我国资本市场配股融资要求三年加权平均净资产收益率不低于6%，为了达到配股资格，企业可能会进行盈利操纵 |
| | 维持上市资格 | 我国退市制度规定，连续三年亏损将暂停上市，为了维持上市资格，绩差企业可能会进行盈余操纵 |
| 政治成本动机 | 行业管制 | 很多行业会受到政府的管制。例如，石油、金融、公用事业等行业。为了合规，或者避免引起关注，企业可能存在利用会计手段来影响利润的做法 |
| | 反垄断 | 为了避免受到垄断的指控，企业在报告利润时可能会通过推迟确认利润的方式来减少关注度 |

财务报表分析者应当熟悉这些可能的盈余操纵动机并对其保持敏感，在观察到被分析标的的某些行为或特征时，可以联系这些不同动机，从而有助于对财务报表真实性进行判断。

# 第五节 财务报表分析的主要内容与本书使用指南

下面将介绍本书包含的主要内容，并针对不同层次学员选用本书时应当如何进行学习安排做一些合理化建议，供本书使用者参考。

在进行财务报表分析之前，首先要明确分析的目的。立场和角度不同，分析目的不同，进行财务报表分析所需要的数据资料就不尽相同，所选用的分析方法也会有差异，甚至最后的报告形式都是不同的。因此，在进行财务报表分析之前，要明确是站在谁的立场、出于什么目的来评价企业的哪一方面。企业内部的财务报表分析是管理层主导的，所需的资料也多是企业内部资料，内部分析是管理会计会涉及的内容。本书主要站在外部出资者——股东和债权人的角度来分析企业。第三章详细描述了财务报表分析的基本框架，下面将对其重要内容进行概述，并对本书的使用者提供教学或学习建议。

## 一、财务报表分析的主要内容

第一，作为外部分析者，可以关注审计报告和审计意见。作为外部独立第三方的注册会计师通过出具的审计报告对被审计单位的财务报表编制是否符合准则的相关规定作出鉴证，可能出具无保留意见、保留意见、否定意见和无法表示意见审计报告。在查看财务报表之前先关注审计意见，可以对财务报表的编制质量有一个初步判断。当然，被出具无保留意见的财务报表不一定意味着该企业的会计处理和财务报表编制就完全没有问题。出于要了解审计意见类型的需要，第三章第三节简要介绍了几种审计意见，并就涉及审计报告的几项审计准则进行了描述。

第二，对企业进行战略分析。要想做一个“地道”的财务报表分析，需要了解行业、了解企业。在展开财务报表分析之前，需要对企业所在行业进行分析，并对企业战略进行分析。对这些战略分析内容的具体讲解是“公司战略”“战略管理”等课程的主要内容，第三章第三节简要概括了行业分析和战略分析的基本工具。

第三，对财务数据的质量进行判断和必要的调整。这是本书的核心内容之一。由于财务报表可能偏离企业的真实状况，因此，在对财务数据展开分析之前，需要运用了解到的行业知识、企业背景、会计政策和方法的判断等，来对财务报表的编制质量进行判断。如果认为某些项目的列报有问题，则需要根据职业判断来调整报表。本书后续内容与此有关：第四章对筹资结果的分析，旨在分析资产负债表右边的各项负债和所有者权益；第五章对投资结果的分析，旨在分析资产负债表左边的各项资产；第六章对经营结果在利润表中的表达进行分析；第七章对经营结果在现金流量表中的表达进行分析。本书的第四章至第七章对主要的三张财务报表中的重要报表项目进行了详细解读。

在报表分析过程中，可能会碰到很多特殊问题。本书将较为常见的一些特殊问题总结起来，在第十章至第十二章进行阐述，包括对集团报表的分析、会计调整、关联方交易、日后事项以及分部报告对财务报表分析的影响。这些特殊事项显然也会影响分析者对财务数据质量的判断，可以算作第三步骤的内容。

第四，运用财务报表分析方法进行财务报表分析。在对财务数据质量进行判断和调整的基础上，可以进行下一步的财务报表分析——运用各种财务报表分析的工具和方法来帮助决策者对数据进行解读。本书第八章和第九章对财务报表分析的主要工具和方法进行了介绍，包括趋势分析法、共同比分析法、比率分析法和因素分析法。对常用比率的设计原理、适用场景和优缺点进行了详细解读，而不仅仅是给出比率计算公式。想要对比率分析进行深度学习的读者可以详细阅读第九章的内容。

第五，根据分析目的进行预测，得出结论。最终的分析结论必然是紧紧围绕分析目的展开的。不论是股东对企业的经营业绩进行判断，进而对未来投资决策提供依据，还是债权人对企业或者项目偿债能力进行判断，进而进行贷款决策，要想决策有用，就涉及对未来情形的判断，即预测。预测的工具和方法在“公司理财”“财务管理”等课程中有详细讲解，本书的主要内容集中在对步骤三和步骤四的讲解上，属于证券分析中所谓的“基本面分析”的内容之一。①

## 二、本书使用指南

基于以上对本书内容的介绍，此处给出一个学习建议和参考，以满足不同层次和需求的读者需要（见表 1.2）。

**表 1.2　本书使用指南**

| | 不同学分要求 | | 有无财会基础知识 | |
|---|---|---|---|---|
| | 2 学分 | 3 学分 | 无 | 有 |
| 财务报表制度环境与基础知识 | | | | |
| 我国财务报告的制度环境与法规体系 | * | * | * | * |
| 会计假设、会计信息质量要求与财务报表 | * | * | ** | * |
| 会计确认基础、会计计量属性与财务报表 | * | * | ** | * |

① 基本面分析是对影响证券价格及其走势的各项因素进行分析，涉及的因素可能包括经济因素、政治因素、公司自身因素、行业因素等，比较适用于周期相对较长的证券价格预测。与之相对应的还有技术分析。技术分析是透过图表或技术指标的记录，研究市场过去及现在的行为反应，预测未来价格的变动趋势。技术分析有众多流派和方法，一般比较适用于短期内的证券价格预测。

续表

| | 不同学分要求 | | 有无财会基础知识 | |
|---|---|---|---|---|
| | 2 学分 | 3 学分 | 无 | 有 |
| 盈余管理与盈余操纵的动机 | *** | *** | *** | *** |
| 财务报表的体系与内在关系 | | | | |
| 资产负债表 | * | * | ** | * |
| 利润表 | * | * | ** | * |
| 现金流量表 | * | * | ** | * |
| 所有者权益变动表 | * | * | ** | * |
| 财务报表的内在关系 | *** | *** | *** | *** |
| 财务报表分析的基本框架 | | | | |
| 财务报表分析的目的 | * | ** | ** | ** |
| 财务报表分析的类型 | * | ** | ** | ** |
| 财务报表分析的基本步骤 | ** | ** | ** | ** |
| 对筹资结果的分析——负债与权益分析 | | | | |
| 资本结构 | *** | *** | *** | *** |
| 经营性负债分析 | ** | ** | ** | ** |
| 金融性负债分析 | ** | ** | ** | ** |
| 所有者权益分析 | ** | ** | ** | ** |
| 对投资结果的分析——资产分析 | | | | |
| 资产结构 | *** | *** | *** | *** |
| 经营性资产分析 | ** | ** | ** | ** |
| 投资性资产分析 | ** | ** | ** | ** |
| 对经营结果的分析——利润表分析 | | | | |
| 营业收入及其分析要点 | ** | *** | ** | *** |
| 营业利润与经营性利润 | ** | ** | ** | ** |
| 毛利与毛利率 | ** | *** | ** | *** |
| 净利润的分类与分析 | ** | ** | ** | ** |
| 对经营结果的分析——现金流量表分析 | | | | |
| 现金流量及其战略含义 | ** | ** | ** | ** |
| 生命周期与现金流量 | ** | *** | ** | *** |
| 经营活动现金流量操纵手段及其识别方法 | *** | *** | ** | *** |
| 财务报表分析的基本方法 | | | | |
| 趋势分析法 | ** | ** | ** | ** |
| 共同比分析法 | ** | ** | ** | ** |
| 比率分析法 | ** | ** | ** | ** |
| 因素分析法 | ** | ** | ** | ** |
| 通用财务报表分析方法小结 | ** | ** | ** | ** |
| 常用比率的设计原理及其分析 | | | | |
| 短期偿债能力比率 | ** | *** | ** | *** |
| 长期偿债能力比率 | ** | *** | ** | *** |

续表

| | 不同学分要求 | | 有无财会基础知识 | |
|---|---|---|---|---|
| | 2 学分 | 3 学分 | 无 | 有 |
| 营运能力比率 | ** | *** | ** | *** |
| 盈利能力比率 | ** | *** | ** | *** |
| 管理用杜邦分析法 | ** | *** | ** | *** |
| 比较标准的选择 | ** | ** | ** | ** |
| 对集团报表的分析 | | | | |
| 企业合并的原因与类别 | * | ** | * | ** |
| 年报中关于集团投资的信息披露 | * | ** | * | ** |
| 合并报表分析与母公司报表分析 | * | *** | * | *** |
| 会计调整与关联方交易 | | | | |
| 会计政策变更 | * | ** | * | ** |
| 会计估计变更 | * | ** | * | ** |
| 会计差错更正 | * | ** | * | ** |
| 关联方关系及其交易的定义 | * | ** | * | ** |
| 关联方的信息披露 | * | ** | * | ** |
| 日后事项以及分部报告的财务报表分析 | | | | |
| 与日后事项相关的规定 | * | ** | * | ** |
| 日后事项与财务报表分析 | * | ** | * | ** |
| 有关分部信息的相关规定 | * | ** | * | ** |
| 分部信息的披露实务 | * | ** | * | ** |

注：*代表略讲，视情况可略过；**代表正常讲解（或学习）；***代表重点讲解（或学习）。

在教学中，教师可以根据教学的学分要求和学生知识背景情况自主调整教学内容和教学安排。

## 本章小结

本章是全书的理论基础篇，在这一章我们首先回顾了我国财务报告的制度环境与法规体系。先是从纵向角度回顾了改革开放以来会计准则和会计制度在我国的发展历程；然后又从横向角度观察了目前与财务报表信息披露相关的法规体系。了解了制度背景和法规体系之后，我们复习了一些财务会计的基本概念，如会计假设和会计信息质量要求，强调了会计假设受到挑战时对财务报表信息披露的影响；关注了国际会计准则概念框架中对会计信息质量要求的变化。接着，第三节中复习了权责发生制与收付实现制，并强调权责发生制在准确表达企业业绩上具有理论先进性；该节介绍了不同的会计计量属性，以及财务报表在计量上“大杂烩”的现状。在教学中，第二节和第三节是对财务会计相关知识的介绍，如果学生已经学过与财务会计相关的知识，可以略讲。第四节介绍了盈余管理和盈余操纵的可能动机，了解这些动机对分析财务报表是很有好处的。最后，第五节对财务报表分析的主要内容进行了综述，并给出了本书的使用指南，供读者参考。

## 综合练习题

一、单选题

1. 我国的会计准则体系不包括（　　）。

A. 企业会计准则　　B. 小企业会计准则

C. 政府会计准则　　D. 会计制度

2. 与财务报表信息披露直接相关的法规体系从法律效力上分为若干层次，其中不包括（　　）。

A. 国家法律　B. 行政法规　C. 地方法规　D. 部门规章　E. 自律规则

3. 与财务报表编制相关的会计基本假设不包括（　　）。

A. 会计主体　B. 持续经营　C. 会计分期　D. 货币计量　E. 如实反映

4. 2018 年，国际会计准则理事会发布的《财务报告概念框架》将财务信息的质量特征分为两个层面：基础质量特征和提升性质量特征。其中，基础质量特征包括相关性和（　　）。

A. 如实反映　B. 可比性　C. 可验证性　D. 及时性　E. 可理解性

5. 企业如果在期末盘点存货时发现了盘盈的存货，这些盘盈存货应当按照（　　）价值入账。

A. 现值　B. 可变现净值　C. 重置成本　D. 公允价值　E. 历史成本

二、判断题

1. 我国目前是会计制度为主、会计准则为辅的会计规则环境。（　　）

2. 会计主体假设规范了会计核算的空间范围。（　　）

3. 国际会计准则理事会在新版《财务报告概念框架》中，将财务信息区分为两个层面——基础的质量特征和全面的质量特征。（　　）

4. 企业应当以收付实现制为基础进行会计确认、计量和报告。（　　）

5. 分期付款购买固定资产，超过正常信用期限的，资产按照支付的名义金额入账。（　　）

三、简答题

1. 请简要描述改革开放以来，我国会计制度环境的演进过程。

2. 请简要阐述会计假设对财务报表编制的意义。

3. 为什么说权责发生制在反映企业业绩上具有理论先进性？

# 第二章　财务报表的体系与内在关系

【知识目标】

1. 了解筹资活动的结果反映在资产负债表的右边。
2. 了解投资活动的结果反映在资产负债表的左边。
3. 了解利润表用权责发生制反映企业经营活动的结果。
4. 了解现金流量表用收付实现制反映企业经营活动的结果。
5. 理解资产负债表是核心报表，其他报表反映了资产负债表中某个项目的变动原因。

【技能目标】

1. 掌握财务报表与企业活动之间的关系。
2. 能够看清报表之间的数字勾稽关系。

【关键术语】

资产负债表、利润表、现金流量表、所有者权益变动表、筹资活动、投资活动、经营活动、勾稽关系

引例

**疫情背景下速冻行业业绩增长**

2020 年 4 月 13 日，安井食品披露 2019 年业绩报告：全年实现收入和归属于母公司所有者的净利润（以下简称“归母净利润”）分别为 52.67 亿元、3.73 亿元，同比增长 23.66%、38.14%，其中第四季度分别是 17.73 亿元、1.35 亿元，同比增长 34.49%、83.12%，业绩与之前预告一致。在疫情背景下，消费者宅居在家显著提升了速冻食品的家庭渠道需求，以家庭渠道为主的速冻公司业绩受益。在疫情期间，根据速冻行业思念食品的统计，其销量增长超过往年同期 20 多倍。当时由于员工返岗困难、物流配送受阻、物资短缺，这些速冻公司都纷纷出现缺货、断货的情况。

根据安井食品的披露，目前，各渠道速冻食品库存较少，经销商补货动力较强。安井食品订单充足，产能也逐步恢复至正常水平，第二季度业绩亦有保障。预计随着疫情逐步得到遏制，餐饮端在下半年有望发力，全年仍有望实现 20%左右的收入增长。

**启发思考**：上述案例中收入、归母净利润体现在报表的什么地方？库存又是什么，在财务报表中体现在哪里？这些财务报表和财务数字之间又有什么关系呢？

## 第一节　资产负债表

上市公司要求披露四张财务报表，分别是资产负债表、利润表、现金流量表和所有者权

益变动表。在现代的会计核算体系中资产负债表是核心报表，至于为什么资产负债表是核心报表，在学完本章之后，您自会有答案。让我们先来认识一下资产负债表的列报格式。

## 一、资产负债表基本格式

近年来我国会计准则多次修订，财务报表的列报格式也随之调整。财政部会计司于 2019 年 9 月发布了合并报表的列报格式。合并资产负债表的简略格式如表 2.1 所示。

**表 2.1　合并资产负债表简略格式**

会合 01 表

编制单位：　　　　××××年××月××日　　　　（金额单位：元）

| 资产 | 期末余额 | 上年年末余额 | 负债和所有者权益 | 期末余额 | 上年年末余额 |
|---|---|---|---|---|---|
| 流动资产： | | | 流动负债： | | |
| | | | | | |
| 流动资产合计 | | | 流动负债合计 | | |
| 非流动资产： | | | 非流动负债： | | |
| | | | | | |
| 非流动资产合计 | | | 非流动负债合计 | | |
| | | | 负债合计 | | |
| | | | 所有者权益（或股东权益）： | | |
| | | | | | |
| | | | 归属于母公司所有者权益（或股东权益）合计 | | |
| | | | 少数股东权益 | | |
| | | | 所有者权益（或股东权益）合计 | | |
| 资产总计 | | | 负债和所有者权益（或股东权益）总计 | | |

注：此表为总体结构，省略了资产、负债和所有者权益的明细项目。

## 二、对资产负债表列报格式的解读

视野拓展

完整版合并资产负债表格式

此处只对资产负债表的列报格式进行一些解读，对资产负债表项目的具体解读在第四章和第五章中详述。

第一，我们需要注意到表 2.1 所示是一张合并资产负债表。我国的财务报表信息披露要求同时披露合并报表和母公司报表。我们应当通过观察报表的表头来识别报表到底是以母公司为会计主体编制的，还是以合并报表为会计主体编制的。实践中，企业通常先披露合并报表再披露母公司报表，也有将合并报表与母公司报表整合在同一张表格中披露的（如表 2.2 所示）。

**表 2.2　合并资产负债表与母公司资产负债表同时列示**

编制单位：　　　　××××年××月××日　　　　（金额单位：元）

| 资产 | 期末余额 | | 上年年末余额 | | 负债和所有者权益 | 期末余额 | | 上年年末余额 | |
|---|---|---|---|---|---|---|---|---|---|
| | 合并 | 母公司 | 合并 | 母公司 | | 合并 | 母公司 | 合并 | 母公司 |

第二，目前要求披露比较财务报表。年报中资产负债表需要同时披露本期期末（12 月 31 日）和上年年末（上年 12 月 31 日）的数字。这样有利于报表使用者进行两年之间的变动分析。中期报告中同样需要披露比较报表，第一季度资产负债表同时披露本期第一季度结束（本期 3 月 31 日）与上年年末（上年 12 月 31 日）的数字；半年报资产负债表同时披露半年度结束（本期 6 月 30 日）与上年年末（上年 12 月 31 日）的数字；第三季度资产负债表同时披露第三季度结束（本期 9 月 30 日）与上年年末（上年 12 月 31 日）的数字。

**微课堂**

**对资产负债表列报格式的解读**

第三，资产和负债都按照流动性来分类列示。资产分为流动资产和非流动资产，负债分为流动负债与非流动负债。这样的划分对于报表使用者对企业进行偿债能力分析是非常有益的，短期债权人主要关注短期内的现金流，因此他们的关注点就会主要落在流动资产的质量上（流动资产在未来短期之内会变成现金）；而长期债权人因为与企业利益有关联的时间比较长，他们就需要综合关注企业的经营风险、盈利能力等多方面的指标。第九章“偿债能力分析”将具体讲解。

第四，所有者权益中明细项目列示的部分都是归属于母公司所有者的部分，少数股东权益是单独列示的。二者加总得到合并报表中的所有者权益合计。

第五，资产负债表永远平衡，遵循静态会计恒等式——资产=负债+所有者权益。资产负债表的右边表明企业的资金从哪里来，左边表示资金用到哪里去，左右两边必然是永远相等的。

本章第五节将进一步深度剖析企业活动与报表之间的关系。

# 第二节　利润表

**视野拓展**

**完整版合并利润表格式**

上一节中我们看到了资产负债表的基本格式以及对其的解读，本节我们接着来看一下利润表的基本格式及对其的解读，为后面利润表数据分析和盈利能力分析打下基础。

## 一、利润表基本格式

我国的利润表格式近些年经过了频繁且较大的变动，合并利润表的简略格式如表 2.3 所示。

**表 2.3　合并利润表简略格式**

会合 02 表

编制单位：　　××××年度　　（金额单位：元）

| 项目 | 本期金额 | 上期金额 |
| --- | --- | --- |
| 一、营业总收入 | | |
| 其中：…… | | |
| 二、营业总成本 | | |
| 其中：营业成本 | | |
| …… | | |

续表

| 项目 | 本期金额 | 上期金额 |
|---|---|---|
| 加：其他收益 | | |
| 投资收益 | | |
| 汇兑收益 | | |
| 净敞口套期收益 | | |
| 公允价值变动收益 | | |
| 信用减值损失 | | |
| 资产减值损失 | | |
| 资产处置收益 | | |
| 三、营业利润 | | |
| 加：营业外收入 | | |
| 减：营业外支出 | | |
| 四、利润总额 | | |
| 减：所得税费用 | | |
| 五、净利润 | | |
| （一）按经营持续性分类 | | |
| 1. 持续经营净利润 | | |
| 2. 终止经营净利润 | | |
| （二）按所有权归属分类 | | |
| 1. 归属于母公司股东的净利润 | | |
| 2. 少数股东损益 | | |
| 六、其他综合收益的税后净额 | | |
| （一）归属于母公司所有者的其他综合收益的税后净额 | | |
| 1. 不能重分类进损益的其他综合收益 | | |
| 2. 将重分类进损益的其他综合收益 | | |
| （二）归属于少数股东的其他综合收益的税后净额 | | |
| 七、综合收益总额 | | |
| （一）归属于母公司所有者的综合收益总额 | | |
| （二）归属于少数股东的综合收益总额 | | |
| 八、每股收益 | | |
| （一）基本每股收益 | | |
| （二）稀释每股收益 | | |

注：为了介绍总体结构，此处适当简化了利润表的格式，省略了营业总收入的具体构成项目和营业总成本的具体构成项目。

## 二、对利润表列报格式的解读

此处仅对利润表的列报格式进行一些讲解，对利润表具体列报项目的详细解读在第六章中讲述。

第一，我们应当观察到表 2.3 所示是一张合并利润表。通过表头我们可以看出这一点。同样，公司也可以将合并利润表与母公司利润表整合在一张报表中，其表头如表 2.4 所示。

表 2.4　合并利润表与母公司利润表同时列示的表头

编制单位：　　　　　　　　××××年度　　　　　　　　（金额单位：元）

| 项目 | 本期金额 | | 上期金额 | |
|---|---|---|---|---|
| | 合并 | 母公司 | 合并 | 母公司 |

第二，与资产负债表一样，利润表也同样需要披露比较数据。年度利润表需要同时披露本年度和上年度的数据；一季度利润表同时披露本期第一季度和上期第一季度的数据；半年报同时披露本期上半年和上期上半年的数据；三季度报同时披露本期第三季度（本期 7—9 月）、上期第三季度（上期 7—9 月）、本期前三季度（本期 1—9 月）、上期前三季度（上期 1—9 月）的数据。

第三，利润表中没有毛利。毛利一般定义为营业收入减去营业成本后的金额，目前的利润表没有直接体现毛利。在进行财务报表分析的时候，应当计算毛利并进行分析。关于利润的分析在第六章中详细讲解。

微课堂

对利润表列报格式的解读

第四，营业利润=营业总收入−营业总成本+其他收益等。如果我们将利润表历年来的披露格式进行回顾,会发现利润表的披露格式变化非常大。例如，原来资产处置收益一般是计入营业外收支的，现在单列成项；其他收益（主要是政府补助）原来计入营业外收入，现在也单列成项；信用减值损失从资产减值损失里分离出来单列成项等。利润表中营业利润的内涵非常丰富，不仅包含企业的经营活动的结果，而且还包含投资活动（投资收益、公允价值变动收益等）、筹资活动（财务费用）等带来的结果。我们应当认识到营业利润内涵的复杂性，并在进行财务报表分析时有针对性地分析。具体内容将在第六章讲解。

第五，净利润除了要按照是否归属于母公司股东进行分类之外，还需要按照是否是持续经营活动带来的进行分类。净利润分为持续经营净利润与终止经营净利润，这是新增的报表披露内容，对于我们判断利润的持续性很有帮助。

第六，综合收益=净利润+其他综合收益。如今的利润表其实也是“综合收益表”，净利润并不是利润表的最后一行，还需要披露具体的其他综合收益信息，最终给出综合收益。综合收益是会计利润对经济利润的一种模拟，如果你认为会计的使命是提供更多与市场、与市价、与预期、与估计相关的信息，那么其他综合收益和综合收益的列报就是合理的。

第七，利润表中直接披露了每股收益的数据，包括基本每股收益和稀释每股收益。如何理解每股收益，既然出现在利润表中，那么它是盈利能力指标吗？每股收益既不能用于同一个公司不同年度之间的业绩比较（因为发行在外股份数有可能变化），又不可以用于不同公司之间的业绩比较（因为不同公司选择发行股份数不同）。每股收益不是盈利能力指标。

# 第三节　现金流量表

本节讲解现金流量表的基本格式，以及阅读现金流量表时一些需要注意的事项。

## 一、现金流量表基本格式

在四张财务报表中，现金流量表自 1998 年开始在我国要求编制以来，变动是最少的，其格式上几乎没有变动。合并现金流量表简略格式如表 2.5 所示。

**表 2.5 合并现金流量表简略格式**

会合 03 表

编制单位： ××××年度 （金额单位：元）

| 项目 | 本期金额 | 上期金额 |
|---|---|---|
| 一、经营活动产生的现金流量 | | |
| 销售商品、提供劳务收到的现金 | | |
| …… | | |
| 收到的税费返还 | | |
| 收到其他与经营活动有关的现金 | | |
| 经营活动现金流入小计 | | |
| 购买商品、接受劳务支付的现金 | | |
| …… | | |
| 支付给职工及为职工支付的现金 | | |
| 支付的各项税费 | | |
| 支付其他与经营活动有关的现金 | | |
| 经营活动现金流出小计 | | |
| 经营活动产生的现金流量净额 | | |
| 二、投资活动产生的现金流量 | | |
| 收回投资收到的现金 | | |
| 取得投资收益收到的现金 | | |
| 处置固定资产、无形资产和其他长期资产收回的现金 | | |
| 处置子公司及其他营业单位收到的现金净额 | | |
| 收到其他与投资活动有关的现金 | | |
| 投资活动现金流入小计 | | |
| 购建固定资产、无形资产和其他长期资产支付的现金 | | |
| 投资支付的现金 | | |
| 取得子公司及其他营业单位支付的现金净额 | | |
| 支付其他与投资活动有关的现金 | | |
| 投资活动现金流出小计 | | |
| 投资活动产生的现金流量净额 | | |
| 三、筹资活动产生的现金流量 | | |
| 吸收投资收到的现金 | | |
| 取得借款收到的现金 | | |
| 收到其他与筹资活动有关的现金 | | |
| 筹资活动现金流入小计 | | |
| 偿还债务支付的现金 | | |
| 分配股利、利润或偿付利息支付的现金 | | |

续表

| 项目 | 本期金额 | 上期金额 |
|---|---|---|
| 支付其他与筹资活动有关的现金 | | |
| 筹资活动现金流出小计 | | |
| 筹资活动产生的现金流量净额 | | |
| 四、汇率变动对现金及现金等价物的影响 | | |
| 五、现金及现金等价物净增加额 | | |
| 加：期初现金及现金等价物余额 | | |
| 六、期末现金及现金等价物余额 | | |

表 2.5 省略了一些金融企业经营活动和投资活动可能会用到的现金流量项目。

## 二、对现金流量表列报格式的解读

这里仅涉及部分与现金流量表列报格式相关的内容，现金流量表的更多内容将在第七章中讲解。

**视野拓展**
完整版合并现金流量表格式

第一，企业所有的现金流量被区分为三种活动：经营活动、投资活动和筹资活动，并分别列示。我们需要熟悉这些报表项目，并能够判断某一项现金流量到底属于哪种活动。关于现金流量的分类，各国的会计准则规定并不完全一致。例如，支付给债权人的利息支出，在我国的会计准则下，属于筹资活动的现金流出；而在美国公认会计原则下则属于经营活动的现金流出。并且，有些现金流量的性质也比较模糊，在实务中会有不同的操作。例如企业将应收账款做了保理，得到的现金流入到底是算作经营活动还是筹资活动？实务中出现了不同的做法。

**微课堂**
对现金流量表列报格式的解读

第二，我国现金流量表中的经营活动部分采用直接法列示。所谓直接法，即直接列示经营活动现金流量，如在表 2.5 中，每一项具体的现金流入和现金流出的金额都被清楚地列示。除了直接法外，我国要求在现金流量表的附注中披露用间接法列示的经营活动现金流量，可以参见表 2.6。

**表 2.6　间接法下的现金流量表补充资料**

| 补充资料 | 本期金额 | 上期金额 |
|---|---|---|
| 将净利润调节为经营活动现金流量： | | |
| 净利润 | | |
| 加：资产减值损失 | | |
| 加：信用减值损失 | | |
| 固定资产折旧、油气资产折耗、生产性生物资产折旧 | | |
| 使用权资产摊销 | | |
| 无形资产摊销 | | |
| 长期待摊费用摊销 | | |
| 处置固定资产、无形资产和其他长期资产的损失 | | |
| 固定资产报废损失 | | |
| 公允价值变动损失 | | |

续表

| 补充资料 | 本期金额 | 上期金额 |
|---|---|---|
| 财务费用 | | |
| 投资损失 | | |
| 递延所得税资产减少 | | |
| 递延所得税负债增加 | | |
| 存货的减少 | | |
| 经营性应收项目的减少 | | |
| 经营性应付项目的增加 | | |
| 其他 | | |
| 经营活动产生的现金流量净额 | | |

所谓间接法列示的经营活动现金流量，就是从净利润开始，经过一系列的调整项，最终得到经营活动现金流量净额。可以说，能够读懂间接法，就说明你对权责发生制的理解是很到位的。间接法下的那些调整项其实就是权责发生制下的金额（净利润）与收付实现制下的金额（经营活动现金流量净额）有差异的原因。由于间接法非常直白地给出了二者的差异原因，能够帮助报表阅读者意识到几张报表其实是内部勾稽、互相联系的，美国公认会计原则要求现金流量表必须披露间接法下的报表,企业可以选择是否再披露直接法下的现金流量表。因此，我们看美股上的财务报表时会发现，它们大多是按间接法披露的。对现金流量表的更多分析，将在本书的第七章进行。

第三，与利润表一样，现金流量表也需要披露比较报表。年度现金流量表需要同时披露本年度和上一年度的数据；一季度现金流量表同时披露本期第一季度和上期第一季度的数据；半年报同时披露本期上半年和上期上半年的数据；三季度报同时披露本期前三季度（本期 1—9 月）和上期前三季度（上期 1—9 月）的数据（利润表则还需额外披露第三季度的比较数据）。

# 第四节　所有者权益变动表

本节讲解所有者权益变动表的基本格式，以及对所有者权益变动表格式的解读。

## 一、所有者权益变动表基本格式

所有者权益变动表的格式这些年有一些微调，合并所有者权益变动表简略格式参见表 2.7。

**表 2.7　合并所有者权益变动表简略格式**

会合 04 表

编制单位：　　　　　　　　××××年度　　　　　　　　（金额单位：元）

<table>
<tr><td rowspan="4">项目</td><td colspan="14">本年金额</td><td>上年金额</td></tr>
<tr><td colspan="12">归属于母公司所有者权益</td><td rowspan="3">少数股东权益</td><td rowspan="3">所有者权益合计</td><td>……</td></tr>
<tr><td rowspan="2">实收资本（或股本）</td><td colspan="3">其他权益工具</td><td rowspan="2">资本公积</td><td rowspan="2">减：库存股</td><td rowspan="2">其他综合收益</td><td rowspan="2">专项储备</td><td rowspan="2">盈余公积</td><td rowspan="2">一般风险准备</td><td rowspan="2">未分配利润</td><td rowspan="2">小计</td><td rowspan="2">……</td></tr>
<tr><td>优先股</td><td>永续债</td><td>其他</td></tr>
<tr><td>一、上年年末余额</td><td></td><td></td><td></td><td></td><td></td><td></td><td></td><td></td><td></td><td></td><td></td><td></td><td></td><td></td><td></td></tr>
</table>

续表

| 项目 | 本年金额 | | | | | | | | | | | | | | 上年金额 |
|---|---|---|---|---|---|---|---|---|---|---|---|---|---|---|---|
| | 归属于母公司所有者权益 | | | | | | | | | | | | 少数股东权益 | 所有者权益合计 | …… |
| | 实收资本（或股本） | 其他权益工具 | | | 资本公积 | 减：库存股 | 其他综合收益 | 专项储备 | 盈余公积 | 一般风险准备 | 未分配利润 | 小计 | | | …… |
| | | 优先股 | 永续债 | 其他 | | | | | | | | | | | |
| 加：会计政策变更 | | | | | | | | | | | | | | | |
| 前期差错更正 | | | | | | | | | | | | | | | |
| 其他 | | | | | | | | | | | | | | | |
| 二、本年年初余额 | | | | | | | | | | | | | | | |
| 三、本年增减变动金额 | | | | | | | | | | | | | | | |
| （一）综合收益总额 | | | | | | | | | | | | | | | |
| （二）所有者投入和减少资本 | | | | | | | | | | | | | | | |
| …… | | | | | | | | | | | | | | | |
| （三）利润分配 | | | | | | | | | | | | | | | |
| …… | | | | | | | | | | | | | | | |
| （四）所有者权益内部结转 | | | | | | | | | | | | | | | |
| …… | | | | | | | | | | | | | | | |
| 四、本年年末余额 | | | | | | | | | | | | | | | |

出于简便和有利于观察主要结构的目的，表 2.7 省略了一些项目。

## 二、对所有者权益变动表列报格式的解读

在阅读所有者权益变动表时，应当意识到以下几点。

视野拓展

完整版合并所有者权益变动表格式

第一，要理解所有者权益变动表第一列在告诉我们所有者权益变动的原因。即所有者权益为什么由上期的期末数变成了本期的期末数。有时候，我们在读报表的时候会发现，本期的期初数与去年披露的报表的期末数不一致。这时候，我们可以快速观察所有者权益变动表第一列的“上年年末余额”与“本年年初余额”是否一致，如果不一致，可能是会计政策变更或者对前期会计差错、其他项目进行了追溯调整等导致的。影响所有者权益变动的原因还有净利润和其他综合收益、与投资者间的交易（投入资本的变动以及利润分配），以及内部项目结转变动等。

第二，要学会看所有者权益变动表的栏目。第一行的不同栏目就是资产负债表中所有者权益的列报项目，再结合第一列就可以清晰地看到，具体哪种原因导致了哪个所有者权益的栏目发生变动。

第三，所有者权益变动表也需要披露比较财务数据。不过一季度报告和三季度报告中并不强制要求披露所有者权益变动表，半年报和年度报告中是需要披露所有者权益变动表的。

# 第五节　财务报表的内在关系

前面四节内容分别介绍了资产负债表、利润表、现金流量表和所有者权益变动表的基本

格式，这四张财务报表是我国上市公司必须披露的财务信息。这四张报表并不是相互孤立的，它们之间存在一定关联，共同解释了企业活动。

## 一、财务报表反映企业活动

四张报表并不是孤立存在的，它们是一个有机整体并反映企业的活动。那么企业的活动包含哪些内容？报表又是如何反映这些活动的呢？企业要开展的活动包含下面几项内容：①商业计划。要想创立企业，首先要有商业计划书，想好要做什么。②筹资。筹资包括股权融资、负债融资、其他新型的融资手段。③投资。将融到的资金投资到可能盈利的项目中去。④经营。投资结束后不能不管，需要保证企业每天的有序运营。这包含很多内容，如研发、采购、生产、销售、售后等一系列的经营环节。

企业活动包括商业计划、筹资活动、投资活动和经营活动。商业计划反映在企业的商业计划书中，而另外的三种活动都会体现在报表里面。报表会揭示企业最初的商业计划是否成功实施。具体来说，企业筹资活动的结果体现在资产负债表右边；企业投资活动的结果体现在资产负债表左边；企业经营活动的结果分别体现在利润表和现金流量表中。下面就让我们来分别看一看。

### （一）筹资活动的结果——资产负债表右边

例如，L 与 G 两人准备创业做一款专业的在线教室，他们在商业计划书中详细论证了在“互联网+”的时代，一款专业的线上教室的必要性。该项目吸引天使投资人提供了 200 万元的启动资金。L、G 和天使投资人股权平分。这样 InClass 公司成立了，成立日的资产负债表如表 2.8 所示，现金流量表如表 2.9 所示。

**表 2.8　InClass 公司资产负债表简表**

会企 01 表

2020 年 3 月 17 日　（金额单位：万元）

| 资产 | 金额 | 负债和所有者权益 | 金额 |
|---|---|---|---|
| 货币资金 | 200 | | |
| | | 所有者权益 | |
| | | 实收资本 | 200 |
| 资产总计 | 200 | 负债和所有者权益总计 | 200 |

**表 2.9　InClass 公司现金流量表简表**

会企 03 表

2020 年 3 月 17 日（金额单位：万元）

| 项目 | 金额 |
|---|---|
| 经营活动的现金流量 | |
| 投资活动的现金流量 | |
| 筹资活动的现金流量 | |
| 吸收投资收到的现金 | 200 |
| 货币资金净增加额 | 200 |

我们看到，InClass 公司的资产负债表右边——负债和所有者权益体现了筹资活动的结果。那么，现金流量表的筹资活动现金流是什么？这个不是筹资活动的结果吗？现金流量表中体现的仅仅是企业当期发生的现金流，而不是截至目前的筹资状态。例如次日（3 月 18 日），InClass 公司没有发生任何新交易，资产负债表没有变化；但 18 日当天的现金流量表不会显示任何现金流（当天没有任何现金流入和流出）。因此，当我们要判断企业的筹资结果时，需要看资产负债表的右边。

### （二）投资活动的结果——资产负债表左边

假如，InClass 公司成立之后，于 3 月 19 日购买了一些资产以供使用，两台笔记本电脑用于程序开发，共 3 万元，打印机 6 000 元，各种办公用品 1 000 元。3 月 19 日 InClass 公司的资产负债表如表 2.10 所示。

**表 2.10 InClass 公司资产负债表简表**

会企 01 表

2020 年 3 月 19 日 （金额单位：万元）

| 资产 | 金额 | 负债和所有者权益 | 金额 |
|---|---|---|---|
| 货币资金 | 196.3 | | |
| 存货 | 0.1 | | |
| 固定资产 | 3.6 | 所有者权益 | |
| | | 实收资本 | 200 |
| 资产总计 | 200 | 负债和所有者权益总计 | 200 |

可见，随着业务的开展，会产生不同类别的资产形态。企业的投资行为导致了资产负债表的左边出现越来越多不同类型的资产。企业投资活动的结果，要看资产负债表的左边。再来看截至 3 月 19 日 InClass 公司的现金流量表，如表 2.11 所示。

**表 2.11 InClass 公司现金流量表**

会企 03 表

2020 年 3 月 17 日至 2020 年 3 月 19 日 （金额单位：万元）

| 项目 | 金额 |
|---|---|
| 经营活动的现金流量 | |
| 购买商品、接受劳务支付的现金 | 0.1 |
| 投资活动的现金流量 | |
| 购建固定资产、无形资产和其他长期资产支付的现金 | 3.6 |
| 筹资活动的现金流量 | |
| 吸收投资收到的现金 | 200 |
| 货币资金净增加额 | 196.3 |

请注意，本节中使用的“投资活动”一词与现金流量表中“投资活动”的含义并不完全相同。现金流量表中的投资活动特指与固定资产、无形资产、长期股权投资以及投资理财活动有关的现金流入流出活动。而本节的“投资活动”泛指运用企业资金并形成资产的活动。总之，企业的投资活动会形成各种各样的资产。不同类型的企业资产形态可能有很大的差别，我们将在第五章继续分析资产。

### （三）经营活动结果——利润表与现金流量表

企业的经营活动非常丰富，不同类型的企业涉及不同的经营活动，如采购、研发、生产、市场、销售、售后、后勤等。企业经营活动的结果被利润表和现金流量表反映，利润表从权责发生制的角度反映经营结果，现金流量表从收付实现制的角度反映经营结果。

假设 InClass 公司在运营过程中，L 与 G 两人用了十天时间完成软件的初步开发。在线教室 1.0 版本于 2020 年 4 月 1 日上线。上线后，第一天就获得了国内某培训机构的订单。该培训机构每个月支付 100 万元使用 InClass 开发的软件，并且已经支付了费用。公司在 4 月 1 日预付了 60 万元购买带宽，按照预估的并发量，能够供公司使用 3 个月。公司在这个月消耗了200元的办公用品。笔记本电脑和打印机的残值估计为零，使用寿命估计为3年，采用直线法计提折旧。企业所得税税率为25%。InClass公司2020年4月的利润表如表2.12所示。

在这个利润表中，营业成本是带宽成本，一个月20万元。管理费用包括办公用品消耗的200元和对笔记本电脑和打印机计提的折旧。InClass公司之所以盈利，第一是因为有收入，第二是因为成本费用低。实务中，这类技术开发型公司研发技术人员的工资可能会构成公司主要的成本费用。对于初创期的公司，在没有收入的情况下，需要维持公司运转，绝大多数公司都是亏损的。

再来看InClass公司4月份的现金流量表，如表2.13所示。

**表2.12 InClass公司利润表简表**

会企02表

2020年4月1日至2020年4月30日

（金额单位：万元）

| 项目 | 金额 |
|---|---|
| 营业收入 | 100 |
| 减：营业成本 | 20 |
| 管理费用 | 0.12 |
| 利润总额 | 79.88 |
| 所得税费用 | 19.97 |
| 净利润 | 59.91 |

**表2.13 InClass公司现金流量表简表**

会企03表

2020年4月1日至2020年4月30日

（金额单位：万元）

| 项目 | 金额 |
|---|---|
| 经营活动产生的现金流量 | |
| 销售商品、提供劳务收到的现金 | 100 |
| 购买商品、接受劳务支付的现金 | 60 |
| 经营活动产生的现金流量净额 | 40 |
| 投资活动产生的现金流量 | |
| 筹资活动产生的现金流量 | |
| 现金及现金等价物净增加额 | 40 |
| 加：期初现金及现金等价物余额 | 196.3 |
| 期末现金及现金等价物余额 | 236.3 |

4月份，InClass公司资金净增近60万元，都是经营活动带来的。假设公司聘请了30位技术人员，平均工资为3万元，经营活动现金流量就会变成负数。

为便于比较理解，这里再列示一下InClass公司截至2020年4月30日的资产负债表，如表2.14所示。

**表2.14 InClass公司资产负债表简表**

会企01表

2020年4月30日

（金额单位：万元）

| 资产 | 金额 | 负债和所有者权益 | 金额 |
|---|---|---|---|
| 货币资金 | 236.3 | 应交税费 | 19.97 |
| 存货 | 0.08 | 所有者权益 | |
| 其他流动资产 | 40 | 实收资本 | 200 |
| 固定资产 | 3.5 | 留存收益 | 59.91 |
| 资产总计 | 279.88 | 负债和所有者权益总计 | 279.88 |

总之，企业经营活动的结果在利润表和现金流量表中都有反映。利润表从权责发生制的角度，告诉我们净利润是多少；现金流量表从收付实现制的角度，告诉我们企业的资金到底是增加还是减少了。第四张报表所有者权益变动表，顾名思义，其反映了所有者权益的变动，

是股东一定要看的报表，我们可以从中体会某公司是否是一家对股东负责的好公司。

## 二、财务报表的内在关系

正如前面所说，报表反映了企业活动，并且报表之间是有关联的，并不是割裂的关系。利润表里面的净利润和其他综合收益是归属于所有者的，因此一定会体现在所有者权益变动表中。而所有者权益变动表则解释了资产负债表中所有者权益期初余额与期末余额变动的原因。现金流量表则解释了资产负债表中最具流动性的现金和现金等价物变动的原因。在现代的报表体系中，资产负债表是核心报表，其他报表能够围绕资产负债表解释资产负债表上某个具体项目的变动原因。国际会计准则的制定也秉承资产负债表观，会计规则的制定是为了让资产负债表上的信息更加相关和如实反映企业的经营状况。

报表与企业活动以及报表之间的关系如图 2.1 所示。

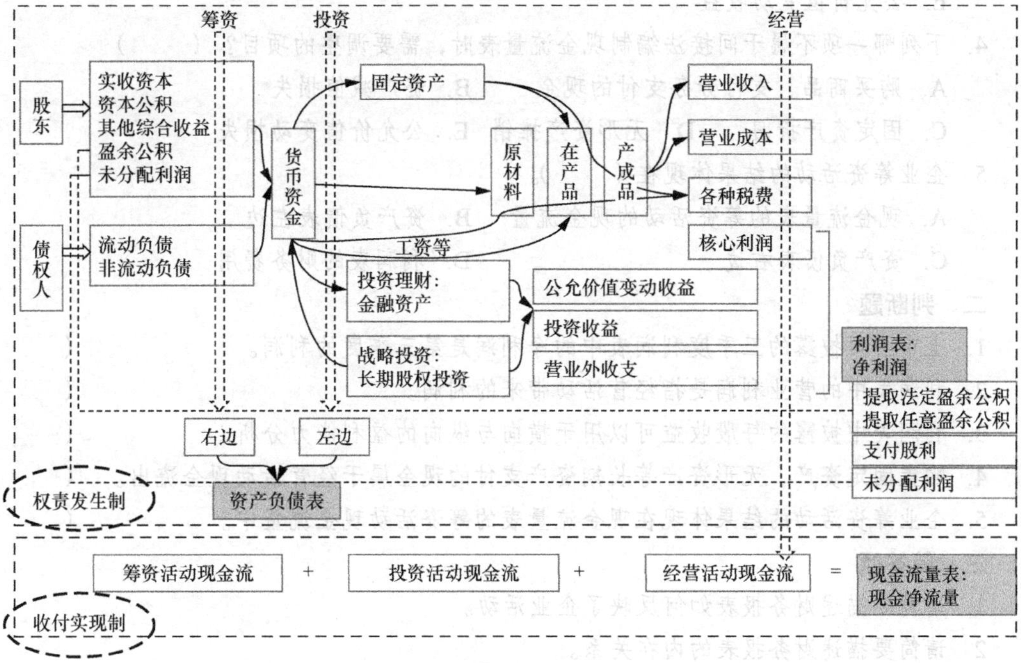


图 2.1　报表与企业活动以及报表之间的关系

## 本章小结

资产负债表遵循会计静态恒等式：资产=负债+所有者权益。资产和负债都按照流动性列示，流动性强的在前，而流动性弱的在后。利润表的格式历年来经过了较大的变化，目前的营业利润内涵十分丰富，包含经营活动、投资活动和筹资活动的结果。利润表中引入了综合收益的概念：综合收益=净利润+其他综合收益。现金流量表的格式历年来变动不大，将现金流量按照经营活动、投资活动和筹资活动进行分类列示。所有者权益变动表第一列给出了所有者权益当期变动的原因。

财务报表是对企业活动的反映。企业筹资活动的结果反映在资产负债表右边，企业投资活动的结果反映在资产负债表左边，企业经营活动的结果被利润表和现金流量表分别按照权责发生制和收付实现制反映出来。财务报表之间有着数字勾稽关系。利润表中的净利润和其他综合收益反映在所有者权益变动表中，所有者权益变动表反映了资产负债表中所有者权益的变动原因，而现金流量表反映了资产负债表中现金和现金等价物的变动原因。

## 综合练习题

### 一、单选题

1. 合并报表应当由（　　）负责编制。

A. 企业集团　　B. 子公司　　C. 母公司　　D. 控股股东

2. 半年报资产负债表需要同时披露半年度结束（本期6月30日）与（　　）时点的数字。

A. 上期6月30日　B. 上年年末　C. 上期半年度结束　D. 预估本年年末

3. 利润表上的营业利润不包含（　　）内容。

A. 资产处置收益　B. 投资收益　C. 其他收益　D. 营业外收入

E. 公允价值变动收益

4. 下列哪一项不属于间接法编制现金流量表时，需要调整的项目？（　　）

A. 购买商品、支付劳务支付的现金　B. 资产减值损失

C. 固定资产折旧　D. 无形资产摊销　E. 公允价值变动损失

5. 企业筹资活动的结果体现在（　　）。

A. 现金流量表的筹资活动的现金流量　B. 资产负债表左边

C. 资产负债表右边　D. 利润表的财务费用

### 二、判断题

1. 上市公司披露的三季度利润表中的净利润是第三季度的利润。（　　）
2. 利润表中的营业利润是指经营活动带来的利润。（　　）
3. 利润表中披露的每股收益可以用于横向与纵向的盈利能力分析。（　　）
4. 购置固定资产、无形资产等长期资产支付的现金属于经营活动现金流出。（　　）
5. 企业筹资活动的结果体现在现金流量表的筹资活动现金流量中。（　　）

### 三、简答题

1. 请简要描述财务报表如何反映了企业活动。
2. 请简要描述财务报表的内在关系。
3. 请简要描述利润表中营业利润的内涵。

# 第二章 财务报表分析的基本框架

【知识目标】

1. 了解不同利益相关者的关注点。
2. 了解外部分析与内部分析的区别有哪些。
3. 了解股东分析和债权人分析的侧重点有何不同。
4. 掌握财务报表分析的一般步骤。

【技能目标】

1. 能够从股东视角进行财务报表分析。
2. 能够从债权人视角进行财务报表分析。
3. 能够运用财务报表分析的一般步骤展开分析。

【关键术语】

利益相关者、股东、债权人、外部分析、内部分析、审计意见、行业分析、竞争战略分析、企业战略分析、财务数据质量。

引例

**科迪乳业被曝无力支付奶款事件**

2019 年 8 月 30 日，科迪乳业终于赶在中报披露季的最后期限发出了 2019 年半年报。从数据上看，科迪乳业交出的“成绩单”可圈可点，上半年实现营业收入 6.35 亿元，实现净利润 7 955 万元，比上年同期分别增长 9.52%、22.71%。然而值得注意的是，截至 2019 年 6 月 30 日，科迪乳业账上资金余额达到 17.53 亿元。就在 2019 年 7 月初，科迪乳业被曝已拖欠 19 个月奶款，总额约 1.4 亿元。随后，在监管部门的关注下，科迪乳业承认确实有付款逾期的情况出现。一时间科迪乳业站上了风口浪尖。

2019 年 9 月 20 日晚，科迪乳业回复 2019 年半年报问询函称，科迪乳业目前共有 42 笔短期借款，合计 12.92 亿元，其中有 8 笔短期借款存在逾期情况。但对于公司货币资金是否存在使用受限问题、公司资金是否存在被控股股东挪动等问题，科迪乳业以“正在接受监管机构调查”为由未明确回答。

2020 年 4 月初在新浪财经的“问董秘”系统中，有投资者提问：“请问公司 2019 年年报审计怎么样？会计师是否会发表‘非标’意见的审计报告？”董秘回答：“谢谢你对公司的关注。”

**启发思考：**为什么会出现巨额货币资金在账却无力支付奶款的情况？什么叫“非标”审计意见？“非标”审计意见对财务报表分析有什么影响？

# 第一节　财务报表分析的目的

俗话说要有的放矢，进行财务报表分析也应如此。在开始分析前，需要明确分析的目的是什么，是站在谁的立场进行分析。因此，下面先来介绍一下进行财务报表分析的各种利益相关者，以及这些不同利益相关者进行分析的不同利益诉求。

## 一、企业的利益相关者

在进行财务报表分析之前，要明确为什么要做财务报表分析、是从谁的角度看财务报表。不同的利益相关者关注企业的不同侧面，对财务信息的需求并不相同。企业的利益相关者广义上包括与企业产生联系的任何个人与组织。常见的利益相关者有股东、债权人、员工、上下游、相关政府机构、外部职业人员等。显然，这些不同利益相关者关心的内容并不一致，需要的财务报表信息也并不相同。

## 二、不同利益相关者的关注点

1. 股东

股东是企业的所有者，对企业资产拥有剩余请求权。即企业资产在满足了其他利益相关者的利益诉求之后，剩下的全部就是所有者的。显然，企业经营越成功，属于所有者的部分就越多。否则，很有可能由于资产无法满足其他利益相关者的请求，导致所有者权益是负数的局面出现。股东是企业真正的主人，股东对企业财务信息的需求应该是全方位的。同理，潜在股东（有意向投资该企业的人或组织）也是从股东视角来审查企业的。

2. 债权人

债权人借钱给企业，要求企业到期还本付息。债权人与股东一起被称为企业的资金提供者。为了保证自己的资金安全，债权人或潜在债权人对企业经营情况也是非常关注的。债权人又分为短期债权人和长期债权人，二者由于与企业利益纠葛时间长短不一致，对企业财务信息的需求也不一样。债权人可能会问这些问题：贷款给这家企业可能面临的特定信用风险是什么？该企业的短期偿债能力和长期偿债能力怎么样？企业的经营风险是什么？贷款给该企业可能使该企业面临的风险组合发生什么变化？关于股东和债权人对企业财务信息需求的区别与联系，将在下一节详述。

3. 员工

如果是高管，财务报表通常就是在他们的授意下编制的，有可能体现了他们的利益和意图。尤其是当高管的薪酬与企业业绩表现挂钩或者其他造成利益冲突的局面发生时，高管就具备可能的动机来操纵利润。

如果是普通员工，他们有没有动力看财务报表呢？绝大多数员工不会通过财务报表来评价企业福利待遇或者决定是否要去这家企业工作。因为财务报表更多是为出资人（股东、债权人）提供信息的。普通员工很难从财务报表上摘取他们感兴趣的信息。的确，我们可以通过“支付给职工以及为职工支付的现金”除以员工总数来计算平均薪酬，但这个平均薪酬与普通员工想要知道的与其个别岗位相关的薪资、福利、晋升通道等信息相比，过于笼统，对其个人没有太大意义。英美等国的工会组织会关心财务报表信息，当发现企业盈利能力非常强的时候，工会组织会向企业提出涨薪等要求。

4. 上下游

企业的供应商和客户是否会关心企业的财务报表呢？这取决于该企业对上下游的重要程度。如果对于供应商来说，该企业是非常重要的客户，那么它只有财务健康，才能按时归还赊欠的款项；如果对于客户来说，该企业是非常重要的供应商或者提供的商品和服务后续需要很长时间维护，那么企业只有财务健康，其客户才能得到有保障的供货和服务。如果该企业在价值链中无足轻重，有很多其他企业可以替代它的位置，那么上下游也无须花费太大精力分析它的财务状况了。

5. 相关政府机构

各政府机构的社会职能不同，它们对企业的关注点也是不相同的。

例如税务机关，主要关注企业的纳税情况。而企业的各种税额基本需要以财务信息为基础来计算，尤其是企业所得税。企业在纳税时并不是按照利润总额乘以适用税率来计算应纳所得税的，但是税务机关依然会关心利润情况，因为其需要核查企业进行的纳税调整是否合理。

例如证监会，主要关注上市公司和金融机构的信息披露合规合法性问题。其关注点主要集中在合规性、合法性，并不会关注偿债能力、盈利能力等方面。

再如，政府采购过程中，政府是作为企业的客户出现的，其关注点与前面客户的关注点一致。

6. 外部职业人员

企业聘请的咨询顾问可能会对这些问题感兴趣：该企业所在的行业结构是什么样的；该行业里不同参与者采用了哪些不同的战略，如果将该行业里不同企业之间进行比较，各家企业相对业绩如何；等等。总体上，战略咨询师对行业整体情况会非常关注，需要据此为企业出谋划策，帮助企业确定未来方向。

还有一类外部职业人员是审计师。为什么资本市场中需要有审计师的存在呢？那是因为资金持有方和资金需求方之间存在信息不对称的问题。这就是诺贝尔经济学奖获得者乔治·阿克尔罗夫 1970 年在他的论文中论述的“柠檬市场”（又称次品市场）问题。阿克尔罗夫在文中用二手车市场来举例，资本市场的情形与其是一样的。资本市场中有好公司有坏公司，但投资者不知道哪家是好公司，哪家是坏公司，于是投资者只能按照平均的期望值来估价。对于坏公司来说，这个估值是高估它们了；对于好公司来说，投资者估得太低了，好公司会选择离场。这会导致市场中渐渐就只有坏公司了。这个市场会崩溃，坚持不下去。为了消除信息不对称的问题，需要一些中介机构（金融中介或者信息中介）参与。金融中介（银行、投行等）将大家的钱集中起来，再利用自己的专业能力选择好公司进行投资；信息中介则纯粹做的是解读信息、消除信息不对称问题的工作，例如审计师、债券评级机构等。审计师的使命是消除信息不对称，但是如果他没有很好地履行这个使命，甚至参与企业舞弊、造假，那他就失去了存在的根基。审计师分析财务报表的目的是看其是否真实、公允地反映了企业实际情况，那么审计程序的设计就必须合理保证他能够得到足够的证据支撑其审计意见。审计师按照自己的执业要求和准则审查企业内部资料并对财务报表出具审计意见。他通常会问这些问题：该企业所采用的会计政策和会计估计与我对这家企业业务及其近期表现的理解是否一致？该企业的财务报表是否真实、公允地表达了企业目前的实际状况，并能够充分揭示其面临的主要风险？等等。审计师为财务报表是否真实准确提供了背书保证。审计师关注的内容要多于财务信息，企业公司治理、内部控制、关联交易等都需要通过审计程序来验证。

外部证券分析师显然对财务信息感兴趣，他们是从投资者的角度来看报表的。他们通常会问自己这样的问题：我跟踪的这家公司的业绩如何？这家公司的业绩是否能够达到我的预期？如果无法达到预期，是什么原因导致无法达成预期？基于我对这家公司目前和未来的业绩判断，这家公司的股票价值在什么区间？有些分析师为了得到更加准确的用于预测的信息，还会走访企业、实地调研、与高管对话，从而对该企业未来发展形成自己的判断。这显然比只看财务报表要更加可靠。但是，无论是审计师还是外部证券分析师，都可能存在利益冲突导致职业判断失误，或者故意给出不准确意见的情况。

# 第二节 财务报表分析的类型

微课堂

不同利益相关者对财务报表的关注点不同

不同利益相关者的利益诉求不同，进行财务报表分析的目的不同。我们可以将财务报表分析划分为不同的类型，例如外部分析与内部分析。而本书则主要是从外部出资人的角度来讲解财务报表分析，具体分为从股东角度和从债权人角度进行的分析。

## 一、外部分析与内部分析

外部分析即外部人做的财务报表分析。内部分析即内部人做的财务报表分析。何为外部人？外部人指不是企业经营的实际决策者，并不实际掌控企业运营的人，一般包括股东、债权人、上下游（供应商、客户）、监管机构、税务局等。何为内部人？内部人指企业经营的实际决策者，实际掌控企业运营的人，一般包括企业内部管理人员——董事、高管、各部门主管、财务人员等。

有时候外部人与内部人的界限并没有那么明显。例如，充分参与企业经营的大股东也可以界定为内部人。关于外部分析和内部分析的比较情况如表 3.1 所示。

表 3.1　外部分析与内部分析比较情况

| 区别点 | 具体区别 | |
|---|---|---|
| | 外部分析 | 内部分析 |
| 分析目的 | 外部分析的目的往往是帮助外部人判断是否要与该企业发生业务上的某种关系。例如，潜在股东想要判断是否要投资该企业，债权人想要判断是否要借钱给该企业，供应商和顾客想要判断是否要与该企业做生意等 | 内部分析的目的则是找出经营中的优势与劣势，以期为企业制定切实可行的战略决策；有针对性地进行经营决策的调整，以保证战略的落地与施行 |
| 分析侧重 | 不同外部人的关注点不同。债权人主要关心还本付息问题，所以他关心的本质问题是企业的现金流问题（风险问题）；而长期债权人则适当关注盈利，因为长期来看利润与现金流是一致的；而股东是企业剩余收益的索取者，除了要关注风险之外，还要关心企业的盈利能力和成长能力等方面的问题。可以说股东视角的分析是最全面的分析 | 内部分析是根据管理层的需求而定的，它完全根据企业经营管理的需要灵活决定。例如，企业可以就内部不同产品的盈利能力进行明细分析，可以区分不同地区、分部进行盈利能力的明细分析，可以对每个销售人员的销售绩效进行明细分析和考核，可以对原材料和供应商进行明细分析，等等 |

续表

| 区别点 | 具体区别 | |
|---|---|---|
| | 外部分析 | 内部分析 |
| 分析范围 | 外部人能够得到的财务资料是有限的，通常限于公开的报表和附注资料，或者企业自愿配合提供的财务资料。外部分析能够运用的财务资料范围是非常受限的 | 内部人可以掌握企业全部的经营信息，不仅包括财务信息及各种原始凭证，还包括各种业务数据和经营信息。这些信息对于内部分析是非常重要的。有时，为了进行某项分析，还会专门在经营中采集更有针对性或更详尽的资料 |
| 分析方法 | 外部分析能够做的通常是基于公开能够得到的财务资料，使用一些通用的分析技术和方法（如共同比分析法、趋势分析法、比率分析法、因素分析法等）进行分析 | 内部分析则根据分析的目的，取得需要的各种财务数据和业务数据，分析方法除了外部分析常用的各种方法之外，根据决策需要可能还需要做各种情境下的敏感性分析、本量利分析等等 |
| 分析结果 | 外部分析不同的目的也决定了分析结果不同。银行做财务报表分析的结果形成信贷决策的依据，潜在股东进行财务报表分析的结果形成是否投资的决议，供应商进行财务报表分析的结果形成是否供货的决定等。分析结果的表现形式也可能各式各样，随需而定 | 内部分析形成的各种结果，分析者还需要结合企业经营实际，对导致目前状况的具体原因进行剖析，才可以用于调整经营策略 |

本书主要着眼于外部分析，主要介绍从股东角度和债权人角度进行财务报表分析的主要方法。

## 二、从股东角度进行分析与从债权人角度进行分析

股东与债权人都是企业的出资者，本书主要从外部投资者的角度出发，来讲解财务报表分析。

> **微课堂**
>
> **股东与债权人财务报表分析关注点不同**

先来看从债权人角度出发进行的财务报表分析。债权人具体又可以分为短期债权人和长期债权人，这两类债权人由于与企业利益纠葛的时间长短不同，看财务报表时的关注点也不尽相同。

短期债权人与企业利益关联的期限较短，对于他来说能够收到利息和本金就可以了，企业的长期发展和盈利与他无关。因此，短期债权人最为关注的是企业的现金流状况。企业即使是亏损的，只要短期内现金流无异常，能够支付利息和本金，短期债权人就认为是安全的。短期偿债能力分析的各种指标都是围绕现金流来设计的。

长期债权人与企业利益关联的期限较长，虽然债权人的利益诉求最终都需要靠现金流来满足，但是长期债权人一定程度上会关注企业盈利状况。因为长期来看，利润和现金流是趋于一致的。判断企业的盈利能力，有助于长期债权人判断该企业是否能够存续至偿还借款。因此，长期偿债能力分析的一些指标会涉及对利润表数据的分析和解读。

再来看从股东角度进行的财务报表分析。股东是企业剩余收益的索取者，这决定了他在看报表时与债权人关注的信息是不一样的。准确来说，股东除了关注债权人关注的信息之外，还会关注其他信息。无论是短期债权人还是长期债权人，归根结底还是关注企业的现金流状况。他们所做的分析是风险分析，主要关注会对企业不利的信息。股东则不同，股东不仅关注企业面临的风险，还会关心企业的盈利能力、未来的成长能力等。股东关注的信息在所有的利益相关者中是最全面的。

# 第三节　财务报表分析基本步骤

微课堂
财务报表分析的基本步骤

本节介绍财务报表分析的基本步骤，但事实上，正如前面两节所述，不同利益相关者关注的财务报表信息是不同的。我们应当根据分析的目的来决定财务报表分析所需的信息、步骤、方法、结论以及最终结论的呈现方式，因此，并不存在放之四海而皆准的财务报表分析步骤。此处的基本步骤主要是从外部股东的角度出发，提出的可以参考的步骤：第一，关注审计报告和审计意见；第二，对该企业进行战略分析；第三，对财务数据的质量进行判断和必要的调整；第四，运用财务报表分析方法进行分析；第五，根据分析目的得出结论。下面将分别简要介绍这五个步骤，其中第三步和第四步是本书的主要内容，将在后续章节详细讲解。

## 一、关注审计报告与审计意见

上一节解释了为什么资本市场需要审计师的参与，审计师对财务报表发表审计意见，可以部分地消除信息不对称带来的问题，帮助外部报表阅读者评价财务报表的真实准确性。接下来，让我们了解一下我国注册会计师执业时需要遵循的业务准则，并熟悉一下与审计报告直接相关的一些准则。

### （一）我国注册会计师相关业务准则体系

目前我国注册会计师相关业务准则体系如图 3.1 所示。

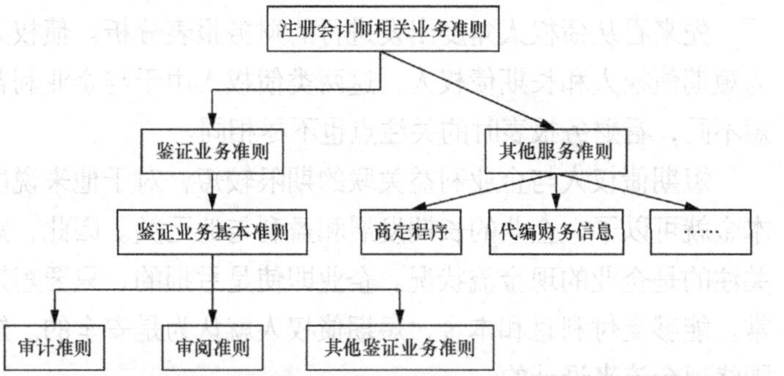

图 3.1　我国注册会计师相关业务准则体系

《中国注册会计师审计准则》自 2006 年发布以来，2010 年、2016 年、2019 年又分别修订或者新发布了各项准则。例如，2019 年 2 月 20 日，财政部发出《关于印发<中国注册会计师审计准则第 1101 号——注册会计师的总体目标和审计工作的基本要求>等 18 项审计准则的通知》（财会〔2019〕5 号）；3 月 29 日，中国注册会计师协会针对上述修订的审计准则发布 24 项应用指南。这些准则和应用指南自 2019 年 7 月 1 日起施行。这些准则和应用指南均为对原有准则和指南的修订。

目前生效的相关业务准则有 45 项审计准则、1 项审阅准则、2 项其他鉴证业务准则、2 项相关服务准则、1 项质量控制准则，每一项准则都有相应的应用指南。此外，中国注册会计师协会还发布了《中国注册会计师职业道德守则》和《中国注册会计师审计准则问题解答》等相关规范。

在进行财务报表分析之前，我们可以先了解一下审计师出具的审计报告中披露了哪些内容，具体给出了什么审计意见。用于指导审计执业的准则多达 45 项，我们选择其中与看懂审计报告直接相关的几项准则简单介绍一下。

### （二）与审计报告直接相关的准则介绍

与审计报告直接相关的审计准则主要有：第 1501 号——对财务报表形成审计意见和出具审计报告、第 1502 号——在审计报告中发表非无保留意见、第 1503 号——在审计报告中增加强调事项段和其他事项段、第 1504 号——在审计报告中沟通关键审计事项、第 1521 号——注册会计师对其他信息的责任、第 1324 号——持续经营等。了解这些准则对于我们查看和理解审计报告和审计意见非常有帮助，也对财务报表分析非常有用。下面从外部财务报表分析者需要了解的角度来整理这几个准则的要点。

视野拓展
无保留意见审计报告举例

1. 第 1501 号——对财务报表形成审计意见和出具审计报告

无保留意见是指当注册会计师认为财务报表在所有重大方面按照适用的财务报告编制基础的规定编制并实现公允反映时发表的审计意见。

在“对财务报表形成审计意见”中，规定“为了形成审计意见，针对财务报表整体是否不存在由于舞弊或错误导致的重大错报，注册会计师应当得出结论，确定是否已就此获取合理保证。”

如果注册会计师认为财务报表没有实现公允反映，注册会计师应当就该事项与管理层讨论，并根据相关规定和该事项得到解决的情况，决定是否有必要按照《中国注册会计师审计准则第 1502 号——在审计报告中发表非无保留意见》的规定发表非无保留意见。

对于上市公司的财务报表审计，还需要在审计报告中包含对“关键审计事项”的说明，关键审计事项的说明可以给我们分析企业的财务数据质量提供有价值的线索。

2. 第 1502 号——在审计报告中发表非无保留意见

非无保留意见包括三种类型：保留意见、否定意见和无法表示意见。

发表保留意见的情形：①在获取充分、适当的审计证据后，注册会计师认为错报单独或汇总起来对财务报表影响重大，但不具有广泛性；②注册会计师无法获取充分、适当的审计证据以作为形成审计意见的基础，但认为未发现的错报（如存在）对财务报表可能产生的影响重大，但不具有广泛性。

视野拓展
无法表示意见和保留意见审计报告举例

发表否定意见的情形：在获取充分、适当的审计证据后，如果认为错报单独或汇总起来对财务报表的影响重大且具有广泛性。

发表无法表示意见的情形：如果无法获取充分、适当的审计证据以作为形成审计意见的基础，但认为未发现的错报（如存在）对财务报表可能产生的影响重大且具有广泛性。

3. 第 1503 号——在审计报告中增加强调事项段和其他事项段

强调事项段，是指审计报告中含有的一个段落，该段落提及已在财务报表中恰当列报或披露的事项，且根据注册会计师的职业判断，该事项对财务报表使用者理解财务报表至关重要。其他事项段，是指审计报告中含有的一个段落，该段落提及未在财务报表中列报或披露的事项，且根据注册会计师的职业判断，该事项与财务报表使用者理解审计工作、注册会计师的责任或审计报告相关。

视野拓展
带强调事项段的审计报告举例

强调事项段涉及事项并不导致注册会计师发表非无保留意见，并且该事项也没有被确定为关键审计事项，但是注册会计师认为强调该事项有助于报表阅读者理解报表。同样，其他事项段涉及事项是没有在财务报表中列报或披露的，但是会计师认为披露这些其他事项有助于财务报表阅读者更好地理解报表，并且该事项的披露并未被法律法规禁止，且不属于关键审计事项。

4. 第 1504 号——在审计报告中沟通关键审计事项

关键审计事项，是指注册会计师根据职业判断认为对本期财务报表审计最为重要的事项。关键审计事项从注册会计师与治理层沟通过的事项中选取。

如果导致会计师发表非无保留意见的事项或者导致对被审计单位持续经营能力产生重大疑虑的事项，就性质而言都属于关键审计事项，但准则规定不在关键审计事项部分进行描述，而是依据相应的具体审计准则（如第 1502 号，第 1324 号）在相应的部分进行描述。

审计报告中关键审计事项已经成为固有的一块内容，也是我们阅读财务报表前需要先仔细查看的内容。审计师在这里列出了他认为决定该企业财务报表列报是否公允的最关键的会计处理事项，是我们首先应该注意的地方。

5. 第 1521 号——注册会计师对其他信息的责任

其他信息，是指在被审计单位年度报告中包含的除财务报表和审计报告以外的财务信息和非财务信息。

注册会计师对其他信息不发表（或不会发表）审计意见或任何形式的鉴证结论。但注册会计师应当阅读其他信息，并考虑其他信息与财务报表之间是否存在重人不一致；考虑其他信息与注册会计师在审计中了解到的情况之间是否存在重大不一致。当注册会计师识别出存在重大不一致的时候，注册会计师应当首先与管理层讨论该事项，必要时，实施其他程序以确定是其他信息存在重大错报还是财务报表存在重大错报。如果审计报告日前获得的信息促使注册会计师认为其他信息存在重大错报，会计师应当就如何在审计报告中处理该事项与管理层沟通，或者在法律法规允许情况下，解除业务约定。如果审计报告日之后注册会计师才获知其他信息存在重大错报，则也需要与管理层沟通更正事项；如果沟通后未更正，也需要提醒审计报告使用者恰当关注未更正的重大错报。

从实践来看，审计报告中的“其他信息”已经成为审计报告模板中的一块固有列示内容了。阅读审计报告时，如果你发现该部分内容只是该事务所统一的模板格式，略过即可。一旦发现该部分有实质性内容，就需要仔细阅读。

6. 第 1324 号——持续经营

注册会计师应当就管理层在编制财务报表时运用持续经营假设的适当性获取充分、适当的审计证据并得出结论，并根据获取的审计证据就被审计单位持续经营能力是否存在重大不确定性得出结论。

如果财务报表已按照持续经营假设编制，但根据判断认为管理层在财务报表中运用持续经营假设是不适当的，注册会计师应当发表否定意见。如果运用持续经营假设是适当的，但存在重大不确定性，且财务报表对重大不确定性已作出充分披露，注册会计师应当发表无保留意见，并在审计报告中增加以“与持续经营相关的重大不确定性”为标题的单独部分。如果运用持续经营假设是适当的，但存在重大不确定性，且财务报表对重大不确定性未作出充分披露，注册会计师应当按照相关规定，恰当发表保留意见或否定意见。如果运用持续经营假设是适当的，但存在重大不确定性，且管理层不愿按照注册会计师的要求作出评估或延长评估期间，注册会计师应当考虑这一情况对审计报告的影响。

总结一下，对标准无保留意见的审计报告，我们需要关注其中的关键审计事项。在财务报表分析中，将注册会计师提及的会计事项涉及的报表附注仔细研读，并与同行业比较，形成对这些会计处理是否恰当合理的判断。

对于带强调事项段无保留意见的审计报告，除了关键审计事项外，还需要关注强调事项段。这一段内容涉及的信息对解读该企业经营状况有非常重要的作用。

对于保留意见、否定意见和无法表示意见等审计报告，除常规需要关注的关键审计事项之外，需要关注注册会计师出具这些非标意见的原因。如果审计报告中还出现其他段落，例如“强调事项”“与持续经营相关的重大不确定性”等，则需要仔细研读这些地方。总之，审计报告段落越多，越不妙。

## 二、进行战略分析

财务报表是企业活动的反映，想要做好财务报表分析，必须了解企业活动。就报表论报表，往往是“隔靴搔痒”，摸不到痛处。财务报表分析是商业分析（business analysis）中的一个环节，是建立在了解企业所在行业、清楚企业商业战略的基础上的。只有建立在行业分析和战略分析上的财务报表分析，才是有本之木、有源之水。行业分析和战略分析是大家在“公司战略”“战略管理”等课程中学习的内容。可见，财务报表分析是多门学科知识的综合运用和体现。

这里简单概括一下常用的行业分析和战略分析工具。需要说明的是，各种分析工具层出不穷，分析者也可以根据自己的需要量身定制一些分析工具。因此，这里所列分析工具只是经典分析工具或广泛使用的分析工具。在实际分析时，应当根据具体的情境灵活使用这些工具，或者设计新的分析工具和分析模型。

一个企业的未来盈利潜力由什么决定呢？可以说是由其战略选择决定的。

第一，选择哪个行业（或者跨多个行业），即行业选择、行业定位的问题。因此，想要进行很好的企业分析，需要进行行业分析。

第二，在某一行业中，该企业选择哪种竞争战略，即以什么竞争姿态立足于该行业。这就是通常说的竞争战略分析。

第三，企业是如何协同企业内所有业务并创造价值的？行业分析和竞争战略分析往往关注某一种业务、某一个行业，但企业运营可能涉及多种业务、多个行业。因此，需要对企业战略进行分析，看看在企业层面是如何创造价值的，即企业战略分析。

下面分别看一下这三种分析常用的分析框架或者分析工具。

### （一）行业分析

当我们分析一家企业的盈利潜力时，如果该企业是跨行业、多业务单元运营的，我们应当区分不同的行业来分别进行预测。因为不同的行业面临的市场环境可能截然不同，未来的盈利潜力也并不相同。

行业的盈利潜力受到哪些因素影响呢？常用的一个分析工具就是波特的“五力模型”——①现有企业的竞争程度；②来自新进入者的威胁；③来自替代产品的威胁；④与顾客话语权的博弈；⑤与供应商话语权的博弈。其中①、②、③这三个力用于描画一个行业实际和潜在的竞争程度，而④和⑤两个力则刻画了该行业与上下游行业的博弈状态。具体来看一下。

#### 1. 现有企业的竞争程度

在某些行业，企业间的竞争非常激烈，大打价格战，充分竞争会使得价格逼近（甚至低于）

边际成本。而在另一些行业内，企业并不走价格战的路线，而是寻求别的差异度，例如产品创新或者品牌差异。分析一个行业中现有参与者的竞争程度，可以从以下这些方面进行探讨。

（1）行业增长率。如果某个行业正处于快速增长期，身处其中的企业无须抢夺客户和市场，竞争程度就可能较低。但是如果某个行业已经处于停止增长的阶段，参与者想要进一步获得增长就只能去争夺别家的市场份额，这势必就会导致较为激烈的竞争，甚至引发价格战。

（2）行业集中度。如果某行业处于垄断或者寡头垄断，几个主要市场参与者完全可以就价格达成联盟，这不太容易引发价格战。如果该行业比较分散，则价格联盟不宜达成，价格战往往会比较激烈。以上分析是传统的分析思路，事实上近来行业集中度与竞争程度的关系并不那么简单。出现了很多行业相对集中，但竞争异常激烈的案例。例如，曾经滴滴打车和快的打车的价格战（两家公司已于 2015 年合并）。

（3）差异化以及转换成本。企业如果能够提供具有差异化的产品或者服务，就能够极大程度地避免竞争。差异化的产品导致顾客在转换产品时候的成本较高，因此会形成用户黏性。苹果公司就走出了一条差异化的杰出道路。

（4）规模经济以及固定变动成本比。如果某行业固定成本较高，例如前期需要投入巨大的固定资产建设，为了收回成本，企业就易采取较为激烈的竞争手段争夺市场份额。例如，航空业。

（5）冗余产能以及退出障碍。如果整个行业处于产能过剩的状态，企业就会通过降低价格来释放冗余的产能。如果该行业的退出障碍比较大，冗余产能带来的问题就会更严重。通常，如果该行业的资产是专用的，或者根据政府相关规定退出该行业需要履行相关义务，导致退出成本极高的时候，退出的障碍会比较大。

**2. 来自新进入者的威胁**

如果一个行业能够赚取超额利润，势必会吸引其他新进入者进入该行业。这种可能的新进入者带来的威胁将使得行业现有企业不得不谨慎定价，以免该行业过于有利可图。因此，新进入者进入一个行业的难易程度可以影响该行业的盈利能力。如果新进入者的威胁比较小，那么该行业赚取超额盈利的能力就比较强。在考虑新进入者进入某一个行业的难易程度时，可以从以下几个方面考虑。

（1）规模经济。如果某个行业非常倚重规模经济，那么新进入者就面临一个两难的决定——选择一开始就大规模投资，但是可能会有冗余产能；或者选择先小试牛刀。不论怎么做，新进入者都会面临在成本上无法与已有的企业竞争的局面。

（2）先动优势。先进入某个行业的企业可能会具有先动优势。例如，先进入者可以制定行业规则，或者在原材料采购上与优质供应商达成排他性协议。在某些行业，先进入者可能先取得了政府牌照，而牌照可能是稀缺资源。此外，有些行业的学习曲线比较陡峭，那么先进入者就会取得成本优势。而且当消费者习惯使用某产品之后，更换产品的转换成本也会给先进入者带来先动优势。

（3）分销渠道可得性以及行业内供销关系。已有分销渠道如果已经饱和，或者开发新的渠道过于昂贵，都可能阻止新进入者进入该行业。对于新进入者来说，那些供销关系结合非常紧密的行业是很难进入的。例如，极其依赖人际关系和客户资源的会计师事务所以及投行等行业。

（4）法律障碍。有些行业有牌照限制，还有些行业的业务开展会受到专利或者著作权等法律的限制等。

3. 来自替代产品的威胁

影响一个行业竞争态势的第三个作用力是来自替代品的威胁。所谓的替代品并不一定与现有产品具有一样的外形，只要有能够替代现有产品的功能，该产品就构成了现有产品的替代品。有时候，替代品的威胁并不是直接表现为客户选择使用别的产品，而是新技术的运用使得客户减少使用原有产品。例如节能技术的发展，减少了人们的用电量或者耗油量。来自替代产品的威胁取决于下面两个因素。

（1）相对价格及其功效。消费者在判断两个产品是否是替代品的时候，是基于相似的价格基础看该产品提供的功效是否相同。事实上，如果两个产品提供的功效完全相同，它们要保持不同价格也是很困难的。

（2）顾客是否愿意更换产品。顾客是否愿意更换产品这一点，对于判断来自替代品的威胁也是至关重要的。例如，奢侈品牌的衣服和包与其他品牌的衣服和包提供一样的功能，但是顾客由于看重品牌的价值，而愿意高价购买。

4. 与顾客话语权的博弈

一个行业的实际盈利受它与行业上下游话语权的博弈力量的影响。上游，企业受到劳动力市场、原材料市场、资金供给市场等的影响。下游，企业将产品或者服务直接提供给最终消费者或者通过分销渠道提供给消费者。自然地，企业与上下游的相对力量对比变化，会影响企业的盈利。

有两个主要因素影响购买方的博弈力量：价格敏感度和相对还价能力。价格敏感度是指顾客是否对价格十分敏感，价格上涨多高幅度会使得顾客讨价还价；相对还价能力则是衡量顾客多大程度上能够还价成功。

（1）价格敏感度。当产品没有差异化并且转换成本很低的时候，顾客的价格敏感度就会很高。价格敏感度还取决于购买价格占顾客总支出的百分比，如果占比很高，顾客对价格就会很敏感，也会竭力寻找更低的价格。此外，该产品对于顾客来说的重要程度，也会影响其价格敏感度。例如，如果原料的质量对某制造业企业最终产品质量产生非常重大的影响，在采购的时候价格因素就不会是顾客重点关注或者唯一关注的因素。

（2）相对还价能力。有时候即使顾客对价格非常敏感，但是可能他还价能力不行，因此也无法迫使企业降低销售价格。相对还价能力其实最终取决于交易双方谁更怕失去这项交易。还价能力取决于买方数量与卖方数量对比、单一顾客的购买数量、买方可供选择的替代产品数量、买方转换采购产品的成本以及来自买方的并购威胁等因素。

5. 与供应商话语权的博弈

与供应商话语权的博弈与之前讨论的与顾客话语权的博弈是一样的，只不过现在站在买方的角度来探讨了。如果市场中只有少数几家供应商、替代品也很少，那么供应商一般就比较强势。当供应商提供的产品或者服务对企业至关重要的时候，它的话语权就比较大。此外，供应商如果能够对买方构成并购威胁，一般讨价还价能力也会比较强。

波特的五力模型是很好的行业分析工具。

### （二）竞争战略分析

竞争战略主要解决行业定位的问题。总体来说，有两大类竞争战略：成本领先战略和差异化战略。成本领先战略是指以更低的价格提供同样质量的产品或者服务。而差异化战略是指提供有特色的产品或者服务，不同于别的产品或者服务。

如何实现成本领先、降低成本呢？可能的途径有：规模经济、学习曲线、更有效地生产、简化产品设计、降低原材料成本、更有效地组织管理等。具有成本优势的企业，在与竞争对手标价相同的情况下，可以赚取更多利润；而且成本领先企业还可以通过降价来削弱竞争对手的盈利能力，甚至逼迫其退出行业。

而执行差异化战略的企业想要给顾客提供独特的产品或者服务。企业要获得差异化，首先需要识别出产品或者服务中顾客在意的某个方面；其次，要想办法以独特的方式满足顾客这个方面的需求；最后，企业提供差异化产品或服务的成本应当小于顾客愿意为此支付的价格。差异化可能来自产品质量、产品多样化、捆绑的服务或者送货时间等，也可能来自品牌、产品外观或者声誉等。执行差异化战略的企业往往在研发、工程技术、营销等方面投入巨大，企业内部往往会培育一种积极创新的企业文化。

2019 年 8 月底 Costco 在上海开业，第一天顾客就蜂拥而至，上午就买空了库存商品，导致下午紧急关店。Costco 执行的就是成本领先战略，它通过减少商品种类、大批量采购等方式，将进货成本压低，并以较低价格出售给顾客。苹果手机实行的是差异化战略，其使用体验和后台生态系统的搭建，给顾客提供了差异化的产品，因此可以以较高的售价出售。华为手机在拍照功能上做到了差异化，很多人因为华为手机出色的拍照效果而在更换手机时换成了华为手机。

选择其中一种战略并不意味着对另一种战略完全摒弃和忽视，执行成本领先战略的企业也需要对产品或服务的质量有要求；执行差异化战略的企业也需要关注成本。非常难得的情形是，在提供优质产品或服务的基础上降低成本。往往是在企业组织、业务形态或者技术方面实现了某种创新的企业，才能做到这一点。

选择某种竞争战略并不意味着企业就可以获得竞争优势，关键还要看企业是如何执行和保持这种竞争战略的。为了帮助我们评估企业是否能成功达成它的竞争战略，我们可以尝试回答这些问题：企业选择的竞争战略要成功，涉及哪些关键因素和风险点？企业现有的资源和能力是否能够处理这些关键因素和风险点？如果资源和能力有差距，企业是否下定决心弥补这种差距，打算怎么做？企业的运营（例如，研发、设计、生产、营销以及其他支持活动）是否与其设定的竞争战略一致？企业的竞争优势是否是可持续的，这种优势是否容易被模仿？是否存在一些行业结构的变动会导致企业竞争优势的丧失？企业是否能够灵活应对这些变动？

**视野拓展**

进一步了解竞争优势的来源

此处，提到了竞争优势。根据竞争优势理论，企业的竞争优势可能来自：面向顾客的优势、生产优势、效率优势和政府政策优势。

结合竞争战略来考虑，差异化战略可能在“面向顾客的优势”方面体现得较明显，能够向顾客以更高的价格出售产品；而成本领先战略则可能在“生产优势”“效率优势”方面体现得比较明显。但是这并不绝对。

具体到财务报表分析上，成本领先战略和差异化战略的报表特征会不一样吗？

一般来说，执行差异化战略的企业研发支出、营销支出等占总支出的比例，可能会比同行业其他企业高。但是这些支出占总收入的比例，却未必高于（也有可能较高）同行业。这是因为，成功的差异化战略会创造更多收入（单价高、销量大），从而使得该比例显得不高。因此，在计算各种费用率的时候，除了可以在共同比利润表上看到的各种费用除以营业收入的比例之外，辅助看看各种费用占总费用的比例也会有帮助（当然费用率高也可能是经营管理不善造成的）。如果一个企业研发费用、销售费用等占总费用比例高，但是占总收入比例却不高，则可能意味着该企业是运用差异化战略比较成功的企业。

成本领先战略有没有什么显著的报表特征呢？有人说执行成本领先战略企业的毛利率高。这一点并不是绝对的。有些执行成本领先战略的企业，虽然成本低，但同时降低了售价，从而毛利率与同行业相比并没有显著提高。

不论采用什么战略，具有竞争优势的（战略执行成功的）企业具有的报表特征是——好看的报表。其特点表现为收入增速快、毛利率较高、净利润较高、净资产收益率较高、利润质量高（现金流充沛）等。

### （三）企业战略分析

前面的行业分析和竞争战略分析都集中在讨论某个业务，但是，许多公司同时开展多项业务。这时，要理解一家企业就必须对该公司的多种业务是如何创造价值的进行分析。经济学中的交易成本理论对于我们理解企业的边界很有帮助。

经济学理论告诉我们，企业在进行自制或者外购（确定企业边界）的决策时，考虑的很重要的一个因素就是交易成本。如果生产涉及一些特殊的资产，例如特殊人员技能要求、特有的技术或者其他组织知识，这样特定的产品就很难在现成市场上买到，即需要纳入企业内部。或者是当市场不完美的时候，例如信息或者激励机制存在问题的时候，交易成本也会激增。如果买卖双方无法通过标准的机制（例如强制执行的合同等）来解决信息不对称的问题，通过外部市场来获得产品或服务可能交易成本过高，从而迫使企业将其纳入企业内部。企业选择自制，可能会从以下几个方面降低交易成本：首先，降低企业内部的沟通交流成本；其次，设立总部以极大地降低各个业务部门间的交易成本和摩擦；第三，内部各个业务部门可以共享一些企业资源，例如组织的系统流程、商标、营销渠道等。当然，也会出现自制的选择比外购交易成本更高的情况。可能的原因是高管缺乏统筹管理各个不同业务的专业技能和技巧。要想避免这种情况发生，企业需要聘请精通某行业的职业经理人，并给予其恰当的激励。但是，这种放权经营的情形，也可能导致各个业务分部与企业组织的总体目标背离，从而无法实现企业总体的规模经济。

一个多元化经营的企业创造的价值，是否能够比经营与之相同的独立业务的企业加总，创造的价值更多，是一件不确定的事情。当我们衡量一家多元化经营的企业的战略是否成功时，我们需要思考以下问题：该企业涉及行业（或者国家）所面临的产品市场、劳动力市场或者资本市场是否有显著的瑕疵？这些市场中的交易成本是否显著高于类似活动在一个完善经营的企业内部的交易成本？该企业是否拥有某些独特的资源（例如品牌、专有技术、独特的营销渠道或者特殊的企业流程等），若拥有，是否可供创造出规模经济？该企业拥有的独特资源与目前企业开展的业务之间是否匹配？该企业在总部与各个业务单元之间的权力分配，是否有利于实现企业规模经济最大化？该企业是否配备内部措施、沟通机制和激励机制，以降低代理成本，并增进各个业务单元之间的合作？

学者们的研究也倾向于认为多元化经营的企业市价表现并不好。有研究指出，主并公司如果宣告收购一项不相关业务，其股价会下降。还有研究发现，当多元化经营的企业退出某些业务，试图集中产业时，股价会上涨。多元化经营的企业为什么股价表现相对不太好，可能的原因是：管理者作出多元化决定的时候，更大可能是出于做大企业规模的想法，而不是从股东利益出发来考虑的；多元化经营的企业往往在激励机制上无法统一，从而导致糟糕的投资决策和较差的业绩表现；由于业务多元化，信息披露未必透明、准确，导致资本市场较难对多元化经营的企业给出定价。当我们审视企业多元化战略的时候，一定要小心。

战略分析是财务报表分析的基础，以上将行业分析、竞争战略分析和公司战略分析中最常见的理论和工具整理了一下。只有基于对企业战略的理解，才能够做好预测，财务报表分析才言之有物。

## 三、判断财务数据质量

对财务数据的质量进行判断，在很多国外的教材中被称为会计分析（accounting analysis）。本书的核心内容就是介绍如何对财务数据进行质量判断和分析，以及下一步的财务报表分析方法。

为什么在进行具体的财务报表分析之前，要先判断财务数据的质量呢？图 3.2 给出了主要原因。

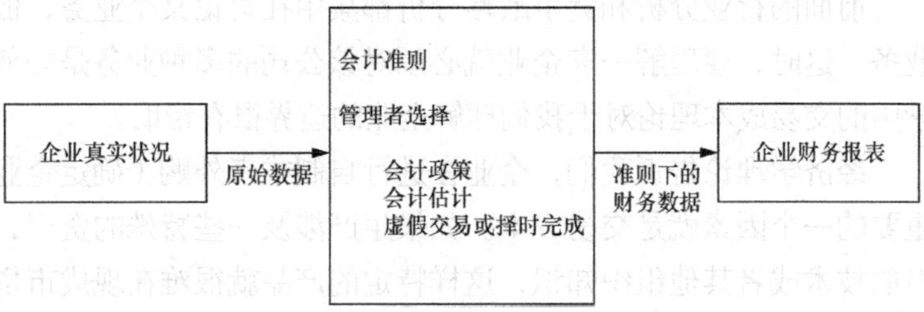


图 3.2　企业财务报表与企业真实状况背离的主要原因

企业的真实状况经过了财务系统的处理，最终可生成财务报表。财务报表的编制需要遵循会计准则的约束和规范，也受到来自管理层意图的影响。这两方面的因素都会影响财务报表对企业实际状况的公允表达。

关于会计准则对财务报表的影响，大家可以了解下租赁准则的变迁过程。例如，在租赁准则修订之前，租赁需要区分经营性租赁和融资租赁。融资租赁的会计处理视同“借钱买”，因此租赁合同签订之后，同时记资产和负债增加。而经营性租赁的会计处理则不同，往往由于租期较短，标的资产并不作为自有资产入账，相应地支付租金的义务也不作为负债在表内确认，等实际支付租金的时候，再将租金作为营业费用来确认。这种不同的会计处理，导致有些企业倾向于使用经营性租赁来获得标的资产，这样隐瞒了大量的表外负债。这是会计准则的规定给报表带来的影响。由于这种操作较为普遍，国际会计准则修订了租赁准则，规定基本上除了一些低价值租赁和短期租赁外（金额不具有重要性），所有租赁都需要同时确认资产和负债。我国也随之修订了租赁准则，并从 2019 年 1 月 1 日起施行。

同样，财务报表受到管理层意图的影响。例如，熟悉会计准则的管理层可以利用准则的有关规定达到粉饰报表的目的。前面提到的利用经营性租赁表外融资特点来隐瞒负债，就是很典型的操作。此外，由于会计准则中有时提供了多种会计政策供使用者选择，这也给外部分析者理解财务报表造成了一定障碍。例如有些企业使用先进先出法结转存货成本，而同行业另一些企业使用加权平均法结转存货成本，那么对这些企业经营结果直接进行比较可能就不太合适。另外，企业的账务处理经过很多的会计估计，这些会计估计很容易受到管理层倾向的影响。例如，如果管理层倾向于高报当期利润，那么就有可能通过低估坏账或者延长固定资产折旧年限等手段达成高估利润的目的。在分析财务报表的时候，我们需要知道财务报表是管理层编制的。管理层可能出于自利性的动机，而扭曲企业真实的业绩。

本书第四章至第七章具体讲解如何对财务数据的质量进行判断。经过判断，如果你认为财务数据并不真实，就应当根据你的理解来调整报表。后续的财务报表分析应当建立在调整后的财务报表基础上。

## 四、具体分析财务数据

对财务数据质量判断之后，根据调整后财务报表进行进一步的财务报表分析。此时，可能会用到各种辅助分析的工具。例如，比较分析法、趋势分析法、比率分析法、因素分析法等。这些方法对于我们揭示财务数据的变化、理解趋势和规律会有帮助。

本书将在第八章和第九章详细论述这些方法。例如，在第九章中，我们不仅要学习比率分析法中各个比率的公式和含义，还需要学习比率设计的原理和比率的适用场景。所有财务报表分析的方法都是为了帮助我们对财务数据形成判断，运用这些方法本身并不是分析的目的。

## 五、预测以及结论

根据分析的目的不同，分析者需要的信息不同、使用的方法不同、得出的结论不同，甚至结论最终的表现形式都会有所不同。例如，卖方分析师进行财务报表分析，是从股东的角度展开分析的，通过全面了解企业所处的经济环境、行业特征、企业战略以及历史财务表现，并对未来发展作出预测，最终给出对企业的合理估值，经过与现行股价的比较，给出具体交易策略。分析师的财务报表分析结果是一份分析报告，一般会在首页显著位置标示分析结论：买入、卖出或是持有等。再考虑银行放贷审核时所进行的财务报表分析，是从债权人的角度展开分析的，根据贷款的金额、用途、是否有抵押物等，审核的标准和程序都会不同。但一定是从贷款本身的安全性出发，通过重点关注该笔贷款与企业相关的风险点来进行分析的。分析报告有可能基于银行内部用于审核某类贷款的 Excel 模板而形成。再考虑一个场景，总经理在董事会上对企业上一年度的经营情况进行述职报告，中间一定也涉及对财务数据的分析。总经理作为内部人最了解企业的实际经营状况，他的述职报告中一定包括用财务数据说明的“取得的成绩”，也需要有用财务数据说明的“存在的问题”，并指出未来的经营战略和方向。报告的形式通常可能就是 PPT 形式，并用清晰的图表来说明问题。

总之，财务报表分析是非常灵活的事情，一定是分析目的决定了财务报表分析接下来的步骤和方法。本节介绍了财务报表分析的一般步骤：查看审计报告和审计意见、进行战略分析、对财务数据质量进行判断并调整报表、对财务数据进行具体分析并得出最终结论。

## 本章小结

本章介绍了财务报表分析的基本框架。首先明确了不同的利益相关者关注点不同，他们进行财务报表分析的目的也不尽相同。按照利益相关者属于外部人还是内部人，我们可以将财务报表分析分为外部分析和内部分析。本章集中于外部分析，并主要从股东和债权人的角度，即从出资人的角度来进行财报分析。接着，我们介绍了财务报表分析的一般步骤：查看审计报告和审计意见、进行战略分析、对财务数据质量进行判断并调整报表、对财务数据进行具体分析并得出最终结论。但是，不要教条、僵化地理解这个步骤，分析目的不同，步骤和方法可能不同，财务报表分析是一件非常灵活的事情。

## 综合练习题

### 一、单选题

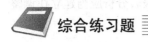

1. 下面分析方法中属于内部分析的方法有（　　）。

A. 趋势分析法　　B. 共同比分析法　　C. 比率分析法

D. 因素分析法　　E. 本量利分析法

2. 短期债权人关注的核心问题是（　　）。

A. 短期的盈利能力　　B. 短期的现金流

C. 长期的盈利能力　　D. 长期的现金流

3. 若财务报表严重扭曲了被审计单位的财务状况、经营成果和现金流量，并且被审计单位拒绝调整报表，注册会计师应当对其出具（　　）的审计报告。

A. 标准无保留意见　　B. 带解释说明段的无保留意见

C. 保留意见　　D. 否定意见

E. 无法表示意见

4. 下列关于竞争战略与报表之间的关系表述不正确的是（　　）。

A. 差异化战略的企业研发支出、营销支出等占总支出的比例，可能会比同行业其他企业高

B. 如果一个企业研发费用、销售费用等占总费用比例高，但是占总收入比例却不高，可能意味着该企业差异化战略较为成功

C. 成本领先战略的企业毛利率较高

D. 具有竞争优势的企业一般毛利率较高、净利润率较高、净资产收益率较高、现金流充沛

5. 下列关于财务报表分析的有关表述不正确的是（　　）。

A. 财务报表分析需要遵循以下步骤：查看审计报告和审计意见、进行战略分析、对财务数据质量进行判断并调整报表、对财务数据进行具体分析并得出最终结论

B. 财务报表分析是非常灵活的事情，分析目的决定了财务报表分析的范围、方法、步骤等

C. 分析目的不同，则分析者需要的信息不同、使用的方法不同、得出的结论不同

D. 财务报表分析的各种方法可以帮助我们对财务数据形成判断，其本身并不是分析的目的

### 二、判断题

1. 不同利益相关者进行财务报表分析的关注点不尽相同。（　　）

2. 相对来说，股东进行财务报表分析时关注面是比较广泛的。（　　）

3. 财务报表分析需要遵循既定的分析步骤和方法。（　　）

4. 被出具无保留意见的财务报表一定真实、公允、准确地表达了企业财务状况和经营结果。（　　）

5. 对财务数据质量进行判断是财务报表分析中非常重要的一个环节。（　　）

### 三、简答题

1. 财务报表分析可以分为内部分析和外部分析，请简述二者的区别。

2. 请简述股东与债权人进行财务报表分析时的主要关注点。

3. 从外部股东角度出发进行财务报表分析，可以参考的基本步骤有哪些？

# 第二篇

# 财务数据质量判断

# 第四章　对筹资结果的分析——负债与权益分析

【知识目标】

1. 了解负债的期限结构，并对其进行分析。
2. 了解负债的来源结构，并对其进行分析。
3. 掌握经营性负债和金融性负债各个项目核算内容及分析要点。
4. 掌握来自股东投入和来自企业运营的所有者权益，各自包含的项目及分析要点。

【技能目标】

1. 能够按照负债的期限结构进行负债结构分析。
2. 能够按照负债的来源结构进行负债结构分析。
3. 能够利用年报中的股东相关信息和所有者权益变动表信息，对所有者权益进行分析。

【关键术语】

资本结构、期限结构、来源结构、经营性负债、金融性负债、来自股东投入的所有者权益、来自企业运营的所有者权益

## 引例

### 疫情背景下旅游行业上市公司融资以解决资金问题

2020 年新冠疫情爆发给我国旅游产业带来了巨大影响，旅游企业的资金问题成为大家关注的焦点。有上市公司用定向增发股票的方式融资，有的企业则利用可转债等形式进行融资。例如，2020 年 3 月 15 日，三特索道发布 2020 年非公开发行 A 股股票预案，拟募集不超过 3.91 亿元资金，以优化公司资本结构，补充流动资金。公告显示，三特索道本次非公开发行股票数量不超过 4 160 万股，占发行前总股本的 30%，全部由三特索道控股股东武汉当代城市建设发展有限公司以现金认购。募集资金在扣除发行费用后，将全部用于偿还银行借款及补充流动资金。再如，天目湖在 2019 年 3 月发布的公开发行可转换公司债券预案，在 2020 年 1 月获得证监会核准。随后在 2 月 26 日，天目湖发布可转债发行公告，发行总额 3 亿元，发行数量 30 万手，存续期限 6 年。根据公告，天目湖此次募集资金将全部投资于相关项目建设，建成后将形成酒店、餐饮、民俗及非遗文化体验等业态。目前，此次可转债已认购完毕。

**启发思考：**定向增发股票会给资本结构带来什么影响，体现在报表什么地方？发行可转换债券又会给资本结构带来什么影响，体现在报表什么地方？

# 第一节　资本结构

资本结构是一个经常被大家提到的概念。广义的资本结构是指资产负债表右边的结构，即负债和所有者权益的结构。这里既包含了负债与所有者权益之间的比较，也包含了负债内部结构、所有者权益内部结构的比较。除了广义的资本结构之外，资本一词在很多场景下是指“有代价的资金来源”。因此，资本结构的另一种含义是“有代价的资金来源结构”。这种概念下的资本结构会引导我们分析金融性负债①与所有者权益之间的结构关系，探讨企业的融资倾向与融资结果。进一步缩小对资本的界定，将其界定为股东提供的资本，那么此时资本结构就等同于“股权结构”，此时的资本结构分析就是针对股东性质、股东构成、股东持股比例等进行分析。

本书采用的是广义的资本结构概念，本节将对资产负债表的右边展开分析。

## 一、期限结构

在资产负债表中，负债通常按照其流动性列示，分为流动负债和非流动负债。简单来说，流动负债可以理解为一年之内（或一个经营周期内）就要偿还的负债；非流动负债可以理解为一年以后（或一个经营周期以后）才要偿还的负债。资产负债表的右边非常清晰地显示了负债的期限结构，这样列示对债权人进行偿债能力分析是非常有用的。

债权人在看报表时，最关心的问题是企业是否能够及时足额地还本付息。根据负债期限的不同，偿债能力分析又具体分为短期偿债能力分析和长期偿债能力分析。各种各样的财务指标能帮助我们判断企业的偿债能力。具体比率在第九章讲解。由于资产负债表列报格式中直接给出了负债的期限结构，因此分析负债的期限结构是负债分析最普遍和最主流的分析思路。

**案例 4.1**

**苹果公司的负债期限结构**

我们可以看一下苹果公司的负债期限结构，如表 4.1 所示。

**表 4.1　苹果公司负债期限结构**

| 相关指标 | 2019-9-28 | 2018-9-29 | 2017-9-30 | 2016-9-24 | 2015-9-26 | 2014-9-27 | 2013-9-28 | 2012-9-29 | 2011-9-24 | 2010-9-25 | 2009-9-26 |
|---|---|---|---|---|---|---|---|---|---|---|---|
| 流动负债占总资产比例 | 31% | 32% | 27% | 25% | 28% | 27% | 21% | 22% | 24% | 28% | 24% |
| 非流动负债占总资产比例 | 42% | 39% | 37% | 35% | 31% | 25% | 19% | 11% | 10% | 8% | 9% |
| 总负债占总资产比例（资产负债率） | 73% | 71% | 64% | 60% | 59% | 52% | 40% | 33% | 34% | 36% | 33% |

① 本节后面会对金融性负债做进一步解释。

可见苹果公司的资产负债率在2012年以前较为稳定地维持在三分之一左右，但这种情况在2013年发生了改变，资产负债率开始不断飙升，从33%飙升至73%。如果从期限结构来看，主要是非流动负债的比例增加导致的。

## 二、来源结构

负债除了按照期限分类，还可以按照其来源结构分为经营性负债和金融性负债。经营性负债指的是企业在日常经营过程中自然累积起来的负债，例如应付账款、应付职工薪酬、应交税费等；金融性负债指的是企业专门去借的钱，例如银行借款、应付债券等。显然，如果我们想要判断一家企业的融资倾向，观察负债的来源结构会更有利于我们的判断。

**微课堂**
负债的期限结构与来源结构

通过观察表4.1，你可能会得出结论：2012年以前苹果公司拥有的资金中大约有三分之一是借的，从2013年开始借的长期资金越来越多，导致资产负债率飙升。这一结论是不太准确的。如果你将“借”理解为企业专门的融资行为，这一结论甚至是错误的。

### 案例 4.2

**苹果公司的负债来源结构**

将苹果公司的负债区分为经营性负债和金融性负债，再来观察其负债结构，如表4.2所示。

**表4.2 苹果公司负债来源结构**

| 相关指标 | 2019-9-28 | 2018-9-29 | 2017-9-30 | 2016-9-24 | 2015-9-26 | 2014-9-27 | 2013-9-28 | 2012-9-29 | 2011-9-24 | 2010-9-25 | 2009-9-26 |
|---|---|---|---|---|---|---|---|---|---|---|---|
| 经营性负债占总资产比例 | 41% | 39% | 33% | 37% | 41% | 39% | 32% | 33% | 34% | 36% | 33% |
| 金融性负债占总资产比例 | 32% | 32% | 31% | 23% | 18% | 13% | 8% | 0% | 0% | 0% | 0% |
| 总负债占总资产比例（资产负债率） | 73% | 71% | 64% | 60% | 59% | 52% | 40% | 33% | 34% | 36% | 33% |

表4.2中清晰地显示，2012年之前资产负债率稳定在三分之一左右，而这全部由经营性负债构成。没有一分钱是借来的，金融性负债占总资产的比例为零。从2013年开始，苹果公司的资产负债率飙升，就是因为它开始借钱了——陆续发行企业债券进行融资。此处，可以看出苹果公司的融资战略在2013年发生了重大转变。这个战略转变与苹果公司所处的发展周期、股利政策的制定都是有关的。

通过案例4.2，大家应该能够体会到将负债按照来源结构进行分类判断的重要性和必要性。如果在分析负债结构时仅仅关注期限结构，就可能看不清一个企业的融资倾向——需要资金的时候是进行负债融资还是进行权益融资。总之，要判断企业的流动性，我们需要关注负债的期限结构以及流动资产的质量；要判断企业的融资倾向，我们需要关注负债的来源结构。

接下来，我们看一看对主要的经营性负债和金融性负债进行项目分析时需要关注的要点。

# 第二节 经营性负债分析

本节主要介绍企业自身经营活动带来的负债项目，例如应付票据和应付账款、预收款项和合同负债、递延收益、应付职工薪酬、应交税费以及预计负债等项目，以及如何对这些经营性负债项目展开分析。

## 一、应付票据及应付账款

应付票据用于核算企业购买材料、商品和接受劳务供应等开出、承兑的商业汇票，包括银行承兑汇票和商业承兑汇票。银行承兑汇票到期，企业无力支付票款时，按照应付票据的票面金额，将其结转至“短期借款”中。应付账款用于核算企业以摊余成本计量的因购买材料、商品和接受劳务供应等经营活动应支付的款项。

在赊购的情况下，企业的采购会伴随应付票据或应付账款的增加。分析时，我们既应当关注报表上的金额信息，也需要关注附注中披露的明细信息。

（1）对于报表上的金额信息，需要将“应付账款”的金额与存货金额（资产负债表）、营业成本（利润表）、购买商品、提供劳务支付的现金（现金流量表）等金额联系起来分析，此时一些比率可能会提供分析线索，例如应付账款周转率、净营运周期等。

（2）可以关注应付票据和应付账款之间的关系。一般来说，如果企业信誉良好，采购时运用应付账款较多；如果企业资信下降，供应商出于自保，可能会要求企业采购提供商业汇票，这时应付票据的增速较快。尤其是当应付票据的增速明显超过应付账款的增速，甚至应付账款在减少，而应付票据大幅增加时，需要仔细分析一下原因。

（3）关注“应付账款”的附注信息，了解供应商分布情况、供应商资质、前十大供应商占比等情况。为了更准确地对企业未来发展情况作出判断，还应当关注采购主要原材料和商品的价格波动，结合企业生产或销售商品的价格波动来分析企业的产业地位。

## 二、预收款项、合同负债和递延收益

预收款项的核算内容是反映企业按照合同规定预收的款项。

合同负债出现在报表上，是由于2017年财政部修订了《企业会计准则第14号——收入》，修订后的收入准则第四十一条，规定了合同资产和合同负债的有关内容，相应地我国的报表格式也发生了调整，增添了这两个项目。对合同资产的解释在第五章第二节，此处我们看一下合同负债。合同负债核算企业已收或应收客户对价而应向客户转让商品的义务。“企业已收客户对价而应向客户转让商品（或劳务）的义务”，就是原来预收账款核算的内容。只不过由于准则规定了合同负债用于专门反映企业转让商品（或劳务）收到的预收款，所以修订后收入准则的实施会使“预收账款”科目的核算内容大幅减少。合同负债与原来预收款项的区别在于多出一块内容，即“企业应收客户对价，而应向客户转让商品（或劳务）的义务”。

> **视野拓展**
> 合同负债与预收款项的区别

递延收益核算企业确认的应在以后期间计入当期损益的政府补助。

预收款项、合同负债和递延收益都是未来的收益，是负债里面的“好负债”。未来了结这些义务不需要支付钱款，而是给付商品、提供劳务或者满足其他确认的条件即可，所以又被称为“非强制性负债”。在评价企业短期偿债能力的时候，如果乐观一些评价（只考虑那些短期内要给钱的项目），也可以将这些负债从流动负债中扣减之后，再考量流动比率或速动比率等评价指标。

什么样的企业账上会有大额的预收款项和合同负债呢？可能是行业惯例，也可能是企业拥有竞争优势的体现，还有可能是突发事件、偶发因素带来的短期效应。具体形成原因会影响我们对财务报表的理解和解读。预收款项和合同负债对于某些行业来说可能是未来经营业绩的晴雨表，具有一定预测价值。该项目的变动可以体现行业的景气程度、市场需求变化、企业竞争优势的变化等。什么样的企业账上会有大额的递延收益？可能是行业导致的，例如行业补贴，也可能是当地政府对企业的正常扶持行为，还有可能是为了扭亏或其他原因给企业提供的“救火”资金。这些都需要我们通过了解行业，并结合报表附注内容给出解读。

## 三、应付职工薪酬

应付职工薪酬核算企业根据有关规定应付给职工的各种薪酬。企业按规定从净利润中提取的职工奖励及福利基金，也在这个科目核算。该科目可以按照“工资”“职工福利”“社会保险费”“住房公积金”“工会经费”“职工教育经费”“非货币性福利”“辞退福利”“股份支付”等进行明细核算。应付职工薪酬反映截至期末仍欠员工多少钱，由于我国多数企业是这月支付上月工资，所以当企业经营情况稳定、员工流动不大、薪酬政策没变的情况下，应付职工薪酬可能反映一个月的工资水平（但这个并不准）。

**视野拓展**

**应付职工薪酬的财务报表分析（大族激光）**

如果应付职工薪酬当期猛增，或者总额较大，可能的原因是：拖欠员工工资，导致应付职工薪酬增加；年底计提巨额年终奖金，导致该项目猛增；企业工资薪金相应业务操作模式变更，导致应付职工薪酬发生变化（例如，对销售提成的处理；等待实际回款后给付；给客户授信期间越来越长，也会导致应付职工薪酬数额越来越大）；股权激励计划等做账处理结果，导致应付职工薪酬增加；将其他不应当计入应付职工薪酬的杂费计入，导致应付职工薪酬增加；不适当地多计提应付职工薪酬，从而虚减利润。可以观察一家企业应付职工薪酬当期增加额与当期减少额，总体来看，当期增加额对应工资费用，当期减少额对应实际支付给员工的工资，二者从长期来看应该保持一致。

## 四、应交税费

应交税费核算企业按照税法等规定计算应缴纳的各种税费，包括增值税、消费税、所得税、资源税、土地增值税、城市维护建设税、房产税、土地使用税、车船使用税、教育费附加、矿产资源补偿费等。企业代扣代缴的个人所得税等，也通过此科目核算。

可以关注应交税费金额、趋势，并了解其附注内容。应交税费中的应交所得税与资产负债表中的递延所得税资产、递延所得税负债以及利润表中的所得税费用之间存在数量关系，可以通过观察这种关系来总体判断企业的税务环境。例如，如果应交所得税和递延所得税负债不断增加，则表明企业的税务环境较为宽松，或者做了较好的税务筹划。

## 五、预计负债

预计负债核算企业确认的对外提供担保、未决诉讼、产品质量保证、重组义务、亏损性合同等预计负债。对预计负债的核算涉及大量的会计判断和会计估计，也成为企业隐瞒负债的主要手段。很多“爆雷”的公司就是因为应当确认预计负债，但是却不确认，直到危机爆发，外部人士才知道该公司原来还有这么多负债。

微课堂
预计负债的会计处理与分析要点

经营性负债的分析可以通过与经营性资产的比对分析来进行，可以通过观察企业经营活动中净资金的占用情况（第五章第二节）、净营运周期（第九章第一节）以及管理用杜邦分析法（第九章第四节）来考察企业利用经营性负债的效率和效果。大家可以结合后续内容进一步理解经营性负债。

# 第三节　金融性负债分析

本节将介绍企业专门的融资活动带来的负债项目，例如短期借款与长期借款、交易性金融负债与衍生金融负债、应付债券、长期应付款与其他负债等，以及如何对这些金融性负债项目展开分析。

## 一、短期借款与长期借款

微课堂
“三高”的可能原因与解读

短期借款核算企业向银行或其他金融机构等借入的期限在1年以下（含1年）的各种借款。长期借款核算企业以摊余成本计量的向银行或其他金融机构借入的期限在1年以上（不含1年）的各项借款。银行借款是比较传统的企业融资手段，在我国企业中运用十分广泛。对于银行借款，我们需要关注其金额、趋势，并与货币资金比较，如果出现“三高”症状，是需要警惕的。

所谓“三高”，是指“货币资金高，短期借款和长期借款也高”。这明显不太符合常识，企业不缺钱为什么还要借钱？可能情况如下。第一，由合并报表导致。企业集团中，有些被合并单位资金短缺，因此借款高；有些被合并单位资金冗余，因此货币资金高；体现在合并报表中就成为货币资金高、借款也高。第二，为了维持银企关系，期末暂时性的借款增加，其实平时借款并不多。这种情况可以通过观察季度报表中的银行借款，或者通过考察利息费用与借款数量间的关系来分辨。第三，货币资金中有相当大部分的资金是受到限制不能动用的，企业的流动资金其实没有那么多，需要借款。其实受限的货币资金理论上来说，不应当再放在“货币资金”项目下，应归入其他资产中，但有时企业的处理并不规范，甚至也不在附注中说明资金的受限情况。第四，货币资金是虚假的。货币资金造假一般不太容易，但一旦公司或审计师的职业道德有瑕疵，这种“爆雷”案件也并不罕见。“康得新”等上市公司就被爆出了货币资金虚假的丑闻。

## 案例 4.3

### 草原兴发[①]的“三高”症状

2006年1月6日草原兴发发布公告，声称由于禽流感疫情的影响，对农户赔付约3.4亿元。事实上，公司在这个时期的资金已经难以为继，再加上记者走访农户和媒体报道，纸终究包不住火。2006年5月19日，公司发布《关于禽流感赔付及公司存在重大风险事项的提示性公告》，承认并没有实际赔付农户。2006年6月8日，草原兴发涉嫌违规被证监会立案稽查。

2006年的半年报直到10月30日才披露，中期报告中陈述了各种违法违规事实，并对违规行为导致的报表结果进行了追溯调整。感兴趣的读者可以自行下载草原兴发2006年半年报。此处只提一点，2006年中期报告中2005年12月31日货币资金是1.79亿元，而在原来公布的2005年年报中该数字是9.5亿元。这意味着有7亿多元的货币资金是虚列的。

其实草原兴发的问题在报表上早已露出端倪。

第一，货币资金规模很大，见表4.3。

**表 4.3　草原兴发货币资金规模**

| 项目 | 2005 | 2004 | 2003 | 2002 | 2001 | 2000 |
|---|---|---|---|---|---|---|
| 货币资金（万元） | 95 076 | 107 112 | 44 069 | 43 941 | 41 192 | 26 711 |
| 货币资金 / 总资产 | 24% | 25% | 12% | 17% | 19% | 17% |

2004年底有超过10亿元的货币资金，2005年底有超过9亿元的货币资金，2004年底货币资金占总资产的比例也已经高达25%。同行业的双汇发展的规模比草原兴发要大很多，双汇发展收入规模是草原兴发的七倍多（根据2005年数据），那么双汇发展货币资金的持有量是多少呢？见表4.4。

**表 4.4　双汇发展货币资金规模**

| 项目 | 2005 | 2004 | 2003 | 2002 | 2001 | 2000 |
|---|---|---|---|---|---|---|
| 货币资金（万元） | 54 154 | 43 264 | 49 074 | 68 361 | 13 835 | 10 797 |
| 货币资金 / 总资产 | 15% | 13% | 16% | 26% | 9% | 7% |

收入规模是草原兴发七倍多的双汇发展，货币资金的持有量只有草原兴发的一半左右。

第二，货币资金的持有量在2005年各个季度波动不大（见表4.5）。

**表 4.5　草原兴发货币资金规模（季报数据）**

| 项目 | 2005-12-31 | 2005-09-30 | 2005-06-30 | 2005-03-31 | 2004-12-31 | 2004-09-30 | 2004-06-30 | 2004-03-31 | 2003-12-31 |
|---|---|---|---|---|---|---|---|---|---|
| 货币资金（万元） | 95 076 | 120 408 | 120 054 | 108 326 | 107 112 | 77 587 | 53 381 | 53 307 | 44 069 |
| 货币资金 / 总资产 | 24% | 28% | 29% | 26% | 25% | 20% | 15% | 15% | 12% |

① 为简便起见，本书涉及的上市公司均使用其简称。

可见，草原兴发在2005年货币资金一直在10亿元左右，并不是期末突然增加规模。这样大规模的货币资金持有量与其业务规模并不匹配。

第三，典型的“三高”症状（见表4.6）。

表4.6 草原兴发的“三高”症状

| 项目 | 2006 | 2005 | 2004 | 2003 | 2002 | 2001 | 2000 |
|---|---|---|---|---|---|---|---|
| 货币资金（万元） |  | 95 076 | 107 112 | 44 069 | 43 941 | 41 192 | 26 711 |
| 货币资金 / 总资产 |  | 24% | 25% | 12% | 17% | 19% | 17% |
| 货币资金（万元）（调整后） | 31 901.45 | 17 939 |  |  |  |  |  |
| 货币资金 / 总资产（调整后） | 11% | 7% |  |  |  |  |  |
| 短期借款（万元） |  | 155 505 | 146 900 | 123 653 | 98 157 | 51 900 | 20 230 |
| 长期借款（万元） |  | 27 300 | 40 540 | 24 000 | 25 900 | 14 300 | 15 500 |
| 借款合计（万元） |  | 182 805 | 187 440 | 147 653 | 124 057 | 66 200 | 35 730 |
| 借款总计 / 总资产（%） |  | 46% | 45% | 41% | 49% | 31% | 22% |
| 短期借款（万元）（调整后） | 135 931 | 155 505 |  |  |  |  |  |
| 长期借款（万元）（调整后） | 22 600 | 27 300 |  |  |  |  |  |
| 借款合计（万元）（调整后） | 158 531 | 182 805 |  |  |  |  |  |
| 借款总计 / 总资产（%）（调整后） | 54% | 71% |  |  |  |  |  |

可见草原兴发虽然手头有这么多钱，但它仍然在大肆借钱。因此，其借款（尤其是短期借款）激增，2005年其借款占总资产的比重达到了46%（这还是在总资产虚增的情况下计算的）。手头有钱，为何还要一直借钱？事实是，手头其实没钱。调整后的数字表明，2005年草原兴发的借款已经占总资产的71%，而货币资金存在约7.7亿元的虚列。

企业财务报表暂时“三高”不一定有事，一直“三高”则可能会危害企业发展。如果你发现一个企业的报表呈现“三高”症状，那么就需要仔细分析一下其合理性了。

## 二、交易性金融负债与衍生金融负债

该财务报表列报项目反映企业承担的交易性金融负债，企业指定为以公允价值计量且其变动计入当期损益的金融负债也在这个项目下反映。“衍生金融负债”项目，反映公司衍生金融工具业务中的衍生金融工具的公允价值及其变动形成的衍生负债，该项目根据衍生工具、套期工具、衍生金融负债被套期工具等的期末贷方余额填列。一般企业较少使用该项目，金融机构以及一些业务上有需要进行衍生品交易或套期活动的企业，会涉及这些项目的核算。可以关注其金额、趋势，关注报表附注披露内容，注意在附注中查找该企业关于衍生交易和风险控制等的文字表述，并对文字表述进行内容分析。要对文字表述的变更敏感，这有可能揭示企业在风险控制上的调整。

## 三、应付债券

应付债券用于核算企业为筹集资金（长期）而发行的以摊余成本计量的债券。企业发行的可转换公司债券，应将负债和权益成分进行分拆，分拆后的负债成分在此项目下核算。为了使债券融资顺利进行，企业有可能会粉饰自己的业绩。例如，公募债违约第一例——超日太阳，它在发行债券之前，业绩看上去不错；但是债券刚发行，它就追溯调整自己的报表，利润骤降，并且后来也没有能够成功兑付自己承诺的利息，其结局是破产重整。

**案例 4.4**

## 超日太阳违约与盈余操纵

上海超日太阳能科技股份有限公司是一家研究、开发、利用太阳能资源的高科技民营企业。公司成立于 2003 年 6 月，2010 年 11 月上市，IPO 募集资金 23.76 亿元。2012 年 3 月 7 日，超日太阳在深交所公开发行 10 亿元公司债，票面年利率为 8.98%，期限为 5 年，债券评级为 AA 级。超日太阳 2011 年的年报是 2012 年 4 月 26 日才公布的，也就是说在公司紧锣密鼓进行债券融资的时候，投资者能够看到的是截至 2010 年的年报、2011 年的各期中报和对年报的预期。

第一，发债之前——一切貌似很美。

表 4.7　超日太阳 2007—2010 年主要财务比率

| 相关指标 | 2010 | 2009 | 2008 | 2007 |
|---|---|---|---|---|
| 资产负债率 | 31% | 56% | 55% | 45% |
| 净利润率 | 8% | 13% | 7% | 11% |
| 总资产收益率 | 5% | 13% | 13% | 21% |
| 净资产收益率 | 7% | 30% | 28% | 38% |

表 4.7 给出了超日太阳 2007 年至 2010 年主要的财务比率。

可以看到，2007 年至 2009 年是上市之前的三年，盈利能力的指标都是不错的。2010 年的业绩虽然说不上亮眼，但也不是特别差，这样的盈利水平在整体上市公司中处于中间的位置。

于是，超日太阳进一步融资。2012 年 2 月 29 日公司公布的 2011 年业绩预报披露了公司主要的盈利数据。根据预报中的数据，超日太阳的收入和利润总额的趋势如图 4.1 所示。

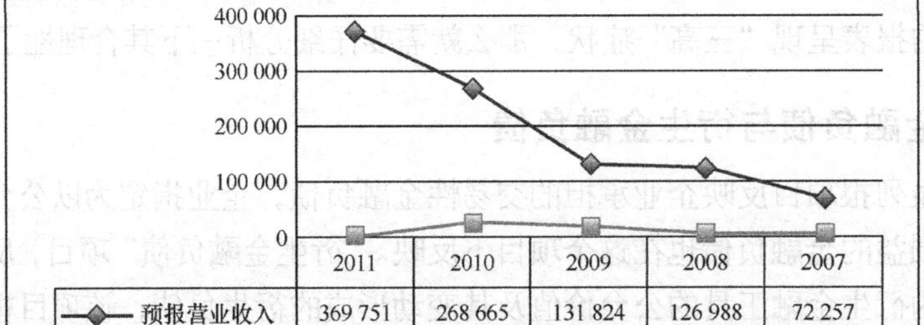


图 4.1　根据超日太阳 2011 年预报业绩做出来的业绩趋势（单位：万元）

可以看到，虽然利润总额骤降（光伏产业经历“寒冬”），但是它的收入居然还是增长的，并且增速很快！根据其 2012 年 3 月 12 日发布的《2011 年公司债券发行结果公告》，公司的发行工作已于 2012 年 3 月 9 日结束，成功融资 10 亿元。此时的债券评级为 AA 级。

第二，发债之后——企业“画风突变”。

一个月过去了，根据公司公告，原定于 3 月 28 日披露的年报延迟披露。根据公司 3 月 26 日的公告，2011 年年报推迟到 4 月 26 日披露。推迟年报披露日期往往意味着出问题了，也往往意味着审计师觉得审计风险较大，不同意公司目前的报表。期间，公司的两名独立董事也提出辞职，公司公告说是个人原因，具体什么情况我们的确也不太清楚。2012 年 4 月 17 日，公司公布了 2011 年度业绩预报修正公告。这次修正公告的数据与前面预报业绩比较的结果见图 4.2。

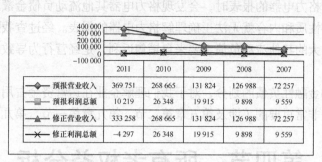

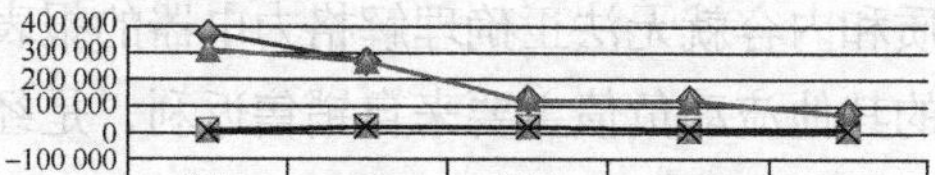


| | 2011 | 2010 | 2009 | 2008 | 2007 |
|---|---|---|---|---|---|
| 预报营业收入 | 369 751 | 268 665 | 131 824 | 126 988 | 72 257 |
| 预报利润总额 | 10 219 | 26 348 | 19 915 | 9 898 | 9 559 |
| 修正营业收入 | 333 258 | 268 665 | 131 824 | 126 988 | 72 257 |
| 修正利润总额 | −4 297 | 26 348 | 19 915 | 9 898 | 9 559 |

图 4.2　根据超日太阳修正后预报业绩做出的业绩趋势（单位：万元）

明显可见，营业收入下调了，利润总额也变成了亏损。那么最终年报上披露的数字是多少呢？见图 4.3。

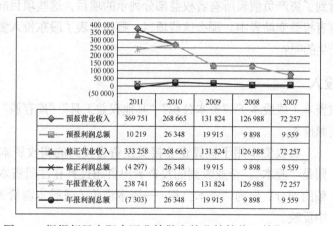

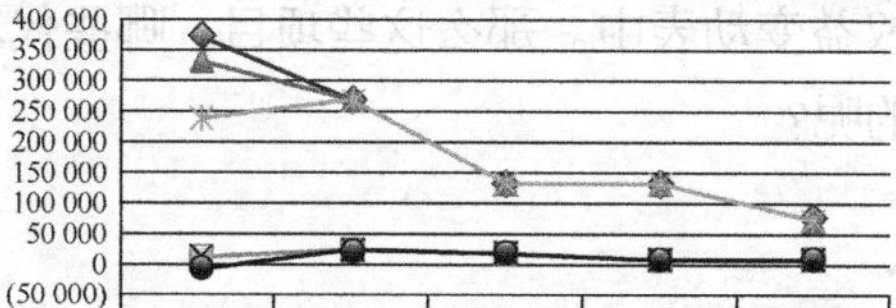


| | 2011 | 2010 | 2009 | 2008 | 2007 |
|---|---|---|---|---|---|
| 预报营业收入 | 369 751 | 268 665 | 131 824 | 126 988 | 72 257 |
| 预报利润总额 | 10 219 | 26 348 | 19 915 | 9 898 | 9 559 |
| 修正营业收入 | 333 258 | 268 665 | 131 824 | 126 988 | 72 257 |
| 修正利润总额 | (4 297) | 26 348 | 19 915 | 9 898 | 9 559 |
| 年报营业收入 | 238 741 | 268 665 | 131 824 | 126 988 | 72 257 |
| 年报利润总额 | (7 303) | 26 348 | 19 915 | 9 898 | 9 559 |

图 4.3　根据超日太阳实际业绩做出的业绩趋势（单位：万元）

可见，公司在首次修正调整的时候仍然没有调整到位。最终年报上的收入和利润又大幅缩水！“画风突变”的主要原因是超日太阳之前没有将自己投资的几个境外子公司纳入合并范围，所以母公司对子公司的销售全部算作收入，当将这些子公司纳入合并范围之后，集团内部交易抵销，收入规模下降、利润下降。这跟不久之前为了发债融资营造的报表氛围完全不同，所以超日太阳在《公司债券募集说明书》中存在重大遗漏、虚假陈述、夸大盈利预测等违规行为。之后，超日太阳连续三年亏损。2014 年 5 月 28 日，超日太阳被暂停上市。超日太阳 2014 年 10 月完成破产重整，长城资管和上海久阳合计提供了 8.8 亿元的连带责任担保，超日太阳的债券投资人几乎获得了全额赔付。协鑫集团实现了借壳 A 股上市。

## 四、长期应付款与其他负债

长期应付款核算企业除长期借款和应付债券以外的其他各种长期应付款项，包括应付租入固定资产的租赁费、以分期付款方式购入固定资产等发生的应付款项等。一般来说，长期应付款在核算时会伴随利息费用的核算，因此归类为金融性负债。

在实际分析企业时，我们还会碰到一些其他负债，例如“其他应付款”“其他流动负债”“其他非流动负债”等。这些其他负债是应当算作经营性负债还是金融性负债呢？此时，如果该项目金额不大，则不具有重要性；如果金额较大，就需要查找报表附注内容，并详细判断。例如，当我们分析格力电器的报表时，会发现格力电器其他流动负债金额巨大，此时不了解和分析这个项目的性质和内容就无法正确理解格力电器的报表。经过查找附注，会发现格力电器报表中金额巨大的其他流动负债主要来自销售返利，是经营行为导致的，应当算作经营性负债。

经营性负债和金融性负债的划分，对于我们理解企业在运营资金占用上的效率和运用管理用杜邦分析法是非常重要的（涉及第五章第二节、第九章第一节、第九章第四节等内容）。

# 第四节　所有者权益分析

财务报表上所有者权益的来源其实就是两块内容，一块是股东投入资源导致的，另一块是企业在运营过程中产生了资源，其中股东对应享有的部分就体现在所有者权益中。在第二章中，我们已经看到了资产负债表所有者权益部分列示的项目，这些项目同样也体现在了第二章第四节的所有者权益变动表中。那么这些项目，哪些代表了股东投入资源，哪些是企业运营过程中自己产生的呢？

## 一、来自股东投入

报表上“实收资本（或股本）”“资本公积”“其他权益工具”“库存股”这几个项目体现了股东对企业的资源投入。

**视野拓展**

**资本公积的核算内容**

实收资本用于核算企业接受投资者投入的实收资本，股份有限公司则是“股本”。企业收到的投资者出资超过其在注册资本或股本中所占份额的部分，作为“资本公积——资本溢价（或股本溢价）”在“资本公积”中反映。

资本公积还有一块核算内容是“资本公积——其他资本公积”。该科目目前主要核算用权益结算的股份支付，以及“采用权益法核算的长期股权投资”中与其他权益变动有关的部分。这块内容由于本质上仍然是与“股东”之间进行的交易，因此被放在“资本公积”中，属于来自股东的投入。

其他权益工具用于核算企业发行的除普通股以外的归类为权益工具的各种金融工具。随着资本市场的发展，各种新型的融资方式层出不穷。企业发行的优先股和永续债等融资工具符合权益工具特点的，就放在了“其他权益工具”中反映。

库存股用于核算企业收购、转让或注销的本公司股份金额，借方余额反映企业持有尚未转让或注销的本公司股份金额。库存股是股东投入的抵减项。在国外，股票回购通常是企业回报股东的一种重要方式，有时候你会发现有些企业股东投入这部分的所有者权益变成了负数，就是因为企业通过回购股票等方式返回给股东的资源已经大于股东投入企业的资源。这类企业通常都是处于成熟期的、利润和现金流都非常充沛的企业，在其所有者权益中，来自企业运营的权益部分通常为正并且金额较大。

## 二、来自企业运营

所有者权益中除了股东投入的权益，剩下的部分就是企业运营过程中产生的。根据其是否经过利润表，又可以区分为利润留存与直接计入权益的事项。

### （一）利润留存

利润留存在国外报表中通常被称为“留存收益”（retained earnings），顾名思义，就是利润表中的净利润结转至所有者权益中的利润。企业经营用权责发生制表达出来的结果就是净利润，而经营的结果是属于所有者的，因此会计处理上结转至所有者权益，从而导致所有者权益发生变动。在我国，“留存收益”又被具体区分为两个报表项目——盈余公积和未分配利润。

盈余公积指企业从税后利润中提取形成的、存留于企业内部、具有特定用途的收益累积。《公司法》规定，企业应当按照税后利润的 10%提取法定公积金，法定盈余公积累计额已达到注册资本的 50%时可以不再提取。企业可以在公司章程中规定按照何种比例计提任意盈余公积。企业提取的盈余公积可用于弥补亏损、扩大生产经营、转增资本（或股本）或派送新股等。

未分配利润是指企业实现的净利润经过弥补亏损、提取盈余公积和向投资者分配利润后留存在企业内部的、历年结存的利润。未分配利润有两层含义：一是留待以后年度处理的利润；二是未指明特定用途的利润。如果企业出现连年亏损或者巨额亏损，会导致未分配利润是一个巨大的负数，甚至导致整个所有者权益为负，即出现资不抵债的局面。

### （二）直接计入权益的事项

国外报表中直接计入权益的事项主要对应权益项目中的“累计其他综合收益（accumulated other comprehensive income）”，是综合收益表中其他综合收益结转至所有者权益的体现。在我国，这部分内容体现在资产负债表的“其他综合收益”项目中。在我国，其他综合收益这个词语既出现在利润表中，又出现在资产负债表中。利润表中的其他综合收益是当期发生数，资产负债表中的其他综合收益是累计数，对应国外的“累计其他综合收益”。

按照国际会计准则的规定，其他综合收益主要核算十种情形，这里将其简化总结为四种情形：①给固定资产和无形资产进行重新评估带来的其他综合收益；②给设定受益计划进行重新计量带来的其他综合收益；③外币报表折算带来的其他综合收益；④其他（主要是与金融工具和衍生工具的会计核算相关的）。而我国会计准则并不允许对固定资产和无形资产运用公允价值计量，因此，不存在第一种其他综合收益的核算情况。剩下的几种情况都是存在的。

> **视野拓展**
>
> 到底卖不卖——福建水泥的可供出售金融资产案例

国际会计准则要求在列报其他综合收益的时候，将其分为两类：一类是以后会计期间不能重分类进损益的其他综合收益；另一类是以后会计期间有满足规定条件时，可以重分类进损益的其他综合收益。但是国际会计准则并没有详细规定它列举的十种情形分别在列报的时候应该按哪一类列示。从各国实践来看，多数都是将以下项目列示为不能重分类进损益的其他综合收益：①给固定资产和无形资产进行重新评估带来的其他综合收益；②给设定受益计划进行重新计量带来的其他综合收益；③权益法核算下的被投资单位存在“不能重分类进损益”情形时，投资单位按比例确认的其他综合收益。

而我国不能重分类进损益的其他综合收益则没有第一种（前文提及不允许对固定资产、无形资产进行重估入账），主要包括以下项目：①给设定受益计划进行重新计量带来的其他综合收益；②权益法核算下的被投资单位存在“不能重分类进损益”情形时，投资单位按比例确认的其他综合收益；③当企业将非交易性权益工具投资指定为“以公允价值计量且其变动计入其他综合收益的金融资产”时，该指定不得撤销，并且该类权益工具投资被处置时，相应的其他综合收益不得列入利润表，而是直接转为“留存收益”。可见，我国“不得重分类进损益的其他综合收益”中有一项多出来的特殊规定（指第三条），这主要是为了防止有些公司借助权益工具投资的处置来操纵利润。

**视野拓展**

**其他综合收益核算内容**

金融工具会计准则修订之前，会计核算中“可供出售金融资产”可以按照公允价值计量，但公允价值变动直接计入其他综合收益，并在处置金融资产的时候转入利润表，这就给一些企业利用该项目进行盈余操纵提供了可能。鉴于这种情况，我国金融工具会计准则进行了修订，对非交易性权益工具投资指定为“以公允价值计量且其变动计入其他综合收益”规定处置时其他综合收益不得通过利润表结转。这个政策必然也会引发政策效应，在第五章对资产的分析中再进行论述。

## 三、对所有者权益的分析

对所有者权益的分析需要结合年报中关于股东结构、公司治理的信息进行分析，也需要结合所有者权益变动表的信息进行分析。

首先，关注股东构成信息，例如前十大股东背景、持股比例、实际控制人情况，分析股权结构与公司治理之间的关系，有无控制权争夺等问题，对股东参与公司事务的程度与作用进行判断。一般来说，当股权比较集中的时候（我国大多公司股权较为集中），负责任的大股东会起到引领公司战略发展的作用；当股权非常分散的时候（有些公司股权较为分散），此时就应当关注董事会的构成及其运营效率，以对公司的实际领导者作出能力判断。将对公司股权结构、股东构成、实际控制人的分析作为背景知识，是完备的财务报表分析不可或缺的部分。

其次，结合所有者权益变动表进行分析。所有者权益变动表是四张财务报表中存在感最弱的，很多时候人们会忽略它。但其实这是一张各股东都应当仔细研究的报表。股东投入部分体现了股东对企业的信心程度，尤其是融资时实收资本（股本）溢价的比例和变动趋势能够反映出股东对企业价值的判断；股东投入部分为负（境外较为常见），往往是由回购股份的金额巨大导致的，这可能说明该企业处于成熟期现金牛的阶段，企业正通过回购股份的方式给股东回报；来自企业运营的部分，其中的留存收益体现了企业以往累积的利润，是判断企业过去和未来盈利能力的重要参考；其他综合收益则反映了企业资产和负债的非利润性价值变动，应当根据其来源构成进行具体分析。

## 本章小结

本章对资产负债表右边——资本结构相关项目进行了分析。负债在资产负债表中是按照期限结构进行列示的，除了期限结构之外，我们还应当将负债按照其来源结构进行分类分析。

这有利于我们了解企业的融资倾向和融资战略，也有利于我们看清楚企业与上下游的关系及其在产业链上话语权的大小。所有者权益目前在报表上列示了很多项目，但其实总体上是两大类——来自股东投入与来自企业运营，应当结合年报中披露的有关股东的信息和所有者权益变动表中的信息，展开对所有者权益的分析。

## 综合练习题①

### 一、单选题

1. 金融性负债不包括（　　）。

A. 银行借款　　B. 应付债券　　C. 长期应付款　D. 应交税费

2. 一般来说，应付账款和应付票据的规模代表了企业利用商业信用推动经营活动的能力，分析时可以将这一规模与同行业比较，可以在一定程度上反映企业在行业中的（　　）。

A. 营业规模　　B. 发展潜力　　C. 议价能力　　D. 偿债能力

3. 一般认为，（　　）规模的变化可能是企业未来经营业绩的晴雨表，具有一定的预测价值。该项目的变动也可以体现行业的景气程度、市场需求变化、企业竞争优势的变化等。

A. 短期借款　　B. 应付票据　　C. 预收款项　　D. 应付账款

4. 下面哪一项不属于企业资本结构中通常包含的内容？（　　）

A. 经营性负债　B. 金融性负债　C. 股东投入　　D. 利润留存　E. 社会捐赠

5. 下列关于所有者权益的表述，不正确的是（　　）。

A. 所有者权益中的股东投入不可能为负数

B. 企业融资时，实收资本（股本）溢价的比例和变动趋势能够反映股东对企业的信心程度

C. 留存收益体现企业以往累积的利润，是判断企业过去和未来盈利能力的重要参考

D. 其他综合收益反映了企业资产和负债的非利润性价值变动，应当根据其来源构成进行具体分析

### 二、判断题

1. 关注负债的期限结构能够了解企业的融资倾向。（　　）
2. 应付票据和应付账款属于经营性负债，越多越好。（　　）
3. 预计负债涉及大量的会计判断和会计估计，也成为企业隐瞒负债的主要手段。（　　）
4. 企业财务报表上出现“三高”现象，则说明货币资金存在虚列。（　　）
5. 通过观察所有者权益变动表可以了解当期所有者权益变动的原因。（　　）

### 三、简答题

1. 如何将负债按照来源结构进行分类？
2. 如何对财务报表上的“三高”现象进行分析？
3. 简述对所有者权益进行分析的要点。

① 为锻炼学生的自主学习能力，部分习题需要学生自行查阅课外资料或借助网络获得正确答案。

# 第五章 对投资结果的分析——资产分析

【知识目标】

1. 了解资产的期限结构，并对其进行分析。
2. 了解资产的性质结构，并对其进行分析。
3. 掌握经营性资产各个项目的核算内容及分析要点。
4. 掌握投资性资产各个项目的核算内容及分析要点。

【技能目标】

1. 能够按照资产的期限结构进行资产结构分析。
2. 能够按照资产的性质结构进行资产结构分析。
3. 能够对应收账款、存货、固定资产、无形资产等经营性资产的附注信息进行分析。
4. 能够对交易性金融资产、债权投资、其他债券投资、其他权益工具投资、长期股权投资等投资性资产的附注信息进行分析。

【关键术语】

资产结构、期限结构、性质结构、经营性资产、投资性资产

引例

**上市公司利用闲置资金理财的有关报道**

上市公司利用闲置资金进行理财的公告时有披露。例如，2020 年 3 月 30 日，佳电股份公告拟用不超过 7 亿元的闲置自有资金购买保本型理财产品，该金额占上市公司最近一期经审计净资产的 38.19%。同日，金陵药业公告将使用不少于 6 亿元的自有资金购买银行或金融机构发行的低风险理财产品。同年 3 月 24 日，顺丰控股公告在不影响正常经营及风险可控的前提下，将安全资金存量高效运作，以提升资金资产保值增值能力。此次用于购买理财产品的资金额度为不超过人民币 150 亿元,拟投资于银行及其他金融机构发行的保本类理财产品。

据统计，截至 2020 年 3 月 30 日，公告理财的上市公司有 1 010 家，累计理财金额在百亿元以上的有 6 家，在 10 亿元以上的有 246 家，合计累计理财金额为 10 454.9 亿元。上市公司理财主要是以保本为目的并兼顾收益，理财产品主要包括结构性存款、货币基金、信托计划、定期存款等。除了购买安全性较高的金融机构产品之外，一些风险偏好较高的上市公司也会进行证券投资。

**启发思考：**闲置资金的理财行为可能给报表带来什么影响？资产结构可能发生什么变

化？其中保本型产品的列报和证券投资的列报有什么区别？

# 第一节　资产结构

第二章中我们已经知道企业投资活动的结果体现在资产负债表的左边，因此各项资产是企业投资战略的报表体现。在对资产进行分析的时候，除了按照资产负债表给出的流动资产和非流动资产分类外（期限结构分类），还应当将资产区分为经营性资产和投资性资产（性质结构分类），并结合经营性负债和金融性负债的分类来进行分析。

## 一、期限结构

资产负债表按照流动性列示资产，给报表阅读者提供了非常有用的信息。流动资产是一年（或者一个经营周期）之内可以转化为现金的资产，因此如果流动资产质量很好，一般来说企业的短期偿债能力就没有问题。持有非流动资产的意图并不是为了短期之内变现，但是不排除有些变现性很好的非流动资产（例如有活跃市场的金融资产、土地使用权等）可以加强企业的短期偿债能力（但这显然会影响对这些资产原定的使用用途）。总之，资产和负债在报表上按照流动性进行列示对于债权人进行偿债能力分析是非常有利的。如短期偿债能力分析中的一系列指标都是围绕流动资产和流动负债之间的关系设计的。

**案例 5.1**

**苹果公司的资产期限结构**

表 5.1 给出了苹果公司的资产期限结构。

**表 5.1　苹果公司资产期限结构**

（金额单位：百万美元）

| 项目 | 2019-9-28 | 2018-9-29 | 2017-9-30 | 2016-9-24 | 2015-9-26 | 2014-9-27 | 2013-9-28 | 2012-9-29 | 2011-9-24 | 2010-9-25 | 2009-9-26 |
|---|---|---|---|---|---|---|---|---|---|---|---|
| 现金 | 48 844 | 25 913 | 20 289 | 20 484 | 21 120 | 13 844 | 14 259 | 10 746 | 9 815 | 11 261 | 5 263 |
| 现金 / 总资产 | 14% | 7% | 5% | 6% | 7% | 6% | 7% | 6% | 8% | 15% | 11% |
| 存货 | 4 106 | 3 956 | 4 855 | 2 132 | 2 349 | 2 111 | 1 764 | 791 | 776 | 1 051 | 455 |
| 存货 / 总资产 | 1% | 1% | 1% | 1% | 1% | 1% | 1% | 0% | 1% | 1% | 1% |
| 流动资产 | 162 819 | 131 339 | 128 645 | 106 869 | 89 378 | 57 298 | 73 286 | 57 653 | 44 988 | 41 678 | 31 555 |
| 流动资产 / 总资产 | 48% | 36% | 34% | 33% | 31% | 26% | 35% | 33% | 39% | 55% | 66% |
| 固定资产 | 37 378 | 41 304 | 33 783 | 27 010 | 22 471 | 20 624 | 16 597 | 15 452 | 7 777 | 4 768 | 2 954 |
| 固定资产 / 总资产 | 11% | 11% | 9% | 8% | 8% | 9% | 8% | 9% | 7% | 6% | 6% |
| 非流动资产 | 175 697 | 234 386 | 246 674 | 214 817 | 201 101 | 163 308 | 133 714 | 118 411 | 71 383 | 33 505 | 15 946 |
| 非流动资产 / 总资产 | 52% | 64% | 66% | 67% | 69% | 74% | 65% | 67% | 61% | 45% | 34% |

可见，苹果公司 2009—2019 年总资产的三分之一是流动资产（这是从高达 66%的流动资产占比降下来的）。与流动负债比较，流动资产大于流动负债，而且流动资产的质量又比较

高（例如2019年年报，总资产中14%是现金，虽没在表5.1中列示，但根据财务报表数据计算，总资产中15%是短期投资，这两项加起来占流动资产的62%，流动资产中有大量现金以及能快速变现的金融资产，流动性非常好）。因此可以说，流动资产对流动负债的保障程度是非常高的。从表5.1中还可以看到，2019年，存货仅占总资产的1%，固定资产占总资产的11%。作为一个有实在产品可卖的企业，其资产结构体现出非常明显的轻资产型的特点。这与苹果公司的战略选择有关，苹果公司将生产外包了，因此固定资产占总资产的比重就偏低。企业的战略决定是一定会体现在财务报表中的。

## 二、性质结构

除期限结构外，资产按照其对利润贡献的方式又分为经营性资产和投资性资产。所谓经营性资产是指企业经营活动形成的资产（例如，货币资金、应收账款、存货、固定资产、无形资产等）；投资性资产是指企业战略投资或投资理财活动形成的资产（例如，交易性金融资产、债权投资、其他债权投资、其他权益工具投资、长期股权投资等）。此处没有采用金融性资产的提法，是为了与会计概念的金融资产区别开来。表5.2给出了金融资产、金融负债与投资性资产、金融性负债等概念在一般非金融企业资产负债表项目中的对应关系。

**表5.2　非金融企业资产负债表中的金融工具**

| | | | | | |
|---|---|---|---|---|---|
| 金融资产 | 货币资金 | 经营性资产 | 金融负债 | 短期借款 | 金融性负债 |
| | 交易性金融资产 | 投资性资产 | | 交易性金融负债 | 金融性负债 |
| | 衍生金融资产 | 投资性资产 | | 衍生金融负债 | 金融性负债 |
| | 应收票据 | 经营性资产 | | 应付票据 | 经营性负债 |
| | 应收账款 | 经营性资产 | | 应付账款 | 经营性负债 |
| | 应收利息 | 投资性资产 | | 应交税费 | 经营性负债 |
| | 应收股利 | 投资性资产 | | 应付利息 | 金融性负债 |
| | 其他应收款 | 视企业具体情况而定 | | 应付股利 | 金融性负债 |
| | 债权投资 | 投资性资产 | | 其他应付款 | 视企业具体情况而定 |
| | 其他债权投资 | 投资性资产 | | 长期借款 | 金融性负债 |
| | 其他权益工具投资 | 投资性资产 | | 应付债券 | 金融性负债 |
| | 其他非流动金融资产 | 投资性资产 | | 长期应付款 | 视企业具体情况而定 |
| | 长期应收款 | 视企业具体情况而定 | | | |

金融资产并不是财务报表分析中的投资性资产（为了区分，本书专门称这类资产为投资性资产，而避免采用金融性资产的说法），而金融负债也并不是财务报表分析中的金融性负债。在报表分析中，我们区分经营性资产和投资性资产，主要是从企业业务属性的层面考虑的，而不是从该资产本身属性层面考虑的。因此，只要是企业主要的经营活动和业务在报表上表现的项目就被定义为经营性资产，而企业非主营业务（投资、理财等）导致的业务被定义为投资性资产。如果企业的主营业务就是投资、理财怎么办？那这些活动形成的资产就是经营性资产。所以不能教条地、僵化地理解经营性资产和投资性资产。同样，经营性负债指的是企业经营活动导致的负债；而金融性负债则指专门的融资活动形成的负债。

微课堂
经营性资产与投资性资产

上表对经营性资产、投资性资产的划分主要是参考非投资主业的公司来列示的，大家可以看到，金融资产既有可能是经营性资产也有可能是投资性资产；而金融负债既有可能是经营性负债也有可能是金融性负债。其中有几个“视企业具体情况而定”的项目，例如其他应收款、其他应付款，如果本身金额不大，对报表分析就不太重要；但如果金额较大，需要结合附注判断其到底属于融资性质还是其他经营事项导致的，分别归入不同项目。而长期应收款、长期应付款也是一样的道理，金额大的时候就需要结合附注内容判断其性质了。

资产进行这样的划分，对进一步的盈利模式分析是非常有用的。随后再对利润表进行分析的时候，可以将利润区分为经营性利润与投资性利润。经营性利润对应经营性资产，投资性利润对应投资性资产。这样就可以更加清晰地看到企业的盈利模式及其盈利结果了。

## 案例 5.2

### 苹果公司的资产性质结构

表 5.3 给出了苹果公司的资产性质结构。

**表 5.3　苹果公司资产性质结构**

（金额单位：百万美元）

| 资产 | 2019-9-28 | 2018-9-29 | 2017-9-30 | 2016-9-24 | 2015-9-26 | 2014-9-27 | 2013-9-28 | 2012-9-29 | 2011-9-24 | 2010-9-25 | 2009-9-26 |
|---|---|---|---|---|---|---|---|---|---|---|---|
| 经营性资产 | 181 462 | 154 538 | 126 713 | 104 585 | 105 933 | 79 211 | 74 498 | 65 559 | 44 616 | 35 433 | 18 772 |
| 经营性资产 / 总资产 | 54% | 42% | 34% | 33% | 36% | 36% | 36% | 37% | 38% | 47% | 40% |
| 投资性资产 | 157 054 | 211 187 | 248 606 | 217 101 | 184 546 | 141 395 | 132 502 | 110 505 | 71 755 | 39 750 | 28 729 |
| 投资性资产 / 总资产 | 46% | 58% | 66% | 67% | 64% | 64% | 64% | 63% | 62% | 53% | 60% |

从表 5.3 可以看出，在苹果公司的报表里，经营性资产在很多年份只占三分之一，投资性资产占到了三分之二。这些投资性资产是什么呢？都是投资理财活动形成的金融资产（短期有价证券和长期有价证券），其中短期投资约占 20%，长期投资约占 80%。2018 年和 2019 年这个比例有所变化，经营性资产占比上升至一半左右，投资性资产占比有所降低，不过仍然占总资产约一半。不看苹果公司报表的话，你是不是会以为苹果公司的账上都是手机、计算机？事实上，多年来其存货仅占总资产 1%。苹果公司的资产结构中投资性资产占比非常大，为什么会形成这样的资产结构？这是因为苹果公司持续赚钱，赚来的钱“堆”在账上太浪费，要积极地理财，所以形成了巨额的投资性资产。从 2018 年开始，苹果公司显然也在调整其资产结构，通过大额的股利发放和股票回购，将资金返还给股东，降低了投资性资产占比。

由于资产结构中投资性资产占比很大，这是否可以说明苹果公司的盈利模式是投资主导型？此处不能急着得出结论。盈利模式之所以叫“盈利模式”是一定要结合盈利——利润表进行分析才能得出结论的。现在，我们只是看到了资产负债表中的资产结构，要判断盈利模式还需要结合利润表中的利润来源进行判断。

总之，看资产结构时需要关注资产的期限结构，并将之与负债期限结构进行比对分析；同时还需要关注资产的性质结构，并结合利润表中盈利来源对企业的盈利模式进行判断。接下来我们来看一下在分析一些主要的经营性资产和投资性资产项目时，需要注意的要点以及典型案例。

# 第二节　经营性资产分析

将资产按照其性质结构进行分类，将经营性资产与经营性负债相减得到净经营性资产，为进一步进行管理用杜邦分析奠定数据基础。本书将在第九章第五节进一步论述管理用杜邦分析法。下面先来学习一下经营性资产通常包含哪些项目，以及对经营性资产进行数据质量分析的要点。

## 一、货币资金

报表上的货币资金是由库存现金、银行存款和其他货币资金这三个项目的期末借方余额汇总列报的。库存现金很好理解，企业内部周转使用的备用金也是算在库存现金中的。银行存款包括企业存入银行或其他金融机构的各种款项，但银行汇票存款、银行本票存款、信用卡存款、信用证保证金存款、存出投资款、外埠存款等，属于“其他货币资金”。

货币资金到底是属于经营性资产还是投资性资产？也有不同观点。本书将其划分为经营性资产，主要考虑企业的主营业务必须要保有一定的货币资金存量。如果确有冗余资金，那么为了提升资金利用效率，企业应当积极进行理财等行为，将其转化为投资性资产。将货币资金划分为经营性资产可以如实反映企业经营过程中对资金的利用效率。

货币资金与现金流量表上的“现金及现金等价物”不是一个概念。当观察到资产负债表中的货币资金期初和期末余额与现金流量表上的“现金及现金等价物”期初和期末余额不一致的时候，也不需要特别奇怪。“现金及现金等价物”可能会包括一些短期内（一般三个月内）到期的债券投资，另外货币资金中可能有一些“受限制”的部分，其是不能算作“现金及现金等价物”的，这些原因都会导致二者产生差异。具体可以通过查看报表附注内容来明确。

货币资金是流动性最强的资产，但是盈利性最差。企业经营的任务是在保证企业正常运营的情况下，保持最少的货币资金存量。钱只有流动起来，才可能带来更多的钱。一般我们认为，企业账上的货币资金是减值风险最小的资产，因为它本身就是钱。但的确也出现过对货币资金计提减值的案例，例如丢失存款的“酒鬼酒”。

**案例 5.3**

**酒鬼酒银行存款丢失案的财务报表影响**

酒鬼酒银行存款丢失案的财务报表影响

2014 年 1 月 27 日，酒鬼酒发布重大事项公告，说其子公司存在农业银行杭州分行华丰路支行的 1 亿元存款，被犯罪嫌疑人分三次取走了，公司已经报案。2014 年 1 月 28 日，公司发布 2013 年年度预亏公告，预计要亏损 6 800 万元～7 800 万元。亏损原因第一是白酒行业进入调整期，第二是钱丢了。但是，子公司是 2014 年 1 月 6 日发现其在该行的账户余额只剩 1 000 多元的，在 1 月 10 日确认存款被他人分三次非法转走，并报案，但 1 月 28 日才发布公告。中间长达近 20 天，公司没有及时披露信息。因此，公司 2 月 24 日收到了湖南证监局的警示函，认为公司违反了信息披露的相关条例，并记入诚信档案。

2014 年 4 月 8 日，公司修正了 2013 年业绩预告，仍然会亏损，但亏损额减少至 3 500 万元～4 500 万元。主要原因是公安机关侦破此案过程中追回了 3 699 万元。因此，亏损额没那么多了。在 2013 年年报中，注册会计师需要对内部控制和财务报表分别给出意见。对内部控制的审议意见是无保留的，但带有解释说明段，主要还是强调了丢钱这件事揭示的风险——“我们注意到酒鬼酒公司的非财务报告内部控制存在重要缺陷”。注册会计师对财务报表给出的是标准的无保留意见。

泸州老窖 2015 年初被曝出约 5 亿元的银行存款被冻结从而提坏账，洋河股份 2015 年初也曝出丢失约 1.3 亿元的银行存款。可见即使是企业最为重视的内部控制之一——货币资金的内部控制也有可能出现瑕疵与漏洞，引发资产减值风险。

此外，利润虚增的公司往往伴随着资产虚增或者负债虚减。由于货币资金是需要经过第三方银行认证的数字，我们一般会认为货币资金存在虚增的可能性比较小，但是这并不绝对。例如，第四章第三节中草原兴发就存在虚列银行存款的现象。2018 年底康美药业、2019 年初康得新相继传出货币资金虚列的问题，这都迫使我们需要更加审慎地对待企业披露的货币资金数字。需要关注以下内容：货币资金与同行业相比的规模、占比；利息收入与货币资金比较，并结合季报数字中货币资金规模，判断其货币资金规模真实性；与借款规模比较，是否存在“三高”等。

## 二、应收票据、应收账款和合同资产

应收票据反映以摊余成本计量的，企业因销售商品、提供劳务等而收到的商业汇票，包括银行承兑汇票和商业承兑汇票。该项目列报时以减去“坏账准备”中相关坏账准备期末余额后的金额列报。

应收账款反映以摊余成本计量的，企业因销售商品、提供劳务等日常活动应收取的款项。与应收票据一样，列报时以减去“坏账准备”中相关坏账准备期末余额后的金额列报。

> **视野拓展**
>
> 应收账款附注中需要披露的具体内容

应收款项融资反映资产负债表日，以公允价值计量且其变动计入其他综合收益的应收票据和应收账款等，多数时候管理层打算未来背书转让或者贴现的应收款项被放在此项目下列示。

合同资产是 2017 年收入准则修订之后新增的报表项目。合同资产，是指企业已向客户转让商品而有权收取对价的权利，且该权利取决于时间流逝之外的其他因素。如企业向客户销售两项可明确区分的商品，企业因已交付其中一项商品而有权收取款项，但收取货款的权利仍需要建立在企业未来交付另一项商品的基础之上，企业应当将该收款权利作为合同资产。合同资产与应收账款都代表了未来的一种收款权利。二者的区别准则中说得很清楚，应收账款的权利仅取决于时间，随着时间流逝，根据之前合同约定就可以收款了。而合同资产的权利则除了时间因素外，还需要取决于其他因素。例如，准则中直接给出的示例：合同约定企业必须同时给予两个可以单独区分的商品（或劳务）之后，才有收款权利。当仅给付了一个商品（或劳务）时［完成了部分履约义务，该商品（或劳务）控制权转移］，就可以确认合同资产了。在旧准则体系下，由于合同义务并没有全部完成，收款权利还没有实现，是没法确认收入的。由于新收入准则有关于合同资产的相关规定，对于有类似业务的企业来说，它们可以提前确认收入（这里的相关规定，也是遵循了新收入准则的控制权转移模型，而不是原来的风险和报酬转移模型）。大家可以体会，合同资产和应收账款在收款权利的质量上是有差异的，前者不确定性更大。

对于每个列报项目，证监会的《公开发行证券的公司信息披露编报规则第 15 号——财务报告的一般规定》规定了应当具体披露的内容。例如，该规定在“第三章　财务报表附注，第三节　重要会计政策及会计估计”这里规定了上市公司应当披露应收款项坏账准备的确认标准和计提方法；该规定在“第五节　合并财务报表项目附注”这里规定了应收账款附注需要具体披露的附注内容。

对于应收账款的分析，首先观察一下资产负债表上应收账款与总资产的比例关系，看看应收账款在整个资产规模中是不是一项重要的资产。金额不是特别巨大的话，那么分析就可以从简了，其他项目的分析也是如此。应收账款的分析涉及两个层面的问题。第一真实性，第二坏账率。

首先，需要评估应收账款的真实性。一个最为常用的方法是比较收入的增长率与应收账款的增长率。通常，如果二者增速一致，问题不大；但是如果应收账款的增速显著超过收入的增速，则可能是一个危险信号。出现这种情况，可能的原因有：①存在虚假销售，应收账款激增收不回来；②现有客户质量急剧下降，导致应收账款收不回来，但企业没有及时计提坏账；③会计核算方法变更，例如可能由收入确认方法变化，导致提前确认收入并伴随合同资产与应收账款的激增。需要注意的是，应收账款保理业务和证券化业务等，有可能成为将问题应收账款转移出账的手段，从而隐藏应收账款激增的事实。

其次，对应收账款的分析，还需要结合年报附注中的披露，对其可收回性以及坏账计提充分性进行评估。可以计算综合坏账率，即用坏账准备的期末余额除以应收账款的期末余额。还可以比较当期坏账准备的计提数、收回转回数和实际核销数。看看是否存在上一个期间计提大量坏账准备，而本期却转回的情况；看看是否存在计提数与实际核销数严重脱节的情况。

## 案例 5.4

### 三一重工的应收账款

表 5.4 是三一重工与应收账款分析相关的一些数据。我们看到三一重工的应收账款占总资产的比重非常大（30%左右），因此对应收账款及其质量的分析非常重要。

表 5.4　三一重工应收账款分析相关数据

（金额单位：千元）

| 相关指标 | 2018 | 2017 | 2016 | 2015 | 2014 |
|---|---|---|---|---|---|
| 总资产 | 73 774 723.00 | 58 237 690.00 | 61 554 967.00 | 62 588 839.00 | 63 009 445.00 |
| 营业收入 | 55 821 504.00 | 38 335 087.00 | 23 280 072.00 | 23 470 343.00 | 30 364 721.00 |
| 应收账款账面余额 | 22 687 267.00 | 20 819 756.00 | 19 859 838.00 | 22 887 331.00 | 21 248 959.00 |

续表

| 相关指标 | 2018 | 2017 | 2016 | 2015 | 2014 |
|---|---|---|---|---|---|
| 坏账准备期末余额 | 2 553 907.00 | 2 454 122.00 | 1 775 051.00 | 1 843 285.00 | 1 397 652.00 |
| 应收账款账面价值 | 20 133 360.00 | 18 365 634.00 | 18 084 787.00 | 21 044 046.00 | 19 851 307.00 |
| 应收账款账面价值／总资产 | 27.29% | 31.54% | 29.38% | 33.62% | 31.51% |
| 坏账准备／应收账款账面余额 | 11.26% | 11.79% | 8.94% | 8.05% | 6.58% |
| 收入增长率 | 46% | 65% | −1% | −23% | |
| 应收账款余额增长率 | 9% | 5% | −13% | 8% | |
| 应收账款周转天数（使用余额计算）（天） | 142.24 | 193.66 | 335.11 | 343.19 | |
| 坏账准备计提数 | 1 018 249.00 | 850 709.00 | 823 126.00 | | |
| 收回、转回金额 | 0.00 | 0.00 | 0.00 | 2 356.00 | |
| 实际核销数 | 1 082 828.00 | 168 764.00 | 7 810.00 | 8 268.00 | 37 033.00 |

对比收入增长率、应收账款余额增长率，再观察应收账款周转天数，发现随着行业转暖、供给侧结构性改革的深化，三一重工的应收账款明显回收速度加快了。但是，2017 年之前该指标恶化得非常严重（这里观察的区间还不够长，还可以连续观察更长时间）。

三一重工对绝大部分的应收账款是采用账龄分析法的，在表 5.4 中考察的这五年内，账龄的划分标准和坏账计提率没有变化。通过阅读报表附注，将三一重工的账龄整理出来，如表 5.5 所示。对于采用账龄分析法的企业来说，将历年披露的数据整理成一张表，对我们分析其应收账款是非常有好处的。三一重工对 95%左右（每年比例不同）的应收账款使用账龄分析法来计提坏账，并在附注中披露了账龄。账龄分析的这部分应收账款不是应收账款的全部，所以数字与应收账款余额不一样。

**表 5.5　三一重工应收账款的账龄分析情况**

（金额单位：千元）

| 账龄及计提比例 | | 2018 | | 2017 | | 2016 | | 2015 | | 2014 | |
|---|---|---|---|---|---|---|---|---|---|---|---|
| 账龄 | 计提比例 | 应收账款 | 坏账准备 | 应收账款 | 坏账准备 | 应收账款 | 坏账准备 | 应收账款 | 坏账准备 | 应收账款 | 坏账准备 |
| 1 年以内 | 1% | 16 050 568 | 160 506 | 12 631 955 | 126 320 | 10 797 572 | 107 975 | 14 154 185 | 141 542 | 15 612 694 | 156 127 |
| 占合计比例 | | 77.99% | | 66.80% | | 62.61% | | 65.64% | | 76.74% | |
| 1 至 2 年 | 6% | 1 469 420 | 88 165 | 2 441 412 | 146 485 | 3 039 647 | 182 379 | 4 470 921 | 268 255 | 3 114 622 | 186 877 |
| 占合计比例 | | 7.14% | | 12.91% | | 17.63% | | 20.73% | | 15.31% | |
| 2 至 3 年 | 15% | 1 173 513 | 176 027 | 1 686 334 | 252 950 | 2 059 615 | 308 942 | 1 744 253 | 261 638 | 804 112 | 120 617 |
| 占合计比例 | | 5.70% | | 8.92% | | 11.94% | | 8.09% | | 3.95% | |
| 3 至 4 年 | 40% | 851 303 | 340 521 | 1 290 747 | 516 299 | 737 104 | 294 842 | 561 803 | 224 721 | 368 821 | 147 528 |
| 占合计比例 | | 4.14% | | 6.83% | | 4.27% | | 2.61% | | 1.81% | |
| 4 至 5 年 | 70% | 458 493 | 320 945 | 350 728 | 245 510 | 215 521 | 150 865 | 288 367 | 201 857 | 221 017 | 154 712 |

续表

| 账龄及计提比例 | | 2018 | | 2017 | | 2016 | | 2015 | | 2014 | |
|---|---|---|---|---|---|---|---|---|---|---|---|
| 账龄 | 计提比例 | 应收账款 | 坏账准备 | 应收账款 | 坏账准备 | 应收账款 | 坏账准备 | 应收账款 | 坏账准备 | 应收账款 | 坏账准备 |
| 占合计比例 | | 2.23% | | 1.85% | | 1.25% | | 1.34% | | 1.09% | |
| 5年以上 | 100% | 576 526 | 576 526 | 508 120 | 508 120 | 396 006 | 396 006 | 342 849 | 342 849 | 222 419 | 222 419 |
| 占合计比例 | | 2.80% | | 2.69% | | 2.30% | | 1.59% | | 1.09% | |
| 合计 | | 20 579 823 | 1 662 690 | 18 909 296 | 1 795 684 | 17 245 465 | 1 441 009 | 21 562 378 | 1 440 862 | 20 343 685 | 988 280 |
| 占合计比例 | | 100.00% | | 100.00% | | 100.00% | | 100.00% | | 100.00% | |
| 综合坏账率 | | | 8.08% | | 9.50% | | 8.36% | | 6.68% | | 4.86% |

我们可以据此分析该企业应收账款的账龄结构在2014—2018年的变化。2018年，一年以内的应收款占比为77%。根据年报中的披露，我们可以看到2018年集中核销了一批应收账款，大约10.83亿元。这些核销应该也对账龄结构的优化起到了一定作用。值得关注的是，2018年实际核销的坏账数额超过了当期的计提数，不过考虑到之前计提数总是超过核销数，暂时还没有证据表明公司的坏账准备计提少了。如果要做同行对比，还需要综合考虑其他公司坏账的计提方法、账龄划分和坏账率的估计等因素对可比性的影响。

## 三、预付款项

预付款项根据“预付账款”和“应付账款”科目所属各个明细科目的期末借方余额合计数，减去计提的相关减值准备之后的金额填列。预付款项一般包括购货保证金等项目，一般随着存货到库会转化为存货。因此，预付款项不是金融资产。目前，上市公司需要按账龄区间列示预付款项期初余额、期末余额及各账龄区间预付款项余额占预付款项余额合计数的比例。账龄超过1年且金额重要的预付款项，应说明未及时结算的原因。可以根据附注信息，对预付款项的账龄进行分析，账龄长的预付款项需要关注为什么没有转为“其他应收款”，并判断其坏账可能性以及坏账准备计提是否充足。上市公司还需要按预付对象集中度，汇总或分别披露期末余额前五名的预付款项的期末余额及占预付款项期末余额合计数的比例。可以根据这个信息判断预付款项的集中度，关注前五大预付款对象与企业之间的关联关系。

## 四、存货

视野拓展
东阿阿胶存货相关案例

存货反映的是企业期末各种存货的可变现净值。服务业和商业企业的存货核算相对简单，工业企业由于存在生产制造环节，存货核算相对复杂，存货附注中也会对应更多的存货明细种类（例如，原材料、在产品、产成品、包装物等）。房地产开发企业的存货是指企业在日常活动中持有的以备出售的开发产品，处在开发过程中的在建开发产品，在开发过程或提供劳务过程中耗用的材料、物资、设备等。因此，并不是房屋建筑物都放在固定资产中，房地产企业开发的用于出售的房地产是存货。

存货在附注中主要披露以下内容：按存货类别列示存货期初余额、期末余额，以及对应的跌价准备的期初余额、期末余额及本期计提、转回或转销金额。披露确定可变现净值的具体依据及本期转回或转销存货跌价准备的原因。披露存货期末余额中含有的借款费用资本化金额。存货期末余额中含有建造合同形成的已完工未结算资产的，应汇总披露累计已发生成本、累计已确认毛利、预计损失、已办理结算的金额。

如果一家公司报表中存货金额较大，占总资产比重较高，那么就是一项重要的资产，需要仔细分析。关于存货，可以分析的内容很多。首先，可以计算存货跌价准备占存货账面余额的比例；结合行业特性和趋势，判断存货跌价准备计提是否充足，是否具有减值风险。其次，结合毛利率的变动进行分析，毛利率能够反映企业主营业务面临的竞争态势（关于毛利率具体分析，参见第六章第三节）。第三，存货分析可以结合存货持有天数（又称存货周转天数，具体可以参见第九章第一节）来看，该指标与存货周转率是同义指标，意味着存货管理的效率有多高，平均意义上来看，能够多快将存货卖出去。第四，还应当关注存货跌价准备计提和转回的情况，看企业是否存在巨额计提伴随巨额转回，在不同会计年度之间腾挪转移利润的情况。第五，存货还应当根据附注中披露的不同明细分类，做各个明细分类的分析。例如，当观察到期末存货金额剧增的时候，具体应当去看是什么原因造成存货剧增的。如果是产成品剧增导致的，需要思考是由于滞销吗？如果是原材料剧增导致的，需要思考为什么企业要大量囤积原材料，是否合理？我们以伊利股份的存货披露为例来分析。

**案例 5.5**

### 伊利股份的存货分析

根据伊利股份年报附注中披露的存货相关信息，整理后的相关数据如表 5.6 所示。

**表 5.6 伊利股份存货分析相关数据**

（金额单位：元）

| 相关数据 | 2018 年 | 2017 年 | 2016 年 | 2015 年 | 2014 年 |
|---|---|---|---|---|---|
| 总资产 | 47 606 204 460.43 | 49 300 355 318.14 | 39 262 272 885.74 | 39 630 968 248.50 | 39 494 298 817.03 |
| 营业收入 | 78 976 388 687.29 | 67 547 449 530.32 | 60 312 009 671.16 | 59 863 485 730.88 | 53 959 298 690.78 |
| 营业成本 | 49 106 034 372.73 | 42 362 402 660.65 | 37 427 435 447.17 | 38 375 578 127.73 | 36 399 991 138.52 |
| 存货账面余额 | 5 519 818 153.03 | 4 656 229 686.66 | 4 326 205 729.72 | 4 664 202 944.00 | 5 008 531 355.95 |
| 存货跌价准备账面余额 | 12 744 189.18 | 16 235 820.87 | 424 862.10 | 1 074 197.45 | 284 956.35 |
| 存货账面价值 | 5 507 073 963.85 | 4 639 993 865.79 | 4 325 780 867.62 | 4 663 128 746.55 | 5 008 246 399.60 |
| 存货账面价值 / 总资产 | 11.57% | 9.41% | 11.02% | 11.77% | 12.68% |
| 存货跌价准备 / 存货账面余额 | 0.23% | 0.35% | 0.01% | 0.02% | 0.01% |
| 毛利率 | 37.82% | 37.28% | 37.94% | 35.89% | 32.54% |
| 存货持有天数 | 37.71 天 | 38.63 天 | 43.83 天 | 45.99 天 | |
| 存货跌价准备计提数 | 12 615 142.24 | 16 304 234.42 | 0.00 | 3 034 707.07 | 11 748 235.82 |
| 存货跌价损失 | 11 306 136.05 | 16 304 234.42 | −148 869.41 | 3 028 507.29 | 11 748 235.82 |
| 存货跌价准备转回数 | 1 309 006.19 | 0.00 | 148 869.41 | 6 199.78 | 0.00 |

续表

| 相关数据 | 2018 年 | 2017 年 | 2016 年 | 2015 年 | 2014 年 |
|---|---|---|---|---|---|
| 转回和转销数 | 16 005 476.53 | 146 503.44 | 553 335.35 | 2 245 465.97 | 11 482 785.94 |
| 存货跌价准备转销数 | 14 696 470.34 | 146 503.44 | 404 465.94 | 2 239 266.19 | 11 482 785.94 |

从表 5.6 可以看出，除 2017 年外，其余年份伊利股份存货账面价值占总资产比重大约为 11%，表明存货是比较重要的一项资产，需要对其进行仔细分析。伊利股份存货跌价准备占存货账面余额的比例很低，再结合该行业性质，认为基本上减值风险是比较小的。伊利股份近几年毛利率总体呈上升趋势，这是一个好现象。伊利股份存货持有天数在降低，看上去能够以更快的速度卖出存货。观察伊利股份上一年存货跌价准备计提数与本年转回数，转回数都非常小，并不存在上一年计提下一年转回的现象。

## 五、投资性房地产

投资性房地产是指为赚取租金或资本增值（房地产买卖的差价），或两者兼有而持有的房地产。投资性房地产主要包括：已出租的土地使用权、持有并准备增值后转让的土地使用权和已出租的建筑物。自用房地产和作为存货的房地产不属于投资性房地产。

将投资性房地产作为经营性资产，主要考虑投资性房地产带来的租金收入一般在企业核算时算作其他业务收入，并在营业收入中列示。如果采用成本模式核算投资性房地产，其折旧费用一般也算作其他业务支出，在营业成本中列示。因此，将其当作经营性资产，可以与之在利润表中的分类一致，需要调整的项目较少。但是，如果投资性房地产采用公允价值模式核算，其公允价值变动是反映在利润表的“公允价值变动收益”项目中的。这时，在对应经营性资产与经营性利润的时候，需要将投资性房地产带来的公允价值变动损益归类为经营性利润。总之，如果投资性房地产金额重大，公允价值变动损益金额也十分重大，这种调整分析的重要性就会上升。

前文提及，投资性房地产的会计核算，准则规定可以选择不同模式。对于有些企业，采用不同模式计量可能会给报表带来非常显著的影响。那么我国企业选择用什么模式来计量其投资性房地产呢？此处收集整理了 2007—2014 年 A 股上市公司合并报表中投资性房地产的报表附注信息，如表 5.7 所示。

表 5.7　2007—2014 年投资性房地产相关信息整理情况①

| 年份 | 上市公司家数 | 有投资性房地产的上市公司家数 | 有投资性房地产占比 | 采用公允价值模式计量投资性房地产的上市公司家数 | 公允价值模式计量投资性房地产占比 |
|---|---|---|---|---|---|
| 2007 | 1 564 | 621 | 40% | 15 | 2% |
| 2008 | 1 639 | 687 | 42% | 22 | 3% |
| 2009 | 1 733 | 758 | 44% | 27 | 4% |
| 2010 | 2 077 | 847 | 41% | 29 | 3% |
| 2011 | 2 356 | 912 | 39% | 36 | 4% |
| 2012 | 2 507 | 991 | 40% | 47 | 5% |
| 2013 | 2 505 | 1 065 | 43% | 55 | 5% |
| 2014 | 2 628 | 1 169 | 44% | 63 | 5% |

① 此部分数据根据国泰安数据库“公司研究系列”中的财务报表附注有关数据整理，有可能出现部分数据缺失和不全面的情况。

我们可以看到，在所有上市公司中有四成多的上市公司会有投资性房地产。有投资性房地产的上市公司中只有极少数的公司（不超过 5%）选择用公允价值模式对其投资性房地产进行会计核算。为什么绝大多数的上市公司都选用了成本模式呢？可能的原因包括以下几个方面。

（1）路径依赖。原来投资性房地产是作为固定资产核算的，会计把固定资产卡片、台账建好，按部就班计提折旧进行会计核算。这时候，突然出现了公允价值模式，很多会计人员并没有来得及学习。既然原来的成本模式也可以用，就沿用成本模式了。在 2007 年准则刚开始适用的时候这应该是最重要的一个原因。

（2）公允价值的取得是有成本的。一般来说，公允价值需要聘请资产评估师评估，即使用公允价值模式计量就要支出相应的评估费。但是，也有上市公司是自己评估投资性房地产的公允价值的，遇到这样的情况就要十分小心了，这个公允价值没有经过第三方认证，其真实性和准确性可能是要打折扣的。

（3）公允价值的波动不受管理层控制，管理层对利润表的把控力度减弱。当然前文中提到的管理层自己随便评估的情况不适用此处描述。公允价值由市场决定，若是租赁市场好，投资性房地产公允价值上升伴随着利润增加；一旦租赁市场不好了，公允价值下降就会给利润表带来冲击，这相当于利润表会受到外部市场的价格波动影响，管理层对利润表的把控力度减弱；若是用成本模式计量，当期投资性房地产折旧如何计提是管理层可以把控的。

从表 5.7 可以看到用公允价值模式计量投资性房地产的上市公司比例随着时间推移在逐渐提高，这主要是由于准则规定公允价值模式不允许转为成本模式。

不同计量模式会给财务报表分析带来一定影响。首先，影响利润表上的利润率指标。成本模式下，投资性房地产的核算与固定资产一致，每年计提折旧，因此利润表中会体现折旧费用。公允价值模式下，折旧费用没有了，大多数情况下投资性房地产会确认公允价值变动收益。因此，一般情况下，利润表上的盈利能力都会得到提升（这里没有讨论少数会产生公允价值变动损失的情况）。其次，对总资产（净资产）收益率的影响。结合总资产（净资产）规模，结论就不确定了。在净利润提升的同时，总资产（净资产）规模也在扩大，甚至有可能出现由于投资性房地产公允价值与历史账面价值之间差额极大导致分母急剧增加，从而导致总资产（净资产）收益率降低的情况发生。

### 案例 5.6

#### 红星美凯龙招股说明书中的投资性房地产分析

红星美凯龙主营业务是家居卖场，2015 年 6 月在香港上市。2016 年 5 月 13 日，红星美凯龙在 A 股披露了招股说明书。2017 年 11 月 10 日，红星美凯龙更新了其招股说明书。红星美凯龙的资产结构中投资性房地产是最重要的一项资产。按公允价值模式计量的投资性房地产占全部资产八成左右，公允价值变动收益给利润总额带来的影响也是非常巨大的（30%以上）。正是由于公允价值模式计量给资产负债表和利润表带来的巨大影响，红星美凯龙在其招股说明书中也详细说明了这种计量模式可能会造成的同行业绩不可比，并承诺在将来持续披露由于投资性房地产会计处理方式差异造成的与同行财务数据不可比情况。

在红星美凯龙 2017 版招股说明书中，红星美凯龙对相关财务指标按照投资性房地产以成本模式进行后续计量进行了模拟测算，整理见表 5.8。

表 5.8　红星美凯龙投资性房地产成本模式计量模拟测算

（金额单位：万元）

| 项目 | 2017 年 6 月 30 日 | 2016 年 12 月 31 日 | 2015 年 12 月 31 日 | 2014 年 12 月 31 日 |
|---|---|---|---|---|
| 投资性房地产（公允价值模式） | 6 972 291 | 6 694 800 | 6 136 100 | 5 511 700 |
| 投资性房地产（成本模式） | 3 173 051 | 3 056 981 | 2 795 267 | 2 366 063 |
| 下降比例 | 54% | 54% | 54% | 57% |
| 项目 | 2017 年上半年 | 2016 年度 | 2015 年度 | 2014 年度 |
| 公允价值模式下的归母净利润 | 204 517 | 339 718 | 322 487 | 324 305 |
| 成本模式下的归母净利润 | 94 442 | 147 221 | 190 186 | 156 187 |
| 下降比例 | 54% | 57% | 41% | 52% |

可见，如果用成本模式计量，投资性房地产的账面价值会减少一半以上，同样净利润也会减少一半以上。测算一下红星美凯龙与小商品城可比状态下的净利润率与净资产收益率，见表 5.9 和表 5.10。

表 5.9　红星美凯龙成本模式下的净利润率

| 指标名称 | | 2017 年上半年 | 2016 年度 | 2015 年度 | 2014 年度 |
|---|---|---|---|---|---|
| 红星美凯龙 | 公允价值模式 | 40% | 36% | 35% | 39% |
| | 成本模式 | 19% | 16% | 21% | 19% |
| 小商品城 | | 14% | 15% | 12% | 11% |

我们看到红星美凯龙的净利润率下降了一半，但仍然是略高于小商品城的。这个净利润率才是可比的净利润率。再来测算一下净资产收益率，净资产收益率的测算则相对要复杂一些。由于红星美凯龙在招股说明书中披露了成本模式下测算的资产负债率（2017 版招股说明书第 732 页），因此我们只需要尽可能估计成本模式下的总资产是多少，按照公司提供的资产负债率就可以大致估计净资产是多少。具体根据这个公式来测算总资产：模糊估计的成本模式下总资产=总资产−(公允价值模式下投资性房地产金额−成本模式下投资性房地产金额)−公允价值模式下投资性房地产带来的递延所得税资产。

表 5.10　红星美凯龙成本模式下的净资产收益率

（金额单位：万元）

| 相关项目 | 2017 年 6 月 30 日 | 2016 年 12 月 31 日 | 2015 年 12 月 31 日 | 2014 年 12 月 31 日 |
|---|---|---|---|---|
| 总资产（公允价值模式） | 9 113 194 | 8 153 540 | 7 381 024 | 6 391 003 |
| 投资性房地产计量模式差异导致的差额 | 3 799 240 | 3 637 819 | 3 340 833 | 3 145 637 |
| 投资性房地产带来的递延所得税资产 | 14 872 | — | — | 629 |
| 总资产（成本模式） | 5 299 081 | 4 515 721 | 4 040 191 | 3 244 736 |
| 资产负债率（成本模式） | 74.85% | 72.72% | 68.23% | 77.02% |
| 净资产（成本模式） | 1 332 719 | 1 231 889 | 1 283 569 | 745 640 |
| 净资产收益率（成本模式） | 7% | 12% | 19% | |
| 小商品城净资产收益率 | 10% | 11% | 8% | 5% |

注：黄色标注的是半年净资产收益率，与全年净资产收益率不可比。

观察表 5.10，将成本模式下的净资产收益率与同时期公允价值模式下的该比率进行比较，同时期（2014 年 12 月 31 日、2015 年 12 月 31 日、2016 年 12 月 31 日和 2017 年 6 月 30 日）招股说明书中披露的公允价值模式下的净资产收益率分别为 12.07%、10.48%、9.55%和 5.46%。可见，成本模式下净资产收益率更高。既然成本模式下净资产收益率更高，为什么红星美凯龙不选择用成本模式计量其投资性房地产呢？观察一下红星美凯龙和小商品城的杜邦分析法相关指标比较，见表 5.11。

表 5.11　杜邦分析法主要指标比较

| 指标名称 | | 净资产收益率 | 净利润率 | 总资产周转率 | 权益乘数 |
|---|---|---|---|---|---|
| 红星美凯龙 | 公允价值模式 | 10% | 43% | 0.12 | 1.93 |
| | 成本模式 | 12% | 16% | 0.21 | 3.67 |
| 小商品城 | | 11% | 15% | 0.26 | 2.57 |

这里用 2016 年的数据计算结果简单对比一下。大家可以看得很清楚，公允价值模式下净利润率非常高，但总资产周转率和权益乘数都很低，说明企业盈利能力超强，资产规模巨大，企业负债率不是很高。而成本模式下，净利润率略高于行业对比企业，总资产周转率略低于行业对比企业，权益乘数很高。所以这要看企业的取舍。红星美凯龙用公允价值模式计量其投资性房地产的可能原因有：①沿用港股报表的处理思路。企业一贯用公允价值模式计量，因此 A 股招股说明书上仍然沿用。②公允价值下资产体量规模大，显示出企业实力雄厚，在行业中位于翘楚地位。③显得资产负债率没有那么高，财务风险不会特别引人注目。④最重要的一点应该是，公允价值模式计量下净利润很高，每股收益很高，一定市盈率下，有利于企业制定较高的股票发行价格。

## 六、固定资产与在建工程

视野拓展

需要在附注中披露的固定资产信息

固定资产反映资产负债表日企业固定资产的期末账面价值和企业尚未清理完毕的固定资产清理净损益。该项目应当根据“固定资产”科目的期末余额，减去“累计折旧”和“固定资产减值准备”科目的期末余额后的金额，以及“固定资产清理”科目的期末余额填列。在建工程反映资产负债表日企业尚未达到预定可使用状态的在建工程的期末账面价值和企业为在建工程准备的各种物资的期末账面价值。该项目根据“在建工程”科目的期末余额，减去“在建工程减值准备”科目的期末余额后的金额，以及“工程物资”的期末余额减去“工程物资减值准备”期末余额后的金额填列。上市公司需要按照证监会的有关规定在报表中披露有关固定资产的各种会计政策、期初期末金额、累计折旧和减值准备的变动等信息。

分析固定资产，可以关注固定资产增长率及其增长原因、关注固定资产占总资产的比例及其增减变动、关注各类固定资产原值占全部固定资产原值的比重等，从而了解固定资产的变动、在资产结构中的地位。可以结合各种固定资产的有关比率来计算，例如固定资产周转率、固定资产更新率、固定资产退废率、固定资产净值率、综合折旧率等。固定资产周转率将在第九章第三节中详述，其他比率公式如下：

固定资产更新率=本期新增加固定资产原值÷期初固定资产原值

固定资产退废率=本期退废的固定资产原值÷期初固定资产原值

这两个比率对于我们了解一家企业更新固定资产的速率比较有用。当企业面临比较大的转型时，这两个比率可能会比较高。

固定资产净值率=固定资产净值（账面价值）÷固定资产原值

这个比率较高，说明固定资产较新，并且没有大的减值。

综合折旧率=固定资产累计折旧÷固定资产原值

这个比率可以帮助我们笼统判断企业固定资产的成新度。我们还可以将综合折旧率与同行比较，笼统判断关于固定资产的会计政策是否具有可比性。如果该比率和同行差异很大，需要仔细判断这样的折旧率是否合理，是否需要调整报表以便与同行可比。

企业各种支出在会计处理上无非两个途径——费用化与资本化。费用化，即该笔支出作为费用直接计入当期利润；资本化，即该笔支出先作为一项资产列示在资产负债表上，随后随着资产消耗进入利润表。如果企业当期存在虚增利润的动机，则可能通过滥用支出资本化的手段来虚增利润，其中最为常见的就是虚增在建工程与固定资产。企业可能存在在建工程达到预定可使用状态而不结转固定资产的情况，需要在进行分析的同时关注在建工程金额、增速、附注披露信息中提示的完工度和建设时长等。重资产型企业（尤其生产制造业），固定资产是非常重要的经营性资产。在分析时，还应当结合其他报表项目统筹分析。例如，我们可以观察企业采购（预付、应付）、生产（存货、固定资产）、销售（应收、预收）这一条线上的活动（如图 5.1 所示），并结合利润表中的产出数据（收入、经营性利润、净利润等），以及现金流量表中的经营活动现金流量来综合判断企业的情况。

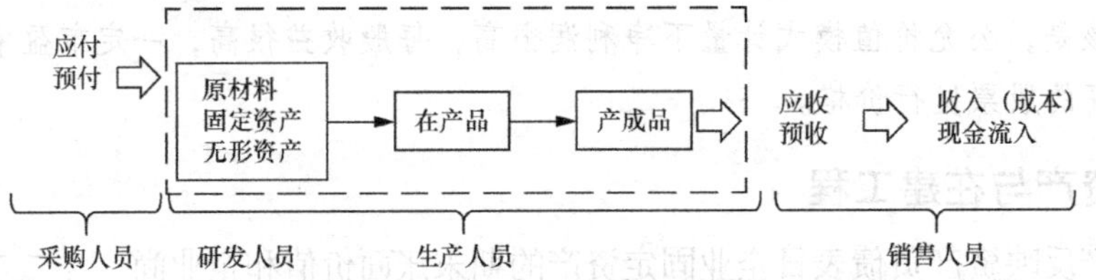


图 5.1　企业采购—生产—销售一条线涉及主要报表项目

## 案例 5.7

### 东阿阿胶的生产能力分析

生产需要人力、物力和财力的配合，因此可以结合这三个方面观察一个企业的生产能力。人力方面可以观察企业研发人员和生产人员的数量及其变动趋势；物力方面可以观察企业原材料的采购与储备情况；财力方面，这里狭义地将财力界定为财产支持，即固定资产、无形资产对生产的支撑程度。事实上，财力也应当包含企业调动资金的能力，与存量资金和筹资能力都有关系。此处，为避免过于发散，将财力限定为固定资产和无形资产对生产的支撑。

人力方面的相关情况见表 5.12。

表 5.12　东阿阿胶的员工情况统计

（单位：人）

| 人员 | 2016 | 2015 | 2014 | 2013 | 2012 | 2011 | 2010 | 2009 | 2008 | 2007 |
|---|---|---|---|---|---|---|---|---|---|---|
| 技术人员 | 336 | 399 | 396 | 286 | 338 | 176 | 未单列 | 132 | 132 | 113 |
| 生产人员 | 1 306 | 2 028 | 2 365 | 2 446 | 2 564 | 3 073 | 2 875 | 2 055 | 890 | 968 |
| 合计 | 1 642 | 2 427 | 2 761 | 2 732 | 2 902 | 3 249 | 2 875 | 2 187 | 1 022 | 1 081 |
| 合计 / 员工总数 | 37.39% | 47.43% | 54.72% | 48.22% | 46.60% | 57.35% | 53.04% | 50.65% | 38.03% | 57.71% |

我们看到无论是研发人员还是生产人员在2016年都急剧减少！生产人员甚至由2 028人减少至1 306人。

物力方面主要统计了存货的构成情况，见表5.13。

**表5.13　东阿阿胶的存货构成**

（金额单位：元）

| 存货 | 2016年度 | 2015年度 | 2014年度 | 2013年度 | 2012年度 | 2011年度 | 2010年度 | 2009年度 | 2008年度 | 2007年度 |
|---|---|---|---|---|---|---|---|---|---|---|
| 原材料类 | 1 706 725 467 | 461 182 329 | 108 920 084 | 110 581 948 | 145 843 700 | 123 174 201 | 67 384 026 | 59 269 318 | 60 090 382 | 53 146 542 |
| 在产品 | 310 861 025 | 194 334 386 | 273 123 837 | 64 825 940 | 99 222 694 | 45 094 893 | 45 764 902 | 37 427 305 | 29 696 037 | 22 936 212 |
| 产成品类 | 966 590 667 | 1 061 679 054 | 1 071 193 261 | 374 389 525 | 155 477 387 | 142 084 929 | 80 217 736 | 106 093 494 | 101 474 044 | 74 284 518 |
| 消耗性生物资产 | 29 982 042 | 8 279 922 | 11 062 377 | 1 211 266 | 285 885 | 755 150 | 392 846 | 837 210 | 0 | 0 |
| 合计 | 3 014 159 201 | 1 725 475 691 | 1 464 299 559 | 551 008 679 | 400 829 666 | 311 109 173 | 193 759 510 | 203 627 327 | 191 260 463 | 150 367 272 |

从表5.13能看到，企业2016年囤积了大量的原材料，原材料激增。

财力方面，统计了固定资产和无形资产的情况，见表5.14。

**表5.14　东阿阿胶的固定资产和无形资产统计**

（金额单位：万元）

| 项目 | 2016年度 | 2015年度 | 2014年度 | 2013年度 | 2012年度 | 2011年度 | 2010年度 | 2009年度 | 2008年度 | 2007年度 |
|---|---|---|---|---|---|---|---|---|---|---|
| 固定资产类合计 | 173 866 | 155965 | 146 735 | 120 386 | 80 898 | 58 164 | 48 416 | 39 311 | 34 771 | 33 178 |
| 无形资产类合计 | 19 015 | 20 460 | 23 447 | 18 542 | 15 241 | 14 707 | 12 872 | 12 858 | 8 161 | 8 563 |
| 财力合计 | 192 881 | 176 425 | 170 182 | 138 928 | 96 139 | 72 871 | 61 288 | 52 169 | 42 932 | 41 741 |

我们看到，财力总额是在上升的。但这种上升幅度显然远远赶不上储备的原材料的上升幅度。2016年财力合计增长9%，但原材料的增长幅度是270%。2016年东阿阿胶存货激增，用2015年及之前的数据计算出平均单位财力对应原材料为0.14。如果按照原来的固定资产和无形资产与原材料之间的对应关系，2016年的固定资产和无形资产应当能够支撑近3亿元的原材料。但2016年账上的原材料约17亿元，如何解释这多出来的存货？可能的原因有：设备的更新改造已经使得根据历史数据计算的固定资产和无形资产与原材料之间的对应关系被打破，不过这种可能性较小；或者是原来就有冗余的产能没有利用，所以即使原材料上升这么快，生产工人急剧减少，也完全不是问题，能够支撑生产，这种可能性也较小；还有可能是囤积的原材料不存在储存期限的问题，留待以后慢慢生产；又或者是囤积的原材料不是为了自用，而是待价格上涨后卖出去赚钱。

## 七、使用权资产

使用权资产反映资产负债表日承租人企业持有的使用权资产的期末账面价值。该项目根据“使用权资产”科目的期末余额减去“使用权资产累计折旧”和“使用权资产减值准备”科目期末余额后的金额填列。2018年我国修订了租赁准则，修订后的租赁准则与国际租赁准则趋同，承租人不再将租赁区分为经营性租赁与融资租赁。除了短期租赁和低价值资产租赁等特殊情况外，所有租赁都需要按照未来支付义务的现值入账，确认使用权资产与对应的租赁负债。这种处理方法，使得经营性租赁不再成为企业表外融资的手段。因此，对广泛使用租赁的企业（例如，批发零售业、航空业、餐饮住宿业等）会产生非常重大的报表影响。

## 八、无形资产和开发支出

视野拓展

年报中无形资产研发支出等需要披露的信息

无形资产反映企业持有的无形资产，包括专利权、非专利技术、商标权、著作权、土地使用权等。本项目根据“无形资产”科目的期末余额减去“累计摊销”和“无形资产减值准备”科目期末余额后的金额填列。开发支出反映企业开发无形资产过程中能够资本化形成无形资产成本的支出部分。本项目根据“研发支出”科目中所属的“资本化支出”明细科目期末余额填列。

在附注中需要详细披露无形资产及其明细科目的变动情况，在年报的“经营情况讨论与分析”中还需要对研发投入情况进行说明。

不同类别的无形资产性质差异很大，需要关注无形资产的类别并分类考量。例如，土地使用权可以具体考虑地块的实际价值，抵押借款的潜力，是否有转为投资性房地产的可能等。对于使用寿命不确定的无形资产，关注其使用寿命是如何衡量的，是否真是不确定的。还有一些上市公司账上会有“客户关系”“营销网络”等无形资产，这是并购时专门评估过相应资产的价值并据此入账的。对于高科技企业这类研发驱动的企业来说，无形资产的分析格外重要，需要关注无形资产的技术含金量以及该行业的未来方向。

## 九、商誉

财务报表上的商誉不是“企业声誉”“品牌价值”“超额盈利能力”等，是在编制合并报表过程中产生的一个项目。商誉代表了并购时点母公司支付的价款超过了被合并方可辨认净资产公允价值的部分，是母公司在并购日愿意给出的溢价金额。商誉只可能出现在合并报表中，个别报表中是没有商誉的。

一个企业如果账上有大额商誉，说明这个企业过去进行了大量的并购，采用了外延式扩张和增长的战略。商誉金额巨大也意味着，企业在并购过程中给了很高的溢价。至于这种溢价是不是合理，是否存在管理层寻租、将资金导出公司体外、伺机未来创造利润等不规范操作，还需要认真思考和判断。

商誉的会计处理目前是不对其进行摊销，但期末需要减值测试，以防高估其价值。由于存在被投资单位经营恶化、商誉早已发生减值，但企业不及时计提减值，而在某一年集中计提巨额商誉减值的做法，2018 年底国际会计准则理事会曾讨论是否要将商誉的会计处理改为摊销，以减少实务中的“洗大澡”行为，但在 2020 年初经讨论仍认为不摊销，但期末进行减值测试更符合商誉的性质。

## 十、长期待摊费用

视野拓展

关于摊销政策财务报表分析的进一步解读

长期待摊费用反映企业已经发生但应由本期和以后各期负担的分摊期限在一年以上的各项费用。其中在一年内（含一年）摊销的部分，在资产负债表的“一年内到期的非流动资产”项目填列。长期待摊费用是权责发生制下的产物，特别容易成为利润的调节器。

对摊销类事项财务报表分析时需要注意：①对于处于成熟期的企业，其长期待摊费用每年新增部分金额差距不大的情况下，其实分多少年摊都无所谓，不会给利润造成太大影响；②对于处于成长期的企业，如果每年新增的长期待摊费用的金额在持续增加，那么摊销期限长就一定会带来更低的费用以及更高的利润，并且这种情况较长时间内都不会扭转。

### 案例 5.8

**永辉超市的长期待摊费用**

随着快速扩张和发展，永辉超市将装修门店等费用计入长期待摊费用，占总资产 10%左右。永辉超市的摊销政策如图 5.2 所示。

**23．长期待摊费用**

√适用□不适用

**本集团发生的长期待摊费用是指已经发生但应由本年和以后各期承担和受益的，期限在 1 年以上的各项费用，主要为门店装修及改良支出，具体摊销方法如下。**

**门店装修及改良支出主要分为两类：第一类是新开门店开业前的经营场所和办公场所装修及改良支出；第二类是已开业门店的第二次（或二次以上）装修及改良支出。新开门店装修及改造支出在预计最长受益期（10 年）和租赁期孰短的期限内按直线法进行摊销。已开业门店二次（或二次以上）装修及改良支出在预计最长受益期（5 年）和剩余租赁期孰短的期限内按直线法进行摊销。每年度终了，对长期待摊费用剩余受益期进行复核，如果长期待摊费用项目已不能使以后会计期间受益的，则将尚未摊销的该项目的摊余价值全部计入当期损益。**

**对不能使以后会计期间受益的长期待摊费用项目，其摊余价值全部计入当期损益。**

图 5.2　永辉超市长期待摊费用的摊销政策

简单来说就是新开门店按 10 年摊销，二次（或二次以上）装修门店按 5 年摊销。与红旗连锁的摊销政策比较一下，红旗连锁的摊销政策如图 5.3 所示。

**23．长期待摊费用**

**长期待摊费用是指公司已经发生但应由本期及以后各期分担的，主要包括门店装修及改良支出，按直线法在受益期内平均摊销。**

**公司门店装修及改良支出主要分为两类：第一类是新开门店开业前的经营场所和办公场所装修支出；第二类是已开业门店的二次（或二次以上）装修及改良支出。新开大卖场装修支出预计受益期 5 年；新开的其他类型卖场、已开业卖场的二次（或二次以上）装修及改良支出预计受益期 3 年。卖场外观翻新费用一次性计入当期损益。**

**每期末，对长期待摊费用剩余受益期进行复核，如果长期待摊费用项目已不能使以后会计期间受益的。则将尚未摊销的该项目的摊余价值全部计入当期损益。**

图 5.3　红旗连锁长期待摊费用的摊销政策

红旗连锁的摊销政策简单来说就是新开门店按 5 年摊销，二次（或二次以上）装修门店按 3 年摊销。二者相比，永辉超市的摊销期限更长。对于处于成长期的永辉超市来说，较长的摊销期限的确可以使得利润更高。至于这对我们分析比较它与同行业的盈利能力会造成多大影响，可以进一步测算比较。可扫码了解永辉超市的长期待摊费用分析。

# 第三节　投资性资产分析

投资性资产中存在两类性质不太一样的资产，一类是企业的冗余资金用于投资理财形成的资产，另一类是企业的长期战略投资形成的资产。

## 一、投资理财形成的资产

微课堂

投资性理财形成的资产

这些资产在财务报表中主要体现在交易性金融资产、其他流动资产、一年内到期的非流动资产、债权投资、其他债权投资、其他权益工具、其他非流动金融资产等项目中。

交易性金融资产反映资产负债表日企业分类为以公允价值计量且其变动计入当期损益的金融资产，以及企业持有的指定为以公允价值计量且其变动计入当期损益的金融资产的期末账面价值。自资产负债表日起超过一年到期且预期持有超过一年的以公允价值计量且其变动计入当期损益的非流动金融资产的期末账面价值，在"其他非流动金融资产"项目中反映。

债权投资反映资产负债表日企业以摊余成本计量的长期债权投资的期末账面价值。该项目按照减去"债权投资减值准备"之后的金额列报。自资产负债表日起一年内到期的长期债权投资的期末账面价值，在"一年内到期的非流动资产"项目中反映，企业购入的以摊余成本计量的一年内到期的债权投资在"其他流动资产"项目中反映。

其他债权投资反映资产负债表日企业分类为以公允价值计量且其变动计入其他综合收益的长期债权投资的期末账面价值。自资产负债表日起一年内到期的长期债权投资的期末账面价值，在"一年内到期的非流动资产"项目中反映，企业购入的以公允价值计量且其变动计入其他综合收益的一年内到期的债权投资，在"其他流动资产"项目中反映。

其他权益工具反映资产负债表日企业指定为以公允价值的计量且其变动计入其他综合收益的非交易性权益工具投资的期末账面价值。

由于金融工具相关准则近年来的变动，这部分资产的列报也相应发生变动。图 5.4 列示了金融工具准则中规定的三种金融资产对应的实务中常见的业务类型，及其在报表上的列报项目。

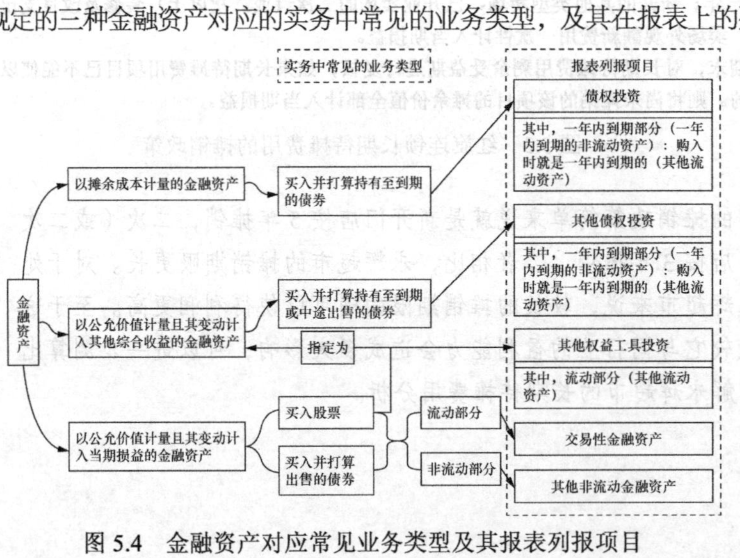


图 5.4　金融资产对应常见业务类型及其报表列报项目

## 案例 5.9

### 雅戈尔投资性资产的结构变化

表 5.15 给出了雅戈尔 2007—2018 年投资性资产的结构变化。

表 5.15 雅戈尔投资性资产的结构变化

| 资产结构 | 2018 年度 | 2017 年度 | 2016 年度 | 2015 年度 | 2014 年度 | 2013 年度 | 2012 年度 | 2011 年度 | 2010 年度 | 2009 年度 | 2008 年度 | 2007 年度 |
|---|---|---|---|---|---|---|---|---|---|---|---|---|
| 占总资产的比例 | | | | | | | | | | | | |
| 交易性金融资产占比 | 4% | 3% | 0% | 0% | 0% | 0% | 0% | 0% | 2% | 2% | 0% | 0% |
| 可供出售金融资产占比 | 27% | 30% | 38% | 39% | 21% | 13% | 17% | 19% | 25% | 27% | 15% | 47% |
| 长期股权投资占比 | 18% | 13% | 10% | 11% | 13% | 13% | 9% | 5% | 5% | 3% | 3% | 2% |
| 投资性资产占比 | 49% | 46% | 48% | 50% | 34% | 27% | 26% | 24% | 32% | 32% | 18% | 49% |
| 占投资性资产比例 | | | | | | | | | | | | |
| 交易性金融资产占比 | 8% | 7% | 0% | 0% | 0% | 0% | 0% | 0% | 7% | 7% | 0% | 0% |
| 可供出售金融资产占比 | 56% | 65% | 79% | 78% | 62% | 50% | 65% | 79% | 79% | 83% | 81% | 95% |
| 长期股权投资占比 | 36% | 28% | 21% | 22% | 38% | 50% | 35% | 21% | 14% | 10% | 19% | 5% |

我们看到雅戈尔的投资性资产中可供出售金融资产占比是非常大的，其次是长期股权投资。2007 年到 2013 年，可供出售金融资产的占比持续降低，而长期股权投资的占比持续走高，这反映出雅戈尔在很多投资上不是少量出资，而是作为重要股东能够影响被投资企业的经营活动，从而放在长期股权投资核算。而 2014 年、2015 年、2016 年随着长期股权投资的处置并释放出投资收益，以及新增投资基本放在可供出售金融资产中，长期股权投资的占比降低了。但是在 2017 年以后这个趋势又发生了变化，在投资性资产中长期股权投资的占比又开始增加，而可供出售金融资产的占比开始降低，同时，之前占比非常小的交易性金融资产开始增加。雅戈尔近两年投资性资产结构的这一系列变化，应该是金融工具准则修订导致的政策效应。

2017 年 3 月财政部发布了修订后的《企业会计准则第 22 号——金融工具确认和计量》，根据修订后的准则，原来放在可供出售金融资产中按照公允价值计量且其变动计入其他综合收益的权益工具投资，在最终出售时，不能够将原来计入其他综合收益的公允价值变动转入利润表了。也就是说，当经营性利润（核心利润）不好的时候，通过卖出“可供出售金融资产”中的股票而创造投资收益这一条路是行不通了。在会计上，这个出售行为无法带来投资收益。对于雅戈尔这种投资也算主业之一的企业来说，准则变动对它的影响非常大。因此，企业必然需要应对这一政策。从报表上来看，雅戈尔应当是将更多的股票投资划分为了长期股权投资或者是交易性金融资产。从长期来看，雅戈尔的长期股权投资占比可能会进一步上升，以规避准则变动对它带来的影响。

## 二、战略投资形成的资产

长期股权投资反映企业持有的对子公司、联营企业和合营企业的长期股权投资。该项目根据“长期股权投资”科目减去“长期股权投资减值准备”之后的金额填列。在合并报表上的长期股权投资是指整个集团对外的联营企业和合营企业投资。

报表附注中需要详细披露长期股权投资的会计政策及增减变动的金额，但是如果你想要对一个企业的股权投资情况有比较全面的了解，不能仅仅看合并报表的长期股权投资报表附注（那里不反映子公司的情况）。我们可以关注年报披露目录中第四节的有关内容。第四节是“经营情况讨论与分析”，按照证监会的规定，上市公司应当在这部分披露“对外股权投资总体分析”，从这里可以看到集团对外的合营企业和联营企业的一些数据，这一节的“投资状况分析”对主要的（不是全部的）子公司的一些数据进行了披露；在财务报表附注中有合并报表附注和母公司报表附注，母公司报表附注中包含了对子公司投资的一些数据。

对于母公司报表，我们可以关注母公司的资产结构体现什么样的特点。根据投资性资产占总资产的比重，一般可以分为投资主导型、经营主导型、并重型。如果母公司只是作为集团总部，具体不从事经营业务，那么其报表上经营性资产会比较少，会体现出投资主导型的特点；而如果母公司不进行对外战略投资，只是专注自身业务发展，就会体现出经营主导型的特点；如果母公司既通过长期股权投资控制子公司，自身又拥有一定经营业务，就可能体现出并重型的特点。而合并报表的资产结构往往是经营主导型的，集团总是会有经营的具体业务，当然如果集团主业就是投资，那么我们通常认定的投资性资产就是其经营性资产。

## 案例 5.10

### 伊利股份母公司报表和合并报表的资产结构

我们将伊利股份母公司报表中的应收股利、其他流动资产、可供出售金融资产和长期股权投资划分为投资性资产，并计算投资性资产占总资产的比重，见表 5.16。

表 5.16　伊利股份母公司报表的投资性资产统计

| 资产 | 2018-12-31 | 2017-12-31 | 2016-12-31 | 2015-12-31 | 2014-12-31 | 2013-12-31 | 2012-12-31 | 2011-12-31 | 2010-12-31 | 2009-12-31 | 2008-12-31 | 2007-12-31 |
|---|---|---|---|---|---|---|---|---|---|---|---|---|
| 投资性资产／总资产 | 70% | 58% | 72% | 52% | 47% | 36% | 34% | 33% | 36% | 34% | 36% | 42% |
| 长期股权投资／总资产 | 66% | 56% | 69% | 50% | 44% | 24% | 34% | 33% | 36% | 34% | 35% | 40% |

我们看到伊利股份母公司的资产结构呈现投资性资产占比越来越大的趋势，投资性资产主要是由长期股权投资构成的。也就是说，伊利股份母公司的资产结构由原来的经营主导型，变成目前的投资主导型。但是母公司还是有一部分经营实体业务存在的。

再来看合并报表的资产结构因为集团总会有一个或若干经营主业（当然，如果集团主业就是投资，那么我们通常认定的投资性资产此时就与经营性资产无异了），所以一般的合并报表都会是经营主导型。

我们将合并报表中的交易性金融资产、其他流动资产、可供出售金融资产划分为投资性资产并进行统计，结果见表 5.17。

表 5.17　伊利股份合并报表的投资性资产统计

| 资产 | 2018-12-31 | 2017-12-31 | 2016-12-31 | 2015-12-31 | 2014-12-31 | 2013-12-31 | 2012-12-31 | 2011-12-31 | 2010-12-31 | 2009-12-31 | 2008-12-31 | 2007-12-31 |
|---|---|---|---|---|---|---|---|---|---|---|---|---|
| 投资性资产／总资产 | 16% | 7% | 7% | 4% | 4% | 14% | 3% | 3% | 4% | 3% | 5% | 4% |

续表

| 资产 | 2018-12-31 | 2017-12-31 | 2016-12-31 | 2015-12-31 | 2014-12-31 | 2013-12-31 | 2012-12-31 | 2011-12-31 | 2010-12-31 | 2009-12-31 | 2008-12-31 | 2007-12-31 |
|---|---|---|---|---|---|---|---|---|---|---|---|---|
| 长期股权投资／总资产 | 4% | 4% | 4% | 0% | 0% | 2% | 3% | 3% | 4% | 3% | 4% | 4% |
| 其他流动资产／总资产 | 11% | 2% | 2% | 1% | 1% | 11% | 0% | 0% | 0% | 0% | 0% | 0% |

可见，伊利股份合并报表是经营性资产占主导地位的。伊利股份的投资性资产占比基本上是个位数，但2018年底有所上升，上升的主要原因是其他流动资产增加导致的。而通过查看附注，发现其他流动资产的增加主要是由理财活动（而不是战略性参股）导致的。

微课堂

战略投资形成的资产

通过划分经营性资产和投资性资产，我们可以对企业的资产结构有更清晰的认识。但如果要判断盈利模式，还需要结合利润表进行分析。此外，还可以对母公司长期股权投资和合并报表长期股权投资进行对比，大致估计母公司对子公司的投资力度，再对应集团总资产的扩张，可以观察母公司控制性投资的扩张效果（第十章具体讲解）。由于参股别家企业，往往涉及较大的资金动向，而且能明显体现管理层的战略导向。所以对长期股权投资的分析应该对参股企业所在行业（与集团原有业务的关联性）、行业前景、标的公司经营情况进行全面了解。分析师可以通过实地走访获取更多这方面的详细数据。

## 本章小结

本章对资产负债表左边资产结构相关项目进行了分析。资产在资产负债表中是按照流动性列示的，除此之外，我们还需要按照资产的性质结构将其分为经营性资产与投资性资产。这有利于我们对企业资产结构有更清晰的认识，并有利于管理用杜邦分析的开展。大家应当熟悉每一项资产项目的核算内容与列报信息，了解在分析具体项目时可能会遇到的问题与分析手段及方法。如果认为该项目的列报金额并不准确，或者与同行业不可比，就需要调整报表，后续分析则要根据调整后的数据来进行。

## 综合练习题

### 一、单选题

1. 下列哪一项不属于投资性资产？（　　）

   A. 交易性金融资产　　B. 债权投资　　C. 其他债权投资

   D. 投资性房地产　　E. 其他权益工具投资

2. 对货币资金进行财务分析，下列描述错误的是（　　）。

   A. 由于货币资金是经过第三方银行认证的数字，因此货币资金都是真实存在的，不存在减值风险

   B. 需要关注货币资金与同行业相比较的规模

   C. 可以衡量利息收入与货币资金规模之间的关系

   D. 可以关注货币资金与借款规模之间的关系

3. 下列关于合同资产的描述，正确的是（　　）。

A. 合同资产不会存在减值的风险

B. 合同资产也代表一种应收款项的权利，与应收账款相比，合同资产的确定性更大一些

C. 合同资产与应收账款在收款权利的质量上是有差异的，合同资产的不确定性更大一些

D. 合同资产是按照公允价值计量的

4. 下列关于存货的财务分析事项，不正确的描述是（　　）。

A. 计算存货跌价准备占存货账面余额的比例，结合行业特性和趋势，判断计提是否充足，是否具有减值风险

B. 结合存货持有天数（又称存货周转天数）来分析，关注企业存货管理的效率有多高

C. 关注存货跌价准备计提和转回的情况，看企业是否存在巨额计提伴随巨额转回，在不同会计年度之间腾挪转移利润的情况

D. 存货激增是企业经营恶化的表现

5. 母公司只作为集团总部，并不从事具体经营业务，那么母公司报表的特征会体现为（　　）。

A. 经营主导型　B. 投资主导型　C. 并重型　D. 资产重组型

## 二、判断题

1. 一般来说，货币资金属于投资性资产。（　　）
2. 货币资金不可能出现减值的情况。（　　）
3. 合同资产和应收账款在收款权利的质量上有差异，前者不确定性更大。（　　）
4. 目前我国上市公司对投资性房地产的核算模式大多都选择了公允价值模式。（　　）
5. 长期待摊费用特别容易成为利润的调节器。（　　）

## 三、简答题

1. 按照资产为企业贡献利润的方式不同，将资产进行分类。
2. 简述如何对应收账款进行分析。
3. 如何按照资产的性质结构，将企业分为投资主导型、经营主导型和并重型？

# 第六章　对经营结果的分析——利润表分析

**【知识目标】**

1. 了解营业收入的来源并对其展开分析。
2. 理解操纵收入的主要手段。
3. 掌握利润表的变形及经营性利润的界定。
4. 掌握毛利率的总体分布及影响毛利率的因素。
5. 了解按照所有权归属和按照经营持续性对净利润进行分类列报。

**【技能目标】**

1. 能够利用年报中对营业收入分行业、分产品、分地区的信息展开对营业收入的分析。
2. 能够对利润表进行变形，计算经营性利润、投资性利润、净财务费用等指标。
3. 能够对毛利率展开分析，能够用毛利率的影响因素分析毛利率变动的原因。
4. 能够对分类列报的净利润进行解读，会利用“归母净利润”计算上市公司的诸多相关指标，能够用持续经营净利润进行企业未来盈利能力预测。

**【关键术语】**

营业收入、营业利润、经营性利润、毛利、毛利率、归属于母公司股东的净利润、少数股东损益、持续经营净利润、终止经营净利润

## 引例

### 瑞幸咖啡的财务造假案

2020年4月2日，瑞幸咖啡发布声明称，董事会成立特别委员会，调查发现，公司虚报去年第二季度至第四季度销售额22亿元人民币。消息一出，瑞幸咖啡当日股价暴跌约八成。其实早在2020年1月31日，做空机构浑水公司就发布了一份据说来自第三方的匿名报告，该报告认为瑞幸咖啡存在财务造假。随后2月4日，瑞幸咖啡的保荐人中金公司发布研报，认为匿名沽空指控缺乏有效证据。瑞幸咖啡的股东瑞信银行的报告同样持乐观态度。但如前所述，两个月后，公司自曝财务造假。从2010年成立以来浑水公司累计做空了大概18家中概股公司，被做空的中概股公司大多股价暴跌，其中已有7家中概股退市，也有些公司如新东方、好未来股价经过短暂波动后又回升的。浑水公司发布的报告中披露对瑞幸咖啡的调查总共动用了92名全职和1 418名兼职人员，历时近两个月，从2019年12月初到2020年1月下旬，成功调查了总计620家瑞幸咖啡门店，通过蹲点、潜入微信工作群等方式，发现瑞

幸咖啡门店存在“跳单”情况，经营数据存在虚高造假行为。4 月 3 日，我国证监会发布公开声明，表示高度关注瑞幸咖啡财务造假事件，并对其财务造假行为表示强烈谴责。

**启发思考：**企业虚增收入的动机是什么？瑞幸咖啡主要采用了什么手段来虚增收入？

# 第一节 营业收入及其分析要点

营业收入在利润表上的第一行，它奠定了利润表的基调。因此其是财务报表分析中十分重要的一个数字，需要对其核算内容进行仔细的分析。

## 一、营业收入的来源

利润表上的营业收入项目反映企业经营主要业务和其他业务所确认的收入总额，该项目根据“主营业务收入”和“其他业务收入”科目的发生额分析填列。

当我们观察一家公司的主营业务时，需要关注收入的来源。上市公司会披露自己的收入构成，这是我们判断一家公司业务类型、收入来源的依据。此外，企业利润不一定是其主营业务带来的，这就需要进一步将利润的来源弄清楚，利润有可能来源于主营业务，有可能来源于投资收益，还有可能就是一次性的偶发利润等。让我们看一下双汇发展的收入来源和利润来源。

**案例 6.1**

**双汇发展的收入来源和利润来源**

比较贴近消费者认知的，是摆在货架上的双汇火腿肠。但是如果翻看双汇发展的年报就会发现，其收入来源的大部分不是肉制品，而是屠宰，如表 6.1 所示。

**表 6.1 双汇发展收入分行业情况**

（金额单位：元）

| | 2016 年 | | 2015 年 | | 同比增减 |
|---|---|---|---|---|---|
| | 金额 | 占营业收入比重 | 金额 | 占营业收入比重 | |
| 营业收入合计 | 51 822 365 961.66 | 100% | 44 696 667 615.26 | 100% | 15.94% |
| 分行业 | | | | | |
| 肉制品行业 | 22 577 165 714.29 | 43.57% | 22 639 035 893.26 | 50.65% | −0.27% |
| 屠宰行业 | 31 710 323 344.07 | 61.19% | 24 443 587 767.58 | 54.69% | 29.73% |
| 其他 | 2 200 699 329.11 | 4.25% | 1 775 825 950.79 | 3.97% | 23.93% |
| 公司内部行业抵减 | −4 665 822 425.81 | −9.00% | −4 161 781 996.37 | −9.31% | 12.11% |

根据双汇发展 2016 年年报，双汇发展约 61%的收入来自屠宰，考虑到屠宰为本公司肉制品服务的内部抵消，应该说，从收入来源看双汇发展是屠宰和肉制品加工并重的。再来观察双汇发展分行业的毛利率情况，如表 6.2 所示。

**表 6.2　双汇发展收入分行业毛利率情况**

（金额单位：元）

| 行业 | 营业收入 | 营业成本 | 毛利率 | 营业收入比上年同期增减 | 营业成本比上年同期增减 | 毛利率比上年同期增减 |
|---|---|---|---|---|---|---|
| 肉制品行业 | 22 577 165 714.29 | 15 530 068 638.24 | 31.21% | −0.27% | −0.05% | 下降 0.15 个百分点 |
| 屠宰行业 | 31 710 323 344.07 | 29 973 037 194.61 | 5.48% | 29.73% | 32.30% | 下降 1.84 个百分点 |
| 其他 | 2 200 699 329.11 | 1 601 001 676.92 | 27.25% | 23.93% | 14.89% | 上升 5.72 个百分点 |
| 减：公司内部行业抵减 | 4 665 822 425.81 | 4 664 567 061.76 | 0.03% | 12.11% | 11.76% | 上升 0.32 个百分点 |

观察表 6.2 披露的收入分行业毛利率情况，可发现屠宰行业的毛利率只有 5%左右，而肉制品行业的毛利率较高，为 31%左右。所以，从贡献毛利的角度讲，仅有 20%的毛利是屠宰行业贡献的，剩下 80%的毛利是肉制品行业贡献的。从利润的来源来看，双汇发展的确是以“香肠”收入为主的。

**视野拓展**

**雅戈尔、麦当劳的收入来源和利润来源**

我们需要利用年报中披露的收入分行业信息，对收入的来源进行分析，并进一步结合利润表后面的利润结构，对企业利润的来源进行解读。

## 二、收入操纵手段及分析要点

**微课堂**

**虚增收入的几种情况**

企业在收入不尽如人意的时候，可能会想办法虚增收入。虚增收入可能存在以下几种情况：第一，存在真实的销售行为，但夸大收入金额（有可能记录的是毛收入，而不是净收入）；第二，存在真实的销售行为，但提前确认收入；第三，不存在真实的销售行为，虚构交易，虚增收入。

### （一）存在真实销售行为，但夸大收入金额

我们先来看一下第一种情况——夸大收入金额的例子。

**案例 6.2**

**美国 Groupon 公司的收入确认**

Groupon 公司在 2011 年 11 月上市，融资 7 亿美元。Groupon 公司上市过程中，八次提交注册文件，才最终获得美国证监会批准。该公司与美国证监会之间的主要分歧就在于收入到底是按照毛收入还是按照净收入确认。Groupon 公司一开始按照毛收入确认，但显然美国证监会不同意它的这一操作，双方展开了激烈和精彩的讨论，最终 Groupon 公司调整了它的报表。表 6.3 给出了 Groupon 公司一开始披露的收入数字和追溯调整后的数字。

表 6.3　Groupon 公司的收入数字（初始与重述）

（金额单位：千美元）

| 时期 | 年度报告截至 | | 半年度报告截至 | |
|---|---|---|---|---|
| | 2009 年 12 月 | 2010 年 6 月 | 2010 年 12 月 | 2011 年 11 月 |
| 初始（毛收入） | 30 471 | 713 365 | 135 807 | 1 597 423 |
| 重述（净收入） | 14 540 | 312 944 | 58 938 | 688 105 |
| 差异 | 15 931 | 400 421 | 76 869 | 909 318 |
| 差幅（%） | 110% | 128% | 130% | 132% |

我们可以看到，毛收入与净收入之间差异巨大。用毛收入披露信息，会给人企业规模更大、收入更多的感觉。

对于那些充当代理人角色收取一定比例佣金的机构，我们在关注其收入时一定要关注它披露的到底是毛收入还是净收入。这类公司可能会利用毛收入来夸大收入水平。

### （二）存在真实销售行为，但提前确认收入

第二种情况是提前确认收入的情形，这也是非常常见的虚增收入的手段。有可能是将属于下一个会计期间的收入提前到本期间确认，也有可能纯粹是会计政策的变更使得公司能够更早地确认收入。我们来看一下日本 Ulvac 公司的例子。

**案例 6.3**

#### 日本 Ulvac 公司变更收入确认政策

我们来看一下日本 Ulvac 公司 2008—2010 年的营业收入与营业利润（见表 6.4）。

表 6.4　日本 Ulvac 公司 2008—2010 年的营业收入与营业利润

（金额单位：百万日元）

| 项目 | 截至 2008 年 6 月底 | 截至 2009 年 6 月底 | 变动百分比（2009 年与 2008 年比较） | 截至 2010 年 6 月底 | 变动百分比（2010 年与 2009 年比较） |
|---|---|---|---|---|---|
| 营业收入 | 241 212 | 223 825 | −7% | 221 804 | −1% |
| 营业利润 | 9 081 | 3 483 | −62% | 4 809 | 38% |

从该公司报告的这个业绩来看，2009 年与 2008 年相比似乎是非常糟糕的一年，营业收入下降了 7%，营业利润下降了 62%。2010 年看上去好多了，营业收入降幅减少了，而营业利润则实现了令人惊讶的增长。但事实上，Ulvac 公司在 2010 年变更了它的收入确认政策，由原来完工后再确认收入变更为按照完工百分比法确认收入，其实就是更早地确认了收入。如果收入确认的会计政策没有变更，Ulvac 公司的业绩将会是表 6.5 描述的情形。

表 6.5　无收入确认会计政策变更情形下 Ulvac 公司的营业收入与营业利润

（金额单位：百万日元）

| 项目 | 截至 2009 年 6 月底 | 截至 2010 年 6 月底 | 会计调整 | 调整后，截至 2010 年 6 月底 | 调整后的变动百分比 |
|---|---|---|---|---|---|
| 营业收入 | 223 825 | 221 804 | −44 037 | 177 767 | −21% |
| 营业利润 | 3 483 | 4 809 | −12 033 | −7 224 | −307% |

可见，Ulvac 公司在 2010 年营业收入下降幅度依然很大，但为了让报表显得好看一些，它选择了变更收入确认的会计政策，从而提前确认收入。

### （三）虚构交易，虚假的收入

虚增收入的第三种情形是利用虚假交易来虚增收入，这些虚假交易有可能是与关联方进行的，因此我们必须关注年报中披露的关联方和关联方交易的有关内容。我们来了解一下汉能薄膜公司的案例。

**案例 6.4**

**汉能薄膜公司的关联交易**

2013—2015 年，汉能薄膜公司的发展蒸蒸日上。2013 年，收入达到 33 亿港元，增长了 18%。2014 年，收入增长了近 3 倍，达到 96 亿港元。2013—2015 年，汉能薄膜公司的股价上升了 1 300%。但是汉能薄膜公司的主要客户是正是它的大股东——汉能控股集团。2013 年，汉能薄膜公司的所有收入都来自对其母公司的销售。2014 年，汉能薄膜公司有一些来自其他客户的收入，但是来自对母公司的销售收入占比仍然达到了 61%。虽然收入在猛增，但应收账款也在激增，截至 2014 年年末，汉能薄膜公司的应收账款账龄已经升至 500 天（已经逾期的应收账款占比达到 57%）。显然，这意味着相应的收入缺乏交易实质。

2015 年 5 月，汉能薄膜公司的魔术表演戛然而止。它的股价于 2015 年 5 月 20 日暴跌 47%，随后紧急停牌。2019 年 6 月，该公司已经完成了私有化，从港交所退市。

由于收入是企业的一个规模变量，并且对于初创期的企业来说，投资人更为看重的可能是收入增长而不是利润增长，这都会使得管理层存在虚增收入以粉饰报表的动机。一个很有用的判断是否虚增收入的方法是关注收入的增长率与应收账款的增长率，如果应收账款增长率显著高于收入增长率并且无法得到合理解释，那么就应当高度怀疑收入的可信度了。

企业除了虚增收入之外，也有可能虚减收入。例如，企业当期已经实现了目标收入，于是就将多余收入留到下期确认；或者集团内其他兄弟企业税率更低，于是就低价供货给兄弟企业，将利润体现在税率低的集团企业中；或者是为了实现下一年扭亏为盈，而暂缓确认属于本年的收入等。

## 第二节 营业利润与经营性利润

营业利润出现在利润表中，是利润表中很重要的一个列报项目。营业利润是否代表企业经营活动的盈利能力呢？答案应当是否定的。第二章已经介绍了利润表的基本格式，讲解了营业利润的概念，并提到了目前在我国，利润表上的营业利润是一个外延非常广的概念，经营活动、投资活动和筹资活动的结果都已经体现在营业利润当中了。当我们需要关注企业经营活动带来的利润情况时，直接使用营业利润就不恰当了。因此，财务报表分析时需要引入经营性利润这个概念。

## 一、经营性利润的概念

经营性利润，是指企业主要的经营活动带来的利润，与之对应的资源支持是资产负债表中的经营性资产。在第九章讲解管理用杜邦分析法的时候，我们会用到这些概念。管理用杜邦分析法最主要的思想就是用经营性资产对应经营性利润，因此，划分经营性利润对于认清利润来源是十分有帮助的。下面我们将通过对利润表具体项目的分析，来讲解经营性利润的构成和计算。

## 二、利润表的变形

按照目前的利润表格式，将利润表的项目重新整理一下，如表 6.6 所示。

表 6.6　变形后的利润表

| | |
|---|---|
| 营业收入 | |
| −营业成本 | |
| −税金及附加 | |
| −销售费用 | |
| −管理费用 | |
| −研发费用 | |
| （税前）经营性利润 | |
| 财务费用<br>−公允价值变动收益<br>−投资收益 | |
| −（税前）净财务费用 | |
| +其他收益<br>+汇兑收益<br>+净敞口套期收益<br>−信用减值损失<br>−资产减值损失<br>+资产处置收益 | |
| +营业外收入<br>−营业外支出 | |
| +（税前）其他利润 | |
| 利润总额<br>−所得税费用 | |
| 净利润 | |

变形后的利润表中多出来这样几个概念：经营性利润、净财务费用、其他利润。变形后的利润表中包含下面数量关系：

（税前）经营性利润=营业收入−营业成本−税金及附加−销售费用−管理费用−研发费用

（税前）净财务费用=财务费用−(公允价值变动收益+投资收益)=财务费用−投资性利润

（税前）其他利润=其他收益+汇兑收益+净敞口套期收益−信用减值损失−资产减值损失+资产处置收益+营业外收入−营业外支出

利润总额=（税前）经营性利润−(税前)净财务费用+(税前)其他利润

净利润=利润总额−所得税费用

微课堂

变形后的利润表

在划分利润来源的时候，要与划分资产的标准保持一致。例如，公允价值变动收益既有可能是由交易性金融资产带来的，也有可能是投资性房地产公允价值计量导致的。如果在划分资产的时候，将投资性房地产划分为经营性资产了，其对应的公允价值变动也应当被划分为经营性利润。因此，大家无须教条地、僵化地理解上述利润划分公式，在实际运用时需要灵活调整运用。其他利润中包含的往往是那些性质比较模糊的项目或纯粹属于职业判断会计估计的项目或一次性的不构成持续盈利能力的项目等，将这些项目放入其他利润主要是为了让经营性利润的公式尽量简洁。如果想要得到非常准确的经营性利润，则需要对其他利润中的每个项目单独分析，判断其性质归属。例如，资产减值损失既有可能是经营性资产带来的，也有可能是投资性资产带来的。大多数时候，简洁划分和计算并不会影响我们对一个公司整体经营性利润变动情况的判断。

经营性利润（也可以称为核心利润）概念的引入对于我们理解利润的来源很有意义。进行管理用杜邦分析时，我们会进一步利用经营性利润对应经营性资产，观察经营活动上的盈利能力。

# 第三节　毛利与毛利率

在评价盈利能力的时候，最先利用的指标就是毛利率。但在我国，利润表中并不直接给出毛利，在进行财务报表分析的时候需要自己计算，并关注毛利和毛利率的变动趋势。毛利与毛利率的计算公式如下：

毛利=营业收入–营业成本

毛利率=(收入–成本)÷收入=毛利÷收入=(单位售价–单位成本)÷单位售价

## 一、没有毛利的情况

当我们看上市公司财务报表的时候，有时会发现一家公司并不披露营业成本，导致我们无法计算所谓的“毛利率”。例如，金融行业的财务报表有其独特的披露格式，《企业会计准则第30号——财务报表列报》的应用指南明确给出了商业银行、保险公司、证券公司的报表格式。与一般企业财务报表格式的显著区别在于：首先，资产、负债项目有其特殊性，并且在财务报表中没有给出流动性的区分（关于资产、负债的流动性是要求在附注中详细披露的）；其次，利润表项目也有其特殊性，分为营业收入、营业支出，没有给出营业成本。因此，并不是所有的企业都可以计算毛利率。

事实上，对于服务类行业来说，毛利率的计算和比较可能会遇到很多问题。工业企业和商业企业，营业成本的确定比较简单，出售的存货的成本结转到利润表就是营业成本。服务类行业则面临将哪些成本费用划分为营业成本，而哪些算作期间费用的问题。对于服务类行业来说，即使是同行业，不同企业的毛利率可比性也会较差。正是基于这样的考虑，境外证券市场上很多服务类行业企业的报表并没有给出营业成本这个数据，而是直接给出营业支出（operating expenses），然后给出营业利润。案例6.5描述了中国移动和中国联通的利润表披露情况。

**视野拓展**

民生银行的利润表

**案例6.5**

**中国移动和中国联通的利润表披露情况**

中国移动是在纽约和香港两地上市的，两地披露的利润表完全一致，都是基于国际会计准则编制的，都给出了营业收入和营业支出，然后就是营业利润了。营业支出中有一项内容是“销售产品的成本”（cost of products sold），但是如果仅将这一项理解为中国移动的营业成本，就太偏颇了。

中国联通在A股上市，但旗下的控股子公司也在港股和美股上市。在港股和美股上披露的利润表与中国移动类似，同样没有披露营业成本。但是A股上市主体由于要使用A股统一的利润表编制模板，因此披露了营业成本。可以通过扫描二维码查看中国移动和中国联通披露的利润表。

对于服务类行业，毛利率的分析没有那么重要，重点关注其他盈利能力指标即可。

## 二、毛利率的总体分布

基于我国 A 股 2018 年合并报表的 3 607 个数据，去掉 80 家（金融行业）没有毛利的情况，统计剩下的 3 527 个数据的总体分布情况。我国上市公司毛利率（Gross Profit Margin，GPM）的中位数 26.81%、均值 29.87%，约 2/3 的上市公司（2 348 家）毛利率为 10%～40%，如图 6.1 所示。

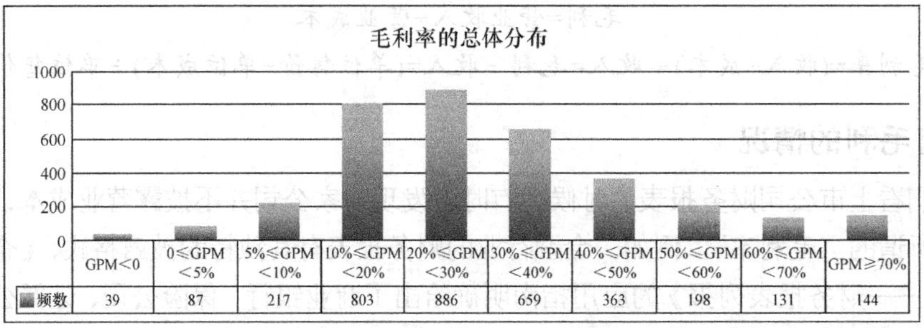


图 6.1　我国 A 股上市公司 2018 年毛利率的总体分布

不同行业毛利率的表现显然会有较大差异，按照证监会 2012 年行业分类的大类统计我国 A 股上市公司 2018 年毛利率均值，如图 6.2 所示。

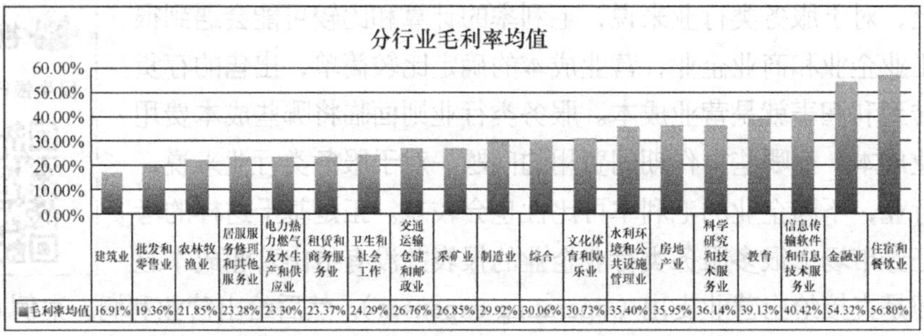


图 6.2　我国 A 股上市公司 2018 年分行业毛利率均值统计

我们看到，毛利率均值较低的行业有建筑业、批发和零售业、农林牧渔业，毛利率较高的行业有住宿和餐饮业、金融业、信息传输软件和信息技术服务业。为什么在这个统计中还有金融业呢？金融业不是不列报营业成本，没有毛利率吗？这里计入统计样本的金融业企业仍然按照一般企业的列报格式来披露利润表，大多是由于这些企业多元化经营，一些不属于金融的业务需要采用一般格式列示。

**视野拓展**

毛利率接近 100% 的民生控股

## 三、影响毛利率的因素

毛利率的大小与很多因素的变化相关，本书将其总结为行业特性、企业战略及其执行效果、会计处理等几个方面，这些因素变化都能够引起毛利率的变动。

### （一）行业特性

从前面毛利率的总体分布中，大家已经能够体会不同行业的毛利率有很大不同。例如，视野拓展中的民生控股，在 2014 年之前它的毛利率也就是 18%，但之后却提高至接近100%。发生巨大变化的原因，就是企业转换了主营业务。再如，案例6.6中的苹果公司与为其代工生产的富士康。

## 案例 6.6

### 苹果公司与富士康利润表上的盈利能力

这两家公司都是各自行业内的佼佼者，但是二者在利润表上的盈利能力却有很大的差别（见表6.7）。

**表 6.7　苹果公司与富士康的毛利率与净利润率**

| 相关指标 | 2017 年度 | 2016 年度 | 2015 年度 |
|---|---|---|---|
| 富士康毛利率 | 10.14% | 10.65% | 10.50% |
| 富士康净利润率 | 4.57% | 5.28% | 5.26% |
| **相关指标** | **截至 2017 年 9 月 30 日的会计年度** | **截至 2016 年 9 月 24 日的会计年度** | **截至 2015 年 9 月 26 日的会计年度** |
| 苹果公司的毛利率 | 38.47% | 39.08% | 40.06% |
| 苹果公司净利润率 | 21.09% | 21.19% | 22.85% |

可见身处不同行业和竞争格局，企业毛利率的表现差异巨大。

如果是处于垄断地位的企业，就会有垄断利润产生。垄断的形成，可能是国家管控形成的，也可能是靠企业自身竞争实力形成的。国家管控形成的寡头垄断企业，其报表上的盈利能力可能不会很强；但是靠企业自身竞争实力形成的寡头垄断企业，则报表上的盈利能力往往很强。苹果公司2015年9月26日至2017年9月30日的毛利率和净利润率在表6.7中已经给出，这样的利润表体现盈利能力是超强的。

此外，周期性行业中的企业毛利率也会受到行业周期的影响。周期性行业的基本特征是产品价格呈周期性波动，与国内或国际经济波动相关性较强，其产品市场价格是企业盈利的基础。

## 案例 6.7

### 行业周期变化对企业毛利率的影响——以中国神华为例

动力煤的价格在2014年、2015年狂跌，于2016年上涨，于2017年调整中上涨，于2018年横向调整，于2019年调整中小幅下跌。其中2015年的狂跌和2016年的狂涨可以说是非常剧烈的波动，这势必会对煤炭行业产生影响。但是，我们看一下煤炭股中国神华的毛利率和归母净利润率，如表6.8所示。

**表 6.8　中国神华的毛利率和归母净利润率**

| 相关指标 | 2018 年度 | 2017 年度 | 2016 年度 | 2015 年度 | 2014 年度 | 2013 年度 | 2012 年度 |
|---|---|---|---|---|---|---|---|
| 毛利率 | 41% | 42% | 40% | 38% | 34% | 34% | 36% |
| 归母净利润率 | 17% | 18% | 12% | 9% | 15% | 16% | 19% |

表 6.8 中，2015 年煤价暴跌和 2016 年煤价上涨与毛利率之间的关系好像并不明显，这是为什么？这是因为中国神华的主营业务中既有煤炭开采，又有火力发电和运输等业务。煤炭开采业务肯定会因为煤炭价格变化而受到影响，但火力发电业务所受的影响却是反方向的。因此，最终报表呈现的是一个综合结果。如果去年报附注中查找相关年份分行业的毛利率情况，就会发现相关业务的毛利率都会随着煤炭价格的涨跌而变化。

我们可以看一下中国神华 2015 年年报中披露的主营业务分行业情况，如表 6.9 所示。

**表 6.9　中国神华 2015 年主营业务分行业情况**

（金额单位：百万元）

| 2015 年主营业务分行业情况（合并抵销前） | | | | | | |
|---|---|---|---|---|---|---|
| | 营业收入 | 营业成本 | 毛利率（%） | 营业收入比上年增减（%） | 营业成本比上年增减（%） | 毛利率比上年增减 |
| 煤炭 | 121 458 | 101 973 | 16.0 | (36.8) | (35.2) | 下降 2.0 个百分点 |
| 发电 | 73 053 | 46 483 | 36.4 | (8.9) | (12.4) | 上升 2.6 个百分点 |
| 铁路 | 27 232 | 11 391 | 58.2 | (11.1) | 2.3 | 下降 5.5 个百分点 |
| 港口 | 3 769 | 1 867 | 50.5 | (9.7) | (0.1) | 下降 4.8 个百分点 |
| 航运 | 2 002 | 1 745 | 12.8 | (34.0) | (31.8) | 下降 2.9 个百分点 |
| 煤化工 | 5 550 | 4 205 | 24.2 | (5.6) | 10.1 | 下降 10.8 个百分点 |

可见，2015 年煤炭价格下跌，导致煤炭业务毛利率下降 2%，而火力发电业务的毛利率上升 2.6%。对比看一下 2016 年的主营业务分行业情况，见表 6.10。

**表 6.10　中国神华 2016 年主营业务分行业情况**

（金额单位：百万元）

| 2016 年主营业务分行业情况（合并抵销前） | | | | | | |
|---|---|---|---|---|---|---|
| | 营业收入 | 营业成本 | 毛利率（%） | 营业收入比上年增减（%） | 营业成本比上年增减（%） | 毛利率比上年增减 |
| 煤炭 | 131 357 | 103 912 | 20.9 | 8.2 | 1.9 | 上升 4.9 个百分点 |
| 发电 | 69 850 | 50 223 | 28.1 | (4.4) | 8.0 | 下降 8.3 个百分点 |
| 铁路 | 33 530 | 13 397 | 60.0 | 23.1 | 17.6 | 上升 1.8 个百分点 |
| 港口 | 5 040 | 2 234 | 55.7 | 33.7 | 19.7 | 上升 5.2 个百分点 |
| 航运 | 2 112 | 1 678 | 20.5 | 5.5 | (3.8) | 下降 7.7 个百分点 |
| 煤化工 | 4 831 | 3 802 | 21.3 | (13.0) | (9.6) | 下降 2.9 个百分点 |

视野拓展

中国彩电市场价格战及四川长虹的毛利率

由于 2016 年煤炭价格上涨，中国神华 2016 年煤炭业务毛利率上升了 4.9%，而火力发电业务的毛利率下降了 8.3%。这非常直观地体现出了行业周期性变动对毛利率的影响。

除了前面提到的不同行业本身、行业垄断、行业周期等因素之外，行业的发展态势和竞争格局也会显著影响一个企业的利润水平。当一个产品走到衰退期时，需求减少，价格降低也无法产生更多需求，毛利率持续走低。当某个行业整体走向衰退时，或者行业竞争格局发生较大变化时，毛利率一般也会走低。

## （二）企业战略及其执行效果

前文解释了行业对毛利率的影响，此处则侧重于说明企业自身的一些战略选择和执行效果也会对毛利率产生影响。这些战略选择或执行效果可以包括，竞争战略选择、产品组合选择、销售模式选择、先天优势与资源禀赋、关联交易策略以及产品积压对毛利率的影响等。

### 1. 竞争战略选择：低成本与差异化

低成本战略是指以更低的价格提供同样质量的产品或者服务，而差异化战略是指提供有特色的产品或者服务，使之不同于别的产品或者服务。一个企业如果采用低成本战略，由于其成本低，往往可以制定比较低的售价，综合下来，毛利率可能高于也可能低于同行（如果低成本战略成功,在其他费用上的节约会体现为净利润率较高）;一个采用差异化战略的企业，往往售价较高，所以差异化战略实施成功的企业往往毛利率较高。案例 6.8 以春秋航空为例说明低成本战略在报表上的体现。

**案例 6.8**

**低成本战略在利润表上的反映——以春秋航空为例**

春秋航空主打是廉价航空，与中国国航的毛利率与净利润率比较如表 6.11 所示。

**表 6.11　春秋航空和中国国航的毛利率与净利润率**

| 相关指标 | | 2018 年度 | 2017 年度 | 2016 年度 | 2015 年度 | 2014 年度 |
|---|---|---|---|---|---|---|
| 毛利率 | 春秋航空 | 10% | 12% | 13% | 20% | 15% |
| | 中国国航 | 16% | 17% | 23% | 23% | 16% |
| 归母净利润率 | 春秋航空 | 11% | 11% | 11% | 16% | 12% |
| | 中国国航 | 5% | 6% | 6% | 6% | 4% |

可见，春秋航空的毛利率表现不如国航（定价低应该是一个原因），但是由于在期间费用上的节约，净利润率的表现是不错的。至少从利润表上的盈利能力来看，春秋航空的低成本战略是成功的。

苹果公司是执行差异化战略非常好的例子，前文已经给出苹果公司的毛利率和净利润率，可以看到其表现是非常好的。

### 2. 产品组合选择

企业进行业务重整和产品结构的调整，由于不同产品毛利率不同，所以企业的总体毛利率随之变化；如果业务重整和产品结构调整跨行业了，则与前面所述行业影响毛利率是一致的。案例 6.9 说明了产品组合的结构调整对企业毛利率的影响。产品组合中，毛利率高的产品在组合中收入占比上升时，企业毛利率会得到改善。

**案例 6.9**

**产品组合对毛利率的影响——以福耀玻璃为例**

我们来看看福耀玻璃的毛利率和归母净利润率，见表 6.12。

表 6.12　福耀玻璃的毛利率和归母净利润率

| 相关指标 | 2018年度 | 2017年度 | 2016年度 | 2015年度 | 2014年度 | 2013年度 | 2012年度 | 2011年度 | 2010年度 | 2009年度 | 2008年度 | 2007年度 |
|---|---|---|---|---|---|---|---|---|---|---|---|---|
| 毛利率 | 43% | 43% | 43% | 42% | 42% | 41% | 38% | 37% | 40% | 42% | 31% | 36% |
| 归母净利润率 | 20% | 17% | 19% | 19% | 17% | 17% | 15% | 16% | 21% | 18% | 4% | 18% |

我们看到福耀玻璃的毛利率在2008年和2011年有比较明显的下滑。具体是什么原因导致的呢？可以再来观察一下福耀玻璃分产品（主要有汽车玻璃、浮法玻璃等产品）的毛利率，见表6.13。

表 6.13　福耀玻璃分产品的毛利率统计

| 项目 | | 2018年度 | 2017年度 | 2016年度 | 2015年度 | 2014年度 | 2013年度 | 2012年度 | 2011年度 | 2010年度 | 2009年度 | 2008年度 | 2007年度 |
|---|---|---|---|---|---|---|---|---|---|---|---|---|---|
| 汽车玻璃 | 营业收入（万元） | 1 935 188.88 | 1 786 812.31 | 1 614 532.59 | 1 313 775.65 | 1 243 937.67 | 1 091 202.98 | 951 482.91 | 874 834.04 | 756 813.40 | 517 953.00 | 409 585.58 | 355 402.58 |
| | 营业收入趋势百分比 | 545% | 503% | 454% | 370% | 350% | 307% | 268% | 246% | 213% | 146% | 115% | 100% |
| | 毛利率（%） | 35.89 | 36.9 | 37.63 | 37.3 | 37.03 | 36.37 | 34.43 | 34.16 | 35.28 | 37.79 | 33.74 | 35.58 |
| 浮法玻璃 | 营业收入（万元） | 322 052.44 | 289 905.38 | 272 902.57 | 248 524.02 | 212 974.78 | 223 892.70 | 227 182.39 | 192 153.26 | 182 518.62 | 162 197.22 | 229 200.08 | 207 518.67 |
| | 营业收入趋势百分比 | 155% | 140% | 132% | 120% | 103% | 108% | 109% | 93% | 88% | 78% | 110% | 100% |
| | 毛利率（%） | 41.91 | 36.47 | 30.76 | 24.46 | 28.3 | 24.64 | 18.88 | 18.75 | 32.57 | 31.21 | 12.4 | 23.32 |

我们发现2008年浮法玻璃的毛利率有非常明显的下降，这影响了公司整体的盈利情况。在2008年年报中，福耀玻璃披露："公司根据地域竞争格局和市场状况决定暂停部分建筑浮法玻璃业务，保全实力，专注主业汽车玻璃的经营发展。"其后营业收入的规模变化非常明显地体现了公司这一战略决策的执行情况。浮法玻璃的营业收入随后大幅缩减，而毛利率表现良好的汽车玻璃业务则得到大力发展，从而提高了公司2009年和2010年的毛利率。2011年毛利率的下降主要原因也是浮法玻璃毛利率的影响。公司在2011年年报中披露："……由于国家房地产调控，子公司福耀集团通辽有限公司建筑级浮法玻璃产品销售价格大幅下跌……浮法玻璃成本费用率比去年同期上升了14.72个百分点。"

再来观察福耀玻璃不同产品收入占营业收入的百分比，见表6.14。

表 6.14　福耀玻璃分产品收入占比统计

| 收入占比 | 2018年度 | 2017年度 | 2016年度 | 2015年度 | 2014年度 | 2013年度 | 2012年度 | 2011年度 | 2010年度 | 2009年度 | 2008年度 | 2007年度 |
|---|---|---|---|---|---|---|---|---|---|---|---|---|
| 汽车玻璃收入占比 | 97% | 95% | 97% | 97% | 96% | 95% | 93% | 90% | 89% | 85% | 72% | 69% |
| 浮法玻璃收入占比 | 16% | 15% | 16% | 18% | 16% | 19% | 22% | 20% | 21% | 27% | 40% | 40% |

我们看到，基本的趋势就是汽车玻璃收入占总收入的比重在增加，而浮法玻璃收入占比在减少。福耀玻璃及时调整了产品结构，将业务主要集中在毛利率表现比较出色的汽车玻璃上，从而保证公司整体的盈利水平。通过这个例子大家应该能够非常清晰地体会到财务报表

分析对于企业经营的重要性。这个例子也说明了产品组合的调整对企业毛利率有着直接影响。

### 3. 销售模式选择

销售模式没有完全统一的分类概括，不同行业面临的销售渠道和销售模式可能会有细分差异。例如，对于消费品来说，企业可以选择自己直接出售给终端消费者，也可以借助中间经销商来销售。一般来说，如果采用直销模式，毛利率可能较高，但是需要将产品推广和告知给消费者，并且需要维持直营店的经营，可能期间费用率也会比较高；而如果采用通过中间经销商的模式，则需要给经销商让利一部分，毛利率可能较低，但是也会节约部分期间费用。因此，企业销售模式的选择会给毛利率带来影响，在比较同行业不同企业业绩表现时，我们应当关注不同企业的销售模式及其对财务报表影响。

**视野拓展**

**销售模式及其报表反映的合理性分析案例**

### 4. 先天优势与资源禀赋

有时候，同行业中的不同企业先天资源禀赋上的差异会使毛利率不同。这种先天优势，有时候就是“老天赏饭吃”（资源类企业），有时候是自己的核心技术带来的领先优势。案例 6.10 比较了紫金矿业与同行业企业——山东黄金的毛利率表现。

**案例 6.10**

**先天优势与资源禀赋带来的毛利率差异——以紫金矿业和山东黄金为例**

表 6.15 给出了紫金矿业和山东黄金的毛利率与净利润率。

**表 6.15 紫金矿业与山东黄金的毛利率与净利润率**

| 相关指标 | | 2018 年度 | 2017 年度 | 2016 年度 | 2015 年度 | 2014 年度 | 2013 年度 | 2012 年度 | 2011 年度 | 2010 年度 | 2009 年度 | 2008 年度 |
|---|---|---|---|---|---|---|---|---|---|---|---|---|
| 紫金矿业 | 毛利率 | 13% | 14% | 12% | 8% | 13% | 18% | 25% | 31% | 36% | 34% | 39% |
| | 归母净利润率 | 4% | 4% | 2% | 2% | 4% | 4% | 11% | 14% | 17% | 17% | 18% |
| 山东黄金 | 毛利率 | 9% | 9% | 9% | 8% | 7% | 8% | 10% | 11% | 10% | 9% | 9% |
| | 归母净利润率 | 2% | 2% | 3% | 2% | 2% | 2% | 4% | 5% | 4% | 3% | 3% |

可以看到紫金矿业毛利率由 2008 年百分之三十多降至百分之十几，但仍是高于山东黄金的。紫金矿业毛利率的下降主要是业务结构变化导致的，其业务中矿山产金占比逐年缩小，而冶炼加工的比重逐年增大，这两者的毛利率差异是非常巨大的（表 6.16 显示了 2018 年收入的分产品情况）。营业收入中不同业务占比发生变化，导致了综合毛利率随之发生变化。这与前文中论述的“产品组合选择”内容是一致的。

**表 6.16 紫金矿业 2018 年年报中的主营业务分产品情况**

（金额单位：万元）

| 主营业务 | 营业收入 | 营业成本 | 毛利率（%） | 营业收入比上年增减（%） | 营业成本比上年增减（%） | 毛利率比上年增减（%） |
|---|---|---|---|---|---|---|
| 矿山产金 | 910 774 | 625 058 | 31.37 | −2.28 | 1.54 | 减少 2.58 个百分点 |
| 冻炼加工及贸易金 | 5 559 990 | 5 545 931 | 0.25 | 14.79 | 15.13 | 减少 0.30 个百分点 |

续表

| 主营业务 | 营业收入 | 营业成本 | 毛利率（%） | 营业收入比上年增减（%） | 营业成本比上年增减（%） | 毛利率比上年增减（%） |
|---|---|---|---|---|---|---|
| 矿山产银 | 50 516 | 38 235 | 24.31 | −16.26 | 4.12 | 减少 14.81 个百分点 |
| 矿山产铜 | 881 965 | 441 427 | 49.95 | 23.13 | 24.78 | 减少 0.66 个百分点 |
| 冶炼产铜 | 1 896 420 | 1 829 226 | 3.54 | 5 | 7.27 | 减少 2.04 个百分点 |
| 矿山产锌 | 401 176 | 139 052 | 65.34 | −1.35 | 2.81 | 减少 1.40 个百分点 |
| 冶炼产锌 | 368 919 | 357 128 | 3.2 | −7.04 | −1.12 | 增加 5.79 个百分点 |
| 铁精矿 | 145 137 | 42 029 | 71.04 | 29.98 | 11.13 | 增加 4.91 个百分点 |
| 其他 | 3 083 736 | 2 879 518 | 6.62 | 32.83 | 33.77 | 减少 0.66 个百分点 |
| 内部抵消数 | −2 699 208 | −2 632 467 | | | | |
| 合并数 | 10 599 425 | 9 265 137 | 12.59 | 12.11 | 13.86 | 减少 1.35 个百分点 |

再来看一下 2018 年山东黄金披露的主营业务分产品情况，如表 6.17 所示。

**表 6.17　山东黄金 2018 年年报中的主营业务分产品情况**

（金额单位：元）

| 主营业务 | 营业收入 | 营业成本 | 毛利率（%） | 营业收入比上年增减（%） | 营业成本比上年增减（%） | 毛利率比上年增减 |
|---|---|---|---|---|---|---|
| 黄金 | 10 578 215 813.06 | 6 052 802 123.31 | 42.78 | 8.41 | 11.73 | 减少 1.70 个百分点 |
| 外购金 | 26 999 800 664.84 | 26 953 142 968.69 | 0.17 | −7.73 | −7.58 | 减少 0.17 个百分点 |

比较一下两家企业在矿山产金这块业务上的毛利率，山东黄金的毛利率较高（42.78%），可能与矿山地质结构、矿石品质、采掘技术都有关系，这里能够体现前文说的“老天赏饭吃”先天优势的特点。而在冶炼金（对应于山东黄金的外购金）这块业务上，历年来看，紫金矿业的毛利率是高于山东黄金的，可能是紫金矿业在冶炼上有一定的技术优势，也或许与冶炼金的品质有关。总之，大家应当了解，企业掌握的技术优势或者先天资源禀赋等都会影响其毛利率表现。

5. 关联交易策略

视野拓展

证监会反馈意见中对毛利率的关注——以天普橡胶为例

从上市公司母公司的角度来看，上市公司母公司可能为了达到某些目的，操纵上市公司的财务报表，有可能通过上市公司的关联方给上市公司输送利益，也有可能反向操作。这些关联交易有可能通过收入、成本体现出来（会影响毛利率），也有可能通过财务报表其他项目（例如投资收益等）体现出来（不影响毛利率）。这样的例子非常多。阅读证监会给拟上市公司首次公开发行股票申请文件的反馈意见（证监会官网—发行部—首次公开发行反馈意见）可以发现，关于关联交易和毛利率的相关问题一般都会被多次提及，是重点审核的地方。

如果一个企业与关联方之间频繁交易，那么其业绩的可靠性和真实性可能就大打折扣了。关联交易的安排可能会扭曲企业真实的盈利水平（包括毛利率）。关于关联方和关联方交易在本书第十一章进一步讲解。

6. 产品积压

产品积压可能会导致毛利率升高。这主要是由于会计核算上固定的制造费用要分摊到产成品上，如果当期产成品积压了，那么分摊的单位固定制造费用就会变小，使得总单位成本变小。此时，如果产品卖出去了，可能会体现出较高的毛利率。所以毛利率提高并不意味着一定是好事。在产品积压（存货额上升）这种情况下，一定伴随的是收入的下降和产品的滞销。所以财务报表分析绝不能仅看单个指标就匆忙得出结论。

### 案例 6.11

**产品积压导致的毛利率提高——以某造纸业上市公司为例**

某造纸业上市公司某年报告的分产品新闻纸毛利率如表 6.18 所示。

**表 6.18　某纸业公司新闻纸毛利率**

（单位：%）

| | 一季报 | 半年报 | 三季报 | 年报 |
|---|---|---|---|---|
| 新闻纸 | 29.78 | 36.25 | 31.23 | 30.65 |

我们看到半年报时新闻纸的毛利率很高，后面又降了下来。

根据各期报表披露的新闻纸营业收入和成本，计算得到单季度新闻纸的毛利率，见表 6.19。

**表 6.19　某纸业公司单季度新闻纸毛利率**

（单位：%）

| | 第一季度 | 第二季度 | 第三季度 | 第四季度 |
|---|---|---|---|---|
| 新闻纸 | 29.78 | 64.18 | 21.97 | 28.87 |

可见第二季度的时候，新闻纸的毛利率非常高。但是同时期新闻纸市场价格是下降的，并且进口纸浆的价格是上升的。结合这些情形分析，第二季度新闻纸毛利率的上升非常奇怪。再结合新闻纸单季度的收入分析，见表 6.20。

**表 6.20　某纸业公司单季度新闻纸收入**

（金额单位：万元）

| | 第一季度 | 第二季度 | 第三季度 | 第四季度 |
|---|---|---|---|---|
| 新闻纸 | 24 724 | 5 727 | 16 495 | 15 122 |

我们看到第二季度新闻纸的销售收入下降幅度非常大。在收入下降的情况下，毛利率飙升。我们应当想到造成这种情况的一种可能性就是存货积压。那么就来看一下存货的情况。翻查各季度报表，存货没有按照产品的明细分类给出金额，我们可以看到存货总额以及产成品总额的情况，如表 6.21 所示。

**表 6.21　某纸业公司存货及产成品的金额**

（金额单位：元）

| | 上年年末 | 一季度末 | 半年末 | 三季度末 | 本年年末 |
|---|---|---|---|---|---|
| 存货 | 527 594 704 | 728 727 806 | 1 082 852 161 | 1 079 148 863 | 1 045 831 132 |
| 其中：产成品 | 137 419 775 | – | 513 618 673 | – | 426 475 714 |

**微课堂**
**产品积压带来的毛利率提高**

在表 6.21 中，我们看到存货以及产成品的金额在第二季度急剧增加。虽然我们从公开资料没有找到新闻纸的具体产量和金额，但可以合理猜测新闻纸的产量在第二季度急剧增加。这个案例就是我们说的存货积压导致毛利率提高的情况。

对于高固定成本的重资产企业来说，通过一定时期的超量生产，可以压低单位成本，从而人为提高毛利率。如果期末存货增长，伴随收入增长、毛利率提高，倒也不算坏事；但如果期末存货增长，伴随收入减少、毛利率提高，就需要仔细再看看。

### （三）会计处理

毛利率除了与行业相关、企业战略及其执行效果导致的变动之外，有时候毛利率的变动可能纯粹是由会计处理带来的。本书具体从会计分类和会计政策两个方面来谈。

#### 1. 会计分类

当一个企业对其收入或者成本所包含的内容进行调整的时候，可能会给毛利率带来影响。当一个企业与同行业其他企业在收入或者成本所包含的内容上不一致的时候，也会给毛利率分析带来一定影响。案例 6.12 比较了五粮液和洋河股份的毛利率。

### 案例 6.12

**五粮液与洋河股份的毛利率**

先来对比看一看五粮液和洋河股份的毛利率与净利润率，如表 6.22 所示。

**表 6.22　五粮液与洋河股份的毛利率与净利润率**

| 相关指标 | 2018 | 2017 | 2016 | 2015 | 2014 | 2013 | 2012 | 2011 | 2010 | 2009 |
|---|---|---|---|---|---|---|---|---|---|---|
| 五粮液毛利率 | 74% | 72% | 70% | 69% | 73% | 73% | 71% | 66% | 69% | 65% |
| 五粮液归母净利润率 | 33% | 32% | 28% | 29% | 28% | 32% | 37% | 30% | 28% | 29% |
| 洋河股份毛利率 | 74% | 66% | 64% | 62% | 61% | 60% | 64% | 58% | 56% | 58% |
| 洋河股份归母净利润率 | 34% | 33% | 34% | 33% | 31% | 33% | 36% | 32% | 29% | 31% |

从表 6.22 中，我们看到 2018 年之前五粮液的毛利率高于洋河股份，除了前面提到的公司战略及其执行效果等因素的影响之外，此处我们讨论会计分类不同带来的影响。

先来看一下洋河股份 2018 年报中披露的营业成本的构成，如表 6.23 所示。

**表 6.23　洋河股份 2018 年年报中的营业成本构成**

（金额单位：元）

| 项目 | 2018 年 | | 2017 年 | | 同比增减 |
|---|---|---|---|---|---|
| | 金额 | 占营业成本比重 | 金额 | 占营业成本比重 | |
| 直接材料 | 4 397 294 002.46 | 69.21% | 4 243 329 762.51 | 63.51% | 3.63% |
| 直接人工 | 597 717 848.21 | 9.41% | 541 519 432.79 | 8.11% | 10.38% |
| 燃料动力 | 246 871 521.50 | 3.89% | 212 403 387.26 | 3.18% | 16.23% |
| 制造费用 | 280 144 635.22 | 4.41% | 263 652 646.09 | 3.95% | 6.26% |

续表

| 项目 | 2018 年 | | 2017 年 | | 同比增减 |
|---|---|---|---|---|---|
| | 金额 | 占营业成本比重 | 金额 | 占营业成本比重 | |
| 消费税及附加 | 5 389 438.53 | 0.08% | 1 024 857 867.32 | 15.34% | −99.47% |

说明：公司白酒消费税的缴纳方式从 2017 年 9 月 1 日起由受托方代扣代缴改为由白酒生产企业直接缴纳，消费税的核算方式由委托加工计入白酒生产成本，改为由白酒生产单位自行生产销售计入税金及附加，致使 2018 年酒类营业成本中消费税及附加占比大幅度下降。

我们看到洋河股份的营业成本当中包含消费税。从表 6.23 下面的说明可以看出，原来洋河股份受托方代扣代缴的消费税是计入生产成本的，2017 年 9 月 1 日起，消费税计入税金及附加。这导致了营业成本包含的范围发生变化，直接使得洋河股份的毛利率得到提高，从 2017 年的 66%升至 2018 年的 74%。比较看一下五粮液营业成本的构成，见表 6.24。

**表 6.24　五粮液 2018 年年报中的营业成本构成**

（金额单位：元）

| 项目 | 2018 年 | | 2017 年 | | 同比比重增减 |
|---|---|---|---|---|---|
| | 金额 | 占营业成本比重 | 金额 | 占营业成本比重 | |
| 原材料 | 5,376,901,123.42 | 51.27% | 4,259,229,150.23 | 50.40% | 0.87% |
| 人工工资 | 3,144,553,451.80 | 29.99% | 2,242,259,829.88 | 26.54% | 3.45% |
| 能源 | 825,023,634.74 | 7.87% | 776,375,034.99 | 9.19% | −1.32% |
| 制造费用 | 1,140,304,724.31 | 10.87% | 1,172,223,256.26 | 13.87% | −3.00% |

从表 6.24 可以看出五粮液的营业成本中是不含消费税的，五粮液将所有的消费税都放在“税金及附加”项目里面反映。这样的分类对营业利润和净利润没有影响，但是对毛利率显然是有影响的。2018 年洋河股份也将大部分的消费税计入税金及附加，不再计入营业成本，使得毛利率得到提升。应该说，这个会计分类的差异消除之后，洋河股份与五粮液的毛利率更加可比了。

### 2. 会计政策

其实会计分类的变更或者与同行的不可比，广义上也可以归类为会计政策导致的毛利率不可比现象。本书为了强调它，而专门将会计分类单列。对于单个企业来说，会计政策变更如果给收入或者成本的确认带来变动，那么势必就会影响毛利率的计算。对于同行业不同企业来说，这些不同企业运用不同的影响收入和成本的会计政策，势必会影响毛利率在同行之间的可比性。案例 6.13 比较了格力电器和美的集团的毛利率。

### 案例 6.13

**格力电器与美的集团的毛利率**

先来对比分析格力电器和美的集团的毛利率与净利润率，如表 6.25 所示。

表 6.25　格力电器与美的集团的毛利率与净利润率

| 相关指标 | | 2018 | 2017 | 2016 | 2015 | 2014 | 2013 |
|---|---|---|---|---|---|---|---|
| 格力电器 | 毛利率 | 30% | 33% | 33% | 32% | 36% | 32% |
| | 归母净利润率 | 13% | 15% | 14% | 13% | 10% | 9% |
| 美的集团 | 毛利率 | 28% | 25% | 27% | 26% | 25% | 23% |
| | 归母净利润率 | 8% | 7% | 9% | 9% | 7% | 4% |

从表 6.25 我们观察到总体上格力电器的毛利率高于美的集团。影响毛利率的因素有很多，前面已经分析过的细分行业、竞争战略、产品结构、销售模式上的不同都会造成这两家企业毛利率的差异。此处从会计处理的角度来分析，我们来比较一下两家企业在销售返利上的会计政策是否相同。

格力电器计提有大量的销售返利。计提销售返利的会计分录是借记“销售费用”科目，贷记“其他流动负债”科目。也就是说格力电器计提的销售返利是计入销售费用的。我们在格力电器年报的报表附注中可以找到相应的披露。例如，2018 年年报其他流动负债的报表附注披露见表 6.26。

表 6.26　格力电器 2018 年年报中披露的其他流动负债报表附注

（金额单位：元）

| 项目 | 期末余额 | 期初余额 |
|---|---|---|
| 安装维修费 | 1 405 491 811.34 | 1 335 278 729.97 |
| 销售返利 | 61 878 214 635.10 | 59 466 494 101.10 |
| 其他 | 77 892 318.52 | 110 447 319.75 |
| 合计 | 63 361 598 764.96 | 60 912 220 150.82 |

可见，格力电器计提的销售返利构成了其他流动负债的绝大部分。而 2018 年年报销售费用的报表附注中有这样的披露，见表 6.27。

表 6.27　格力电器 2018 年年报中披露的销售费用报表附注

（金额单位：元）

| 项目 | 本期发生额 | 上期发生额 |
|---|---|---|
| 销售费用 | 18 899 578 046.25 | 16 660 268 494.07 |
| 合计 | 18 899 578 046.25 | 16 660 268 494.07 |

说明：2018 年度，销售费用主要为安装维修费、销售返利及宣传推广费，占销售费用总额比例超过 80%。

可见，格力电器计提的销售返利是算作销售费用的。作为比较，我们可以关注一下美的集团对销售返利的会计政策。美的集团只在其他流动负债的报表附注中有关于销售返利的披露，见表 6.28。

表 6.28　美的集团 2018 年年报中披露的其他流动负债报表附注

（金额单位：元）

| 项目 | 2018 年 12 月 31 日 | 2017 年 12 月 31 日 |
|---|---|---|
| 预提销售返利 | 19 583 366 | 17 240 015 |
| 预提安装维修费 | 5 634 323 | 4 171 520 |

续表

| 项目 | 2018 年 12 月 31 日 | 2017 年 12 月 31 日 |
|---|---|---|
| 预提促销费 | 1 780 246 | 1 288 509 |
| 预提运输费 | 688 536 | 596 877 |
| 其他 | 3 633 238 | 2 961 069 |
| 合计 | 31 319 709 | 26 257 990 |

从表 6.28 我们可以看出，美的集团计提的销售返利“贷方”也是记入了“其他流动负债”科目的。那么借方记入了什么科目呢？从年报的披露来看，我们无法得出答案。销售费用的报表附注并没有明确说明。由于实务中还存在将销售返利冲减营业收入的做法，因此美的集团也有可能是将返利冲减收入，但是在报表附注中我们无法找到明确的证据。如果美的集团的返利是冲减收入，那么就与格力电器计入销售费用的做法不同，而导致毛利率的不可比。

此外，存货计价方式会影响营业成本的确认和计量，从而影响毛利率在不同企业间的比较。美的集团在年报中披露存货采用先进先出法进行计价，而格力电器在年报中没有明确说明存货的计价方式。所以，我们并不知道这两家公司在存货计价方式这个会计政策上是不是可比的。再想一想那些计入成本的折旧和摊销，企业关于折旧摊销的会计政策变动也会导致毛利率的不可比。

对于外部分析而言，我们无法得到详尽的数据进行报表调整。所以，在外部分析时，我们往往拉长观察的时间、拉宽对比的范围，看总体印象，看总的趋势，运用模糊运算和直觉，辅以其他信息，作出判断。

# 第四节　净利润的分类与分析

利润表上用权责发生制表达了企业经营的结果——净利润。因此，要对经营结果分析必然要对净利润展开分析。分析净利润，可以观察净利润率的变动，还可以关注收入的来源和质量、毛利的构成和变动、利润的来源（经营性利润、投资性利润）和质量等，即前三节讲解的内容。除此之外，在利润表中，企业披露净利润时还按照两种口径将净利润进行了区分。第一，按照所有权归属分类为“归属于母公司股东的净利润”和“少数股东损益”；第二按照经营持续性分类为“持续经营净利润”和“终止经营净利润”。这样的分类披露非常有助于我们对净利润的进一步分析。

## 一、归母净利润与少数股东损益

合并报表中净利润会按照净利润的所有权归属分类为“归属于母公司股东的净利润”和“少数股东损益”。这主要是由于子公司的股权中除了有母公司的股权投资之外，还可能有其他股东的投入，因此，子公司的利润中就有属于这些少数股东的一部分。在合并报表的时候，属于少数股东的权益体现在合并资产负债表的“少数股东权益”，而属于少数股东的利润则体现在合并利润表的“少数股东损益”。

为什么要将净利润区分为归属于母公司和归属于少数股东的呢？这是因为对于母公司的股东而言，他们能够分享的仅仅只是归属于母公司的利润。例如，对于上市公司来说，要根

视野拓展

乐视网 2016 年年报中合并净利润为负但归母净利润为正的案例解读

据净利润计算每股收益、净资产收益率、市盈率等指标，这些指标中都涉及净利润。这时候就必须使用“归母净利润”，因为，只有这部分利润是属于上市公司和它的股东的。

由于集团内母公司的控制地位，它可以通过关联交易、内部交易等将净利润选择性地保留在母公司或者子公司，再通过设计投资股权比例等操作实现对归母净利润的操纵。例如，2016 年乐视网的合并报表中，合并净利润是−2.2 亿元，但是归母净利润是 5.5 亿元，少数股东损益是−7.7 亿元。

## 二、持续经营与终止经营净利润

利润表中，净利润按照经营持续性进行分类列报，列示“持续经营净利润”和“终止经营净利润”，这是 2017 年之后新增的报表项目。这个报表项目的出现主要根据《企业会计准则第 42 号——持有待售的非流动资产、处置组和终止经营》的相关规定列报。

何谓“终止经营”？准则规定满足下列条件之一的、能够单独区分的组成部分，且该组成部分已经处置或划分为持有待售类别，就构成了“终止经营”：该组成部分代表一项独立的主要业务或一个单独的主要经营地区；该组成部分是拟对一项独立的主要业务或一个单独的主要经营地区进行处置的一项相关联计划的一部分；该组成部分是专为转售而取得的子公司。即终止经营的部分是“构成业务”的部分。所谓“构成业务”是指企业内部某些生产经营活动或资产负债的组合，该组合具有投入、加工处理和产出能力，能够独立计算其成本费用或所产生的收入。

第 42 号准则第二十四条明确规定，企业应当在利润表中分别列示持续经营损益和终止经营损益。不符合终止经营定义的持有待售的非流动资产或处置组，其减值损失和转回金额及处置损益应当作为持续经营损益列报。终止经营的减值损失和转回金额等经营损益及处置损益应当作为终止经营损益列报。即“终止经营净利润”由“构成业务”的终止经营部分的两块损益组成：其一是这部分业务在本会计期间内的经营损益，其二是处置这部分业务发生的损益。

终止经营净利润是预期未来不会重复发生的利润，它的单独披露对于我们预测企业未来盈利能力很有帮助。

## 本章小结

本章对利润表的主要分析事项进行了剖析。营业收入的来源可以通过观察年报中披露的主营业务分行业、分产品、分地区情况得到。由于营业收入奠定了利润表的基调，有些公司存在虚增收入的动机和想法。收入操纵既可能基于真实存在的业务，也可能通过虚构业务进行。利润表中的营业利润包含内容十分广泛，包括经营活动、投资活动和筹资活动的结果，当我们聚焦分析企业经营活动盈利能力的时候，需要通过计算经营性利润进行分析。利润表中分析盈利能力的第一步是毛利率，而影响企业毛利率的因素可能有行业特性、企业战略选择及其执行效果以及会计处理等因素。对净利润的分析除了关注净利润的形成过程（上述收入分析、毛利率分析、经营性利润分析等），还需要关注净利润的结果（对净利润率的分析）。净利润在列报时按照两个不同口径列报，按“所有权归属”列报和按“经营持续性”列报。这些信息对于我们理解集团内部利益安排和预测企业未来盈利能力都十分有帮助。

## 综合练习题

### 一、单选题

1. 经营主导型企业依托自身的经营活动，以经营性资产为基础，经营结果体现为利润表上的（　　）和现金流量表上的经营活动产生的现金流量净额。

A. 营业利润　B. 息税前利润　C. 利润总额　D. 毛利　E. 经营性利润

2. 下列关于毛利（或毛利率）的说法，不准确的是（　　）。

A. 毛利等于营业收入减去营业成本

B. 毛利率等于毛利除以营业收入

C. 毛利率分析是利润表盈利能力分析的第一步，必须对所有企业进行毛利率分析

D. 毛利率在不同行业之间会存在差异

3. 上市公司合并报表中披露的“归属于母公司股东的净利润”不被用于计算下列哪个指标（　　）。

A. 每股收益　B. 净资产收益率　C. 市盈率　D. 利息保障倍数

4. 在对利润表进行分析时，下列哪一项表述不准确？（　　）

A. 需要对收入的来源与质量进行判断

B. 需要关注利润的形成过程，对毛利率、经营性利润、投资性利润等进行分析

C. 关注净利润的结果，一般认为持续经营净利润与扣除非经常性损益净利润是一个概念

D. 将净利润按照所有权归属分类列示，有助于上市公司股东计算其能够分享的利润及相关指标，也有助于我们从一个侧面分析集团内部的利益安排

5. 当调整产品组合时，关于企业毛利率的说法正确的是（　　）。

A. 当毛利率高的产品在组合中收入占比上升时，企业毛利率会上升

B. 当毛利率高的产品在组合中收入占比下降时，企业毛利率不一定下降

C. 当毛利率低的产品在组合中收入占比上升时，企业毛利率会上升

D. 当毛利率低的产品在组合中收入占比下降时，企业毛利率不一定上升

### 二、判断题

1. 与净利润比较而言，营业收入的操纵成本较高。（　　）
2. 利润表上的营业利润代表企业在经营活动中的盈利能力。（　　）
3. 服务业企业的毛利率存在不可比的现象。（　　）
4. 实行低成本战略的企业一定会表现为毛利率较低。（　　）
5. 上市公司列报的每股收益、净资产收益率等指标中涉及的净利润均指合并净利润。（　　）

### 三、简答题

1. 请简述虚增收入的几种情况。
2. 什么是经营性利润？如何计算经营性利润？
3. 请简要描述影响毛利率的因素。

# 第七章　对经营结果的分析——现金流量表分析

【知识目标】

1. 了解三种活动的现金流量及其战略含义。
2. 掌握企业生命周期各个阶段的财务报表特征。
3. 掌握企业常用的经营活动现金流量操纵手段。

【技能目标】

1. 能够解读经营活动现金流量金额与净利润之间的差异。
2. 能够将投资活动现金流量分为三类，并对当期企业战略变化特点进行分析。
3. 能够将筹资活动现金流量分为两类，并对筹资战略进行分析。
4. 能够根据企业财务数据，对企业所处生命周期进行判断。
5. 能够识别常见的经营活动现金流量操纵手段。

【关键术语】

现金流量表、经营活动、投资活动、筹资活动、企业生命周期

引例

**科大讯飞的利润和现金流量**

科大讯飞成立于1999年,目前主要从事智能语音及语言技术研究、软件及芯片产品开发、语音信息服务及电子政务系统集成。2019 年科大讯飞营业收入为 100.79 亿元，较上年同比增长 27.30%；实现归属于上市公司股东的净利润 8.19 亿元，同比增长 51.12%；扣除非经常性损益后净利润 4.89 亿元，同比增长 83.52%。经营活动产生的现金流量净额为 15.31 亿元，属历史最好水平。受新冠肺炎疫情影响，公司一季度净利润亏损 1.31 亿元，上年同期为盈利 1.02 亿元；一季度经营活动现金流量净额为-7.84 亿元，去年同期为-5.34 亿元。

**启发思考**：什么原因导致净利润与经营活动现金流量净额产生差异？为什么人们如今非常重视现金流量数据？

## 第一节　现金流量及其战略含义

现金流量表将现金流量分为三大类列示——经营活动现金流量、投资活动现金流量和筹

资活动现金流量。下面我们分别来了解一下这三种不同现金流量的战略含义。

## 一、经营活动现金流量及其战略含义

不同行业的企业由于行业特性不同，对经营活动的认定存在一定差异。例如，对于房地产企业来说，其经营活动主要包括销售房屋、接受劳务、支付开发建设费和支付税费等。通常，与日常经营购销业务有关的现金流量都要在经营活动中反映。

列报经营活动现金流量的方法有两种：直接法和间接法。在本书第二章给出了直接法下的经营活动现金流量与间接法下的经营活动现金流量。运用直接法编报的现金流量表，有利于我们分析企业经营活动产生的现金流量的来源与用途,并且可以用于预测未来的现金流量。运用间接法编报的现金流量表，则有利于我们将净利润与经营活动产生的现金流量净额进行比较，从而了解二者产生差异的原因，从现金流量的角度分析利润质量。我国的现金流量表主表中使用直接法列示各项具体的经营活动现金流入和流出，在附注附表中给出间接法下的经营活动现金流量。

通常来说，经营活动现金流量净额越大越好。第九章也会涉及使用“经营活动现金流量净额”数据的比率，例如现金充足率、净利润的现金含量等。这些指标的分子都使用“经营活动产生的现金流量净额”。现金充足率的分母采用投资活动和筹资活动中最主要的现金支出项，这个比率可以反映经营活动现金流量对这些现金需求的满足程度。净利润的现金含量的分母使用净利润，这个比率方便我们分析净利润与经营活动现金流量之间的关系，用于评价利润质量。

通常来说，只有处于萌芽期或者成长期早期的企业，经营活动现金流量净额为负是正常的。对于成长期晚期和成熟期的企业来说，经营活动现金流量净额应该为正，并且越大越好。

## 二、投资活动现金流量及其战略含义

投资活动是指企业长期资产的购建和不包括在现金等价物范围的投资及其处置活动。这里的长期资产是指固定资产、无形资产、在建工程和其他资产等持有期限在一年或一个营业周期以上的资产。因此，现金流量表中的投资活动既包括实物资产投资，也包括金融资产投资。这里将“包括在现金等价物范围的投资”排除在外是因为现金等价物范围内的投资被视同现金。

在分析中，我们可以将投资活动的现金流量根据其具体性质再区分为三种不同的现金流量。

> **视野拓展**
> 投资活动中现金流量表的披露格式

（1）与长期经营性资产相关的现金流入流出，具体项目体现为“处置固定资产、无形资产和其他长期资产收回的现金净额”和“购建固定资产、无形资产和其他长期资产支付的现金”。

（2）与长期股权投资相关的现金流入流出。合并报表上的长期股权投资仅包括对集团外联营企业、合营企业的投资，母公司报表上的长期股权投资包括母公司对子公司，以及母公司对联营企业、合营企业的投资。具体项目体现在“处置子公司及其他营业单位收到的现金净额”与“取得子公司及其他营业单位支付的现金净额”。

（3）与投资理财相关的现金流入流出。与投资理财相关的现金流入流出主要是企业进行

微课堂

投资活动现金流量的三种分类

金融资产的投资产生的现金流入流出。具体项目体现在“收回投资收到的现金”和“投资支付的现金”。

上面分类分析中，没有涉及的项目有“取得投资收益收到的现金”“收到其他与投资活动有关的现金”以及“支付其他与投资活动有关的现金”。由于“取得投资收益收到的现金”既有长期股权投资带来的部分，也有金融资产带来的部分，因此可以根据该项目的报表附注再将其做明细分类。两个“其他”项也需要通过观察报表附注内容来决定如何分类。

分析时，可以将投资活动现金流量进行重构，将其分为以上三种不同的投资活动现金流量进行分析。表 7.1 列示了对现金流量表投资部分的重构格式。

**表 7.1　对现金流量表投资活动部分的重构**

| | | |
|---|---|---|
| 二、投资活动产生的现金流量 | | |
| 第一类：与长期经营性资产相关的现金流入流出 | | |
| 现金流入：处置固定资产、无形资产和其他长期资产收回的现金净额 | | |
| 现金流出：购建固定资产、无形资产和其他长期资产支付的现金 | | |
| 与长期经营性资产相关的现金流量净额 | | |
| 第二类：与长期股权投资相关的现金流入流出 | | |
| 现金流入：处置子公司及其他营业单位收到的现金净额 | | |
| 现金流出：取得子公司及其他营业单位支付的现金净额 | | |
| 与长期股权投资相关的现金流量净额 | | |
| 第三类：与投资理财相关的现金流入流出 | | |
| 现金流入：收回投资收到的现金 | | |
| 现金流出：投资支付的现金 | | |
| 与投资理财相关的现金流量净额 | | |
| 以下三项需要根据报表附注填列： | | |
| 取得投资收益收到的现金 | | |
| 收到其他与投资活动有关的现金 | | |
| 支付其他与投资活动有关的现金 | | |
| 投资活动产生的现金流量净额 | | |

一般来讲，重构之后，可以分别观察三类投资活动。若其现金流量净额为正，说明在该种投资活动上企业当年收缩了规模；其现金流量净额为负，则说明在该种活动上企业当年扩张了规模。这种分类分析，对于理解当年企业在战略上的调整变化是非常有帮助的。

视野拓展

筹资活动中现金流量表的披露格式

## 三、筹资活动现金流量及其战略含义

筹资活动是指导致企业资本及债务规模和构成发生变化的活动。这里的资本，既包括实收资本（股本），也包括资本溢价（股本溢价）；这里的债务是指对外举债，包括向银行借款、发行债券以及偿还债务等。通常情况下，应付账款、应付票据等商业应付款属于经营活动，不属于筹资活动。

筹资活动的现金流量往往是适应性的，是为了适应企业经营活动和投资活动的需要而变化的。分析时，可以将筹资活动现金流量区分为与股东相关的现金流量和与债权人相关的现金流量两类。

（1）与股东相关的现金流入流出。其具体包括“吸收投资收到的现金”和“分配股利、利润或偿付利息支付的现金”中属于分配股利或利润的部分。

（2）与债权人相关的现金流入流出。具体包括“取得借款收到的现金”“偿还债务支付的现金”和“分配股利、利润或偿付利息支付的现金”中属于支付利息的部分。

至于筹资活动中的“其他”项，则需要根据报表附注披露的内容来判断是归入第一类还是第二类。通过分类分析，可以更清楚地看到当期企业在筹资战略上的执行结果。对现金流量表筹资活动部分的重构，参见表 7.2。

**表 7.2　对现金流量表筹资活动部分的重构**

| | | |
|---|---|---|
| 三、筹资活动产生的现金流量 | | |
| 第一类：与股东相关的现金流入流出 | | |
| 现金流入：吸收投资收到的现金 | | |
| 现金流出：分配股利、利润支付的现金 | | |
| 与股东相关的现金流量净额 | | |
| 第二类：与债权人相关的现金流入流出 | | |
| 现金流入：取得借款收到的现金 | | |
| 现金流出：偿还债务支付的现金 | | |
| 偿付利息支付的现金 | | |
| 与债权人相关的现金流量净额 | | |
| 以下项目需要根据报表附注填列到上面分类中 | | |
| 收到其他与筹资活动有关的现金 | | |
| 支付其他与筹资活动有关的现金 | | |
| 筹资活动产生的现金流量净额 | | |

总之，经营活动现金流量为正，并且越大表明企业的赚钱能力越强；投资活动则与企业的长期战略决策密切相关，需要区分情况分析；筹资活动则是适应性的，适应经营活动和投资活动的需要。

## 四、现金流量表的编制在不同准则下的差异

在观察现金流量表在不同准则体系下的编制时，可能会发现有一些细微差异。例如美国公认会计原则允许公司用直接法编制现金流量表，但是并不强制使用直接法。所以，在实践中绝大多数的上市公司在年报中使用间接法编制现金流量表。而适用国际会计准则的国家的上市公司则更普遍地使用直接法编制现金流量表。例如，我国就要求上市公司使用直接法编制现金流量表，并同时要求在报表附注中披露间接法下的经营活动现金流量净额。

此外，对于某些特定的现金流量到底应当归属于三类现金流量中的哪一类，不同准则下有一些差异。例如，对于收到的利息和股利、支付的利息和股利、支付的所得税等现金流量的处理，准则之间有差异，具体参见表 7.3。

**表 7.3　一些现金流量项目列报的准则间差异**

| 现金流量项目 | 美国公认会计原则 | 国际会计准则[①] | 我国会计准则 |
|---|---|---|---|
| 收到的利息和股利 | 经营活动现金流量 | 经营活动或者投资活动均可。<br>36%的受访公司表示将收到的利息作为投资活动；40%的受访公司将收到的股利作为投资活动 | 投资活动现金流量 |
| 支付的利息 | 经营活动现金流量 | 经营活动或者筹资活动均可。<br>29%的受访公司将支付的利息作为筹资活动。 | 筹资活动现金流量 |
| 支付的企业所得税 | 经营活动现金流量（其中包括了投资活动和筹资活动带来的企业所得税影响） | 经营活动现金流量，除非能够区分投资活动和筹资活动的企业所得税影响。<br>100%的受访企业表示作为经营活动现金流量处理 | 经营活动现金流量 |
| 支付的股利 | 筹资活动现金流量 | 经营活动或者筹资活动均可。<br>97%的受访企业表示将其划分为筹资活动 | 筹资活动现金流量 |

在对不同准则体系下编制的现金流量表进行比较的时候，需要结合不同分类造成的不可比现象进行调整。

# 第二节　生命周期与现金流量

处于不同生命周期阶段的企业具有不同的现金流量特征。下面我们来具体看一下生命周期与现金流量特征之间的关系。

## 一、企业生命周期理论

视野拓展

对企业生命周期理论的进一步细分研究

所谓企业生命周期，是指企业从萌芽诞生、成长壮大、衰退微弱到最终死亡的过程。虽然不同企业的寿命有长有短，但各个企业在生命周期的不同阶段表现出来的特征却具有某些共性。本节从财务报表的角度来解读处于不同阶段企业的财务报表共性，以便于分析者判断企业所处生命周期阶段，对企业所处状态形成更清晰的认识。本书按照传统的生命周期理论，将企业所处阶段划分为萌芽期、成长期、成熟期和衰退期。

## 二、生命周期与现金流量特征

下面从规模、盈利状态、经营活动现金流量、投资活动现金流量和筹资活动现金流量五个方面来总结企业生命周期与财务报表特征之间的关系，参见表 7.4。

**表 7.4　企业生命周期与财务报表特征之间的关系**

| 所处阶段 | 规模 | 盈利状态 | 经营活动现金流量 | 投资活动现金流量 | 筹资活动现金流量 |
|---|---|---|---|---|---|
| 萌芽期 | 资产规模和收入规模较小 | 往往亏损 | 往往是负数 | 往往是负数 | 往往是正数 |

① 数据来源于 2011 年美国注册会计师协会的统计。

续表

| 所处阶段 | 规模 | 盈利状态 | 经营活动现金流量 | 投资活动现金流量 | 筹资活动现金流量 |
|---|---|---|---|---|---|
| 成长期 | 规模迅速扩张，资产规模和收入规模增速很快 | 往往亏损，有可能在成长期后期实现盈利 | 往往是负数，由于企业规模急速扩张，各种经营性支出激增。可能在成长期后期转为正数 | 往往是巨大的负数，正处于“跑马圈地”的时期，长期资产上的投入激增，推动企业快速发展 | 往往是巨大的正数。经营活动和投资活动都需要资金，需要筹资活动筹集资金 |
| 成熟期 | 规模的增速开始放缓，甚至停止增长 | 利润增速放缓，或者停止增长 | 非常充裕 | 需要进行分类和仔细分析 | 往往是比较大的现金流出 |
| 衰退期 | 规模逐渐萎缩 | 盈利状况不佳，在微利与亏损之间摇摆 | 出现负数 | 企业缩减在长期经营性资产上的投资活动现金流出，甚至该类现金流量净额变成正数 | 与股东相关的现金流入流出几乎停止 |

萌芽期企业刚刚起步经营，商业模式还没有得到验证或者正在验证过程中。财务报表的特点往往是规模较小，仍然亏损；经营活动现金流量净额往往是负数；投资活动现金流量净额也往往是负数，因为需要加大投入；筹资活动现金流量净额往往是正数，靠股东的投入或其他资金来源来维持经营和投资的现金需要。

微课堂

生命周期与现金流量特征

成长期企业的商业模式基本得到验证，或者说投资人认为其商业模式值得进一步验证。企业开始大规模投入，进入花钱如流水的阶段。企业的规模迅速扩张；盈利状态可能是亏损的，在成长期后期可能实现盈利；经营活动现金流量净额往往是负数，在成长期后期转为正数；在长期经营性资产上往往有很大的现金流出；由于经营活动无法产生现金，投资活动需要大量现金，所以筹资活动承担了为企业提供资金的重任。

**案例 7.1**

### 高速成长期的特斯拉（Tesla）

特斯拉的资产规模从 2009 年的 1.3 亿美元膨胀到 2015 年的 80.9 亿美元，年增长率均值达到了 106%。收入规模从 2009 年的 1.1 亿美元上升到 2015 年的 40.4 亿美元，年增长率均值达到了 109%。净利润从 2009 年亏损 5 574 万美元，到 2015 年亏损 8.8 亿美元。经营活动现金净流量仅在 2013 年是正数，这一年产生了 2.6 亿美元的现金流量净额。但其他年份的经营活动现金流量净额全部是负数，表明该企业在经营活动上的现金投入非常巨大。这期间，投资活动现金流量净额是负数，并且越来越大，2014 年和 2015 年其投资活动现金量净额从原来的 2 亿多美元上升到了 10 亿多美元。而筹资活动现金流量净额在这期间都是正数，以满足企业其他活动的资金需求。可扫码查看更多特斯拉财务报表的具体数据和图表。

成熟期企业的财务报表特征表现为以下几点：规模的增速开始放缓，甚至停止增长；利润增速也放缓，或者停止增长；经营活动现金流量净额为正，并且非常充裕，而投资活动现金流量则需要分类进行仔细分析；由于企业规模此时较大，维持正常经营的固定资产投入本身就需要一定规模的现金流出,因此与长期经营性资产有关的现金流量很可能表现为净流出；而与长期股权投资和投资理财相关的现金流量，则会根据企业在这方面的战略决策而呈现不同的特点（如果企业开始进入并购增长模式，那么与长期股权投资相关的现金流量会表现为净流出；如果企业将大量冗余资金用于理财，与投资理财相关的现金流量会体现企业当期在这方面的现金流量情况）；成熟期企业自身的“造血”能力强，往往不太需要强力的外部融资（有些外部融资可能出于维持关系、调节资本结构等原因仍会存在），但此时最主要的特点是给股东的回报会构成成熟期企业筹资活动现金流出的重要组成部分。

**案例 7.2**

### 成熟期的沃尔玛（Walmart）

沃尔玛的总资产规模在 2014 年 1 月 31 日的年报中达到最高点 2 047.5 亿美元，之后再没有超过这一总资产规模，2017 年 1 月 31 日年报中的总资产规模是 1 988.3 亿美元。收入规模则在 2016 年出现首次下降，从 4 856.5 亿美元下降到 4 821.3 亿美元。净利润最高值出现在 2013 年，为 170 亿美元。之后再没有超过这个利润数字，2017 年 1 月 31 日年报中的净利润数字是 136.4 亿美元。从资产、收入和利润的增速来看，2007 年至 2017 年增速放缓了，这期间，沃尔玛处于成熟期。经营活动产生的现金流量在这十年间为 200 亿～280 亿美元。自由现金流非常充裕，十年间整体趋势是向上的。其经营活动产生的现金流量净额在满足了固定资产更新改替的需求之后，还能够满足其他方面的现金需求。投资活动现金流量总体是现金流出。第一类投资活动现金流量是较为稳定的现金流出，第二类和第三类投资活动现金流量都比较小。筹资活动现金流量中，沃尔玛通过分红与回购股票的方式给予股东回报；与债权人的现金流量则是一个借借还还的关系。可扫码查看沃尔玛的详细数据图表。

衰退期企业规模逐渐萎缩；盈利状况开始不佳，经常在微利与亏损之间摇摆；经营活动现金流量不稳定，甚至出现负数；由于某些业务或部门经营表现不佳，不得不收缩规模，体现在与长期经营性资产相关的现金流量可能变成正数；由于经营活动不赚钱，与股东相关的现金流入流出会几乎停止。

**案例 7.3**

### 衰退期的凯马特（Kmart）

将零售商沃尔玛与凯马特对比，能够有助于我们清晰地认识成熟期企业和衰退期企业的财务报表特点。凯马特是现代超市型零售业的鼻祖，成立于 1962 年，1979 年它的销售额就突破了 10 亿美元，但在之后的竞争中被沃尔玛等对手赶超。2005 年，凯马特并购了西尔斯，两家公司合并后改称西尔斯控股（Sears Holding），在规模上成为美国第三大零售商。来看一下并购之后的财务报表特征。并购之后，西尔斯控股的总资产规模一直缩水，增长率是负数。从 2008 年至 2017 年，收入也是一路下滑。从2012年开始，西尔斯控股连年亏损。从2012年开始，经营活动现金流量也连年为负。第一类投资活动现金流量在近几年变成正数；第二类和第三类投资活动现金流量都非常小，因为企业没钱。随着经营活动现金流量恶化，给股东回报的筹资活动现金流出急剧减少。可扫码了解凯马特的详细数据图表。

案例7.1、案例7.2和案例7.3是三个典型的关于成长期、成熟期和衰退期企业的案例，我们可以从中体会到处于不同生命周期阶段的企业的财务报表特征。

# 第三节　经营活动现金流量操纵手段及其识别方法

前文谈到经营活动现金流量净额代表了企业经营活动方面的赚钱能力，因此被用来作为衡量利润质量的关键指标。由于近些年人们对经营活动现金流量的重视，有些不规范操作的企业在虚增利润的同时，就想要美化经营活动现金流量。下面来讨论操纵经营活动现金流量的几种常见手段，以及如何识别这些手段。

## 一、虚构交易并虚构经营活动现金流入

通过与关联方虚构交易来虚增收入和利润，导致应收账款增加，并没有与虚假收入对应的现金流量，这种造假就仅限于利润表，将净利润与经营活动现金流量进行比较，能够十分轻易地识别这种造假。为了让报表更“逼真”一些，就可能产生“造假一条龙”式的操作，为虚假交易创造一些虚假的现金流量。由于交易本身是虚构的，因此流入企业的现金流量可能就是企业提供给配合造假的另一方的。为了美化经营活动现金流量，这个现金流出很可能体现在投资活动的现金流出中。相应地，企业资产负债表上的长期资产会增加（虚假投资活动现金流出带来的）。此时，只看经营活动现金流量就不太容易发现企业的问题。关注自由现金流量可以帮助我们识别这类造假情形。自由现金流量有很多计算公式，其中最常见、最简单的一个计算公式如下：

自由现金流量=经营活动现金流量净额-购建固定资产、无形资产等长期资产的现金流出

在虚构交易并虚构经营活动现金流入这种情形下，经营活动现金流量净额被虚增了，同时“购建固定资产、无形资产和其他长期资产支付的现金”也被虚增了。相减之后，自由现金流量不受影响。可以看一下环球电讯（Global Crossing）虚构交易并虚增现金流量的案例。

**案例 7.4**

**环球电讯虚构交易并虚增经营活动现金流量**

环球电讯是20世纪90年代互联网泡沫时期领先的科技公司之一。我们观察它在互联网泡沫破裂之前的经营活动现金流量净额与净利润，见表7.5。

表 7.5　环球电讯经营活动现金流量净额与净利润

（金额单位：百万美元）

| 项目 | 1998 年度 | 1999 年度 | 2000 年度 | 2001 年 6 月半年报 |
|---|---|---|---|---|
| 经营活动产生的现金流量净额 | 349 | 732 | 911 | 677 |
| 净利润 | −88 | −111 | −1 667 | −1 246 |

环球电讯与电信行业的同行们“互通有无”，互相买卖，将自己网络容量卖给其他电信客户，同时又从这些客户那里购买差不多金额的网络容量。环球电讯通过将收到的钱计入经营活动，而将采购款算作资本性支出（投资活动），从而美化经营活动现金流量，误导投资者。这种手法通过观察自由现金流量可以识别。

如果企业虚构交易的有关现金流入不是出自企业自身资金，而是其他企业（例如大股东）提供的资金，那么这笔资金如果流出企业也必然会在企业账上留下痕迹。资金后续流出企业时可能是通过“投资活动”出去，那么自由现金流量会恶化；也可能通过以后期间的“经营活动”出去，自由现金流量也会恶化。总之，自由现金流量可以反映一定问题。除非这笔钱企业不还了，就在企业内部了。而这种情况下的事实是，企业的确得到了好处，只不过这种好处本不应该体现为经营活动现金流量，而是筹资活动现金流量。

有些时候，即使不虚构交易，企业也可以通过将现金流量错误分类来实现美化经营活动现金流量的目的。例如将本应当属于经营活动的现金流出计入其他活动，或者将本应当是其他活动的现金流入计入经营活动。

## 二、将经营活动现金流出计入其他活动现金流出

比较常见的操作是，将本应当计入经营活动现金流出的事项计入投资活动现金流出。某项支出本来应当作为费用处理，同时在现金流量表中体现为经营活动现金流出。但是，企业为了虚增利润，将该费用资本化处理，即作为长期资产的购置成本，相应地这笔现金流出就体现在投资活动现金流出中。很经典的一个案例就是世通公司（WorldCom）财务造假案。

### 案例 7.5

#### 世通公司虚增经营活动现金流量

世通公司经营最主要的支出是购买网络线路的支出，这部分支出与经营活动直接相关，平时都是作为销售费用处理的。但是从 2000 年初开始，为了虚增利润，世通公司决定将这部分支出资本化处理，相对应的现金流出也计入投资活动现金流出。大家可以观察一下世通公司披露的经营活动现金流量净额与重述之后的该数据（见表 7.6）。

表 7.6　2000—2001 年世通公司调整前与调整重述后的经营活动现金流量净额

（金额单位：百万美元）

| 项目 | 2000 年度 | 2001 年度 |
|---|---|---|
| 经营活动现金流量净额 | 7 666 | 7 994 |
| 被不当资本化的购买网络线路的支出 | −1 827 | −2 933 |
| 其他经营活动现金流量虚增 | −1 612 | −2 216 |
| 调整重述后的经营活动现金流量净额 | 4 227 | 2 845 |

这种不规范操作，一般通过观察自由现金流量就能够有效识别出来，见表 7.7。

**表 7.7　1999—2000 年世通公司的自由现金流量**

（金额单位：百万美元）

| 项目 | 1999 年度 | 2000 年度 |
|---|---|---|
| 经营活动现金流量净额 | 11 005 | 7 666 |
| 减：资本性支出 | −8 716 | −11 484 |
| 自由现金流量 | 2 289 | −3 818 |

如果对自由现金流量保持关注，就能发现 2000 年世通公司的自由现金流量已经迅速恶化了。

## 三、将其他活动现金流入计入经营活动现金流入

比较常见的操作是，为了美化经营活动现金流量，而将原本应当计入筹资活动的现金流入算作经营活动现金流入。例如，企业将自己的应收账款做了保理业务或者卖掉，收到的现金是计入经营活动还是筹资活动呢？实务中，很多企业将其计入经营活动的“收到其他与经营活动有关的现金”中，甚至有些企业将其计入“销售商品、提供劳务收到的现金”。究其本质，这笔资金更像是企业的融资行为带来的，在财务报表分析中，出于谨慎我们将其分类到筹资活动现金流入中更为合适。如果阅读企业年报时，发现企业有对应收款项进行保理、证券化等业务，或者经营活动现金流入中的“其他”金额特别巨大（有可能是资金拆借导致的），此时我们就要关注有关现金流量到底是什么性质以及列示在经营活动是否合适的问题了。

### 案例 7.6

**中联重科的应收账款保理业务是否附有追索权**

中联重科在 2014 年年报第 183 页“或有事项”中，披露了其在销售过程中为客户购买本公司产品提供担保的种种情形，这些情形会导致如果客户不能及时向金融机构还款，中联重科就有连带的还款责任。在进行财务报表分析时，可以估算相应的连带责任并在利润和现金流量测算时减去。除此之外，或有事项中还提到应收账款保理的业务，年报披露如图 7.1 所示。

**(4) 公司向国内银行及其他金融机构作无追索保理、联合租赁和第三方租赁业务时，在符合融资产终止确认的前提下，公司会将与之相关的应收账款、融资租赁应收款等金融资产进行终止确认。依据相关的无追索保理协议、联合租赁协议等规定，当银行和其他金融机构依照协议条款收回终端客户的设备后，本公司承诺以市场公允价值回购这些设备。2014 年度，公司以公允价值回购该部分设备支付给金融机构的款项为 25.09 亿元。**

图 7.1　中联重科 2014 年年报中有关应收账款保理的披露

从这个披露内容来看，尽管名义上是“无追索权”，但实际上公司承诺以公允价值回购设备。因此，并不能严格算是彻底卖掉了应收账款，这部分保理应收账款带来的现金流入在财务报表分析时，算作“筹资活动”是比较谨慎的做法。

微课堂

经营活动现金流量虚增的几种手段

## 四、通过非持续性的活动一次性推高经营活动现金流入

企业在期末为了将当期的经营活动现金流量推高，有可能通过提前回收客户款项、延迟支付供应商款项、减少采购活动等一次性改善经营活动现金流量，也可能通过一些偶然所得来增加经营活动现金流量。这些举措都可以一次性推高经营活动现金流量，但有可能会对企业未来经营产生不利影响。这种手段可以通过观察临近期末时应收账款、应付账款、存货等账户的异常变动来识别。

## 本章小结

本章首先对现金流量表上三种活动的现金流量的主要内容及其战略含义进行了解读。经营活动现金流量是企业赚钱能力的体现，现金流量越大越好。投资活动现金流量根据不同的性质可以分为三种，第一类是与长期经营性资产相关的现金流量，第二类是与长期股权投资相关的现金流量，第三类是与投资理财相关的现金流量。对投资活动现金流量的分类分析能够体现该企业当期的战略变化及其执行结果。筹资活动现金流量则可以按照是与股东相关，还是与债权人相关分为两大类。筹资活动是适应性的。企业在不同生命周期会体现出不同的财务报表特征，通过阅读财务报表可以大致判断企业所处生命周期的阶段。外部财务报表分析者越来越重视经营活动现金流量这个数字，这使得对经营活动现金流量进行操纵的现象也时有发生。企业可以通过虚构交易、将现金流量错误列报或者采用一次性手段来虚增经营活动现金流量净额。

## 综合练习题

### 一、单选题

1. 现金流量表将现金流量区分为三种类型，不包括下面哪一种？（　　）

A. 经营活动现金流量　　B. 投资活动现金流量

C. 筹资活动现金流量　　D. 税务活动现金流量

2. 下列项目中哪一项不属于现金流量表编制中间接法下的调整项（　　）。

A. 固定资产折旧　　B. 财务费用

C. 工资费用　　D. 使用权资产摊销

3. 投资活动的现金流量根据涉及的具体活动性质可以进一步细分，下列哪一项不属于细分类别？（　　）

A. 与长期经营性资产相关的现金流入流出

B. 与股东投资相关的现金流入流出

C. 与投资理财相关的现金流入流出

D. 与长期股权投资相关的现金流入流出

4. 下列有关成长期企业现金流量的特征，说法不正确的有（　　）。

A. 投资活动的现金流量往往是正数

B. 筹资活动的现金流量往往是正数

C. 成长期后期经营活动的现金流量可能变成正数

D. 投资活动的现金流量往往是负数

5. 虚增经营活动现金流量净额的可能手段不包括（　　）。

A. 虚构交易并虚构经营活动现金流入

B. 将属于经营活动的现金流出计入其他活动现金流出

C. 将属于经营活动的现金流入计入其他活动现金流入

D. 将其他活动现金流入计入经营活动现金流入

**二、判断题**

1. 经营活动现金流量净额大于零，意味着企业可以依靠自己的力量完成设备更新和改造，维持和扩大生产规模。（　　）

2. 我们一般可以将投资活动现金流量划分为两种，一种是与长期经营性资产相关的现金流入流出，另一种是与投资理财相关的现金流入流出。（　　）

3. 在我国，偿付利息支付的现金属于经营活动现金流出。（　　）

4. 在萌芽期，企业的经营活动现金流量净额一般为负数。（　　）

5. 在成熟期，企业给股东回报的现金流出往往较大。（　　）

**三、简答题**

1. 请简要描述操纵经营活动现金流量的几种常见手段。

2. 请描述企业生命周期与其现金流量特征之间的关系。

3. 请简要评价三种不同性质现金流量的战略含义。

## 第三篇

# 财务报表分析常用工具

# 第八章　财务报表分析基本方法

**【知识目标】**

1. 掌握趋势分析法的内容与方法。
2. 掌握共同比利润表、共同比资产负债表和共同比现金流量表的内容与方法。
3. 理解比率分析法的原理与常见问题。
4. 掌握因素分析法的内容与方法。
5. 了解通用财务报表分析方法的局限性。

**【技能目标】**

1. 能够对两年数据进行比较分析，对多年数据进行指数趋势分析。
2. 会做共同比利润表、共同比资产负债表和共同比现金流量表。

**【关键术语】**

趋势分析法、共同比分析法、比率分析法、因素分析法

引例

**华为 2019 年的业绩表现**

根据华为披露的2019年年报，销售收入8 588亿元，同比增长19.1%；净利润627亿元，同比增长5.6%；经营活动现金流量为914亿元，同比增长22.4%。从业务模块来看运营商业务已经由华为原来最主要的业务变为贡献第二大的业务，2019 年增速为 3.8%；企业业务占比10.4%，2019年增速为8.6%，体量较小，仍然处于良性增长阶段；消费者业务已经后来居上，成为事实上的第一支柱业务，2019年贡献54.4%的营业收入，增速为34%。

**启发思考**：以上华为2019年年报的相关分析，涉及哪些常用的财务报表分析方法？

## 第一节　趋势分析法

趋势分析法又被称为水平分析法，是将某个企业连续若干会计年度的资料进行比较的分析方法。如果是对两年数据进行比较，一般使用比较分析法；如果是对多年数据进行比较，则使用指数趋势分析法。趋势分析有助于我们确定不同期间某项目的变动额和变动率，以方便我们判断该项目的变动趋势。

### 一、比较分析法

比较分析法即将某企业两年的报表数字进行比较，通常用本年金额减去上年金额得到变动额，用变动额除以上年金额得到变动率。我们可以用涪陵榨菜的利润表进行比较分析。

## 案例 8.1

### 涪陵榨菜 2016 年和 2017 年利润表的比较分析

将涪陵榨菜 2016 年和 2017 年两年的利润表各个项目进行比较分析，结果见表 8.1。

表 8.1　涪陵榨菜 2016 年和 2017 年利润表比较分析

（金额单位：元）

| 项目 | 2017-12-31 | 2016-12-31 | 变动额 | 变动率 |
|---|---|---|---|---|
| 营业总收入 | 1 520 238 658.64 | 1 120 805 953.02 | 399 432 705.62 | 36% |
| 营业收入 | 1 520 238 658.64 | 1 120 805 953.02 | 399 432 705.62 | 36% |
| 营业总成本 | 1 081 080 075.47 | 853 509 988.51 | 227 570 086.96 | 27% |
| 营业成本 | 787 192 797.06 | 607 721 859.43 | 179 470 937.63 | 30% |
| 税金及附加 | 25 704 132.47 | 19 117 245.78 | 6 586 886.69 | 34% |
| 销售费用 | 219 458 910.47 | 177 985 590.38 | 41 473 320.09 | 23% |
| 管理费用 | 48 310 716.09 | 52 059 615.74 | −3 748 899.65 | −7% |
| 财务费用 | −2 264 943.53 | −3 730 574.31 | 1 465 630.78 | −39% |
| 资产减值损失 | 2 678 462.91 | 356 251.49 | 2 322 211.42 | 652% |
| 投资收益 | 24 100 342.02 | 8 349 794.18 | 15 750 547.84 | 189% |
| 其他收益 | 6 331 209.24 | | 6 331 209.24 | |
| 营业利润 | 469 590 134.43 | 275 645 758.69 | 193 944 375.74 | 70% |
| 营业外收入 | 39 138 738.49 | 34 665 897.54 | 4 472 840.95 | 13% |
| 营业外支出 | 21 033 792.31 | 4 519 373.17 | 16 514 419.14 | 365% |
| 利润总额 | 487 695 080.61 | 305 792 283.06 | 181 902 797.55 | 59% |
| 所得税费用 | 73 552 836.52 | 48 563 413.04 | 24 989 423.48 | 51% |
| 净利润 | 414 142 244.09 | 257 228 870.02 | 156 913 374.07 | 61% |
| 归属于母公司所有者的净利润 | 414 142 244.09 | 257 228 870.02 | 156 913 374.07 | 61% |

比较分析法可以将报表中比较大的数额变成利于直接观察的变动率。例如，表 8.1 清晰地显示了涪陵榨菜的收入在 2017 年增长了 36%。而净利润的上涨幅度比收入上涨幅度还大，达到 61%。再观察表 8.1，可发现营业总成本的增速小于收入增速，说明 2017 年的成本费用应该得到了较好的控制。

从表 8.1 还可以看到，当上期数据缺失时，无法计算变动率。由于“其他收益”这个项目是 2017 年年报的新增项目，2016 年年报中没有单列此项，因此无法计算。观察到这个现象时，我们还是要查看一手资料（请牢记，一手资料是最重要的）。2017 年新增“其他收益”主要是由于政府补助准则修订了，修订后的政府补助准则要求跟日常活动有关的政府补助在利润表中单列为“其他收益”，而原来这部分内容可能是记入“营业外收入”的。如果有必要，我们可以持续关注政府补助的金额大小，及其在各年度间的变动。

观察表 8.1，还可以发现资产减值损失的变动率非常巨大，为 652%。同样，要再去看看一手资料。发现从绝对金额上来讲，即使 2017 年比 2016 年计提的多了，但其绝对金额仍然不大，因此对净利润的冲击也没有那么大。

洛陵榨菜资产负债表的比较分析

表 8.1 显示，财务费用连续两年都是负数，即是利息收入。当基期数字是负数时，变动率会变得比较令人费解。分析时还是查看一手资料，可以观察到涪陵榨菜的利息收入有所减少，如果认为必要，就需要结合资产负债表中货币资金的金额大小和报表附注进行分析。

同样，对资产负债表项目也可以进行比较分析。可扫码了解关于涪陵榨菜的资产负债表比较分析。

## 二、指数趋势分析法

当需要比较连续三年及以上的财务报表时，就可以使用指数趋势分析法。指数趋势分析法将其中某一年数据指定为基期数据（通常是以最早的年份为基期），将基期数据表达为 100%，其他各年数据转换为基期数据的百分比。比较百分比的大小，就能够得出项目的变动趋势。可以来看一下对涪陵榨菜收入和净利润的指数趋势分析。

微课堂

对指数趋势分析法的讲解

### 案例 8.2

**涪陵榨菜 2010 年至 2017 年收入和净利润的指数趋势分析**

表 8.2 给出了涪陵榨菜 2010 年至 2017 年的收入和净利润数据，我们可以以 2010 年作为基期，通过将其他年份与之进行比较，进行指数趋势分析。

**表 8.2　涪陵榨菜 2010 年至 2017 年收入和净利润的指数趋势分析**

（金额单位：元）

| 相关指标 | 2017 年 | 2016 年 | 2015 年 | 2014 年 | 2013 年 | 2012 年 | 2011 年 | 2010 年 |
|---|---|---|---|---|---|---|---|---|
| 营业总收入 | 1 520 238 659 | 1 120 805 953 | 930 658 889.1 | 906 428 723.6 | 846 216 441.5 | 712 658 503.4 | 704 660 272 | 545 036 255.2 |
| 收入增长率 | 36% | 20% | 3% | 7% | 19% | 1% | 29% | |
| 指数趋势分析 | 279% | 206% | 171% | 166% | 155% | 131% | 129% | 100% |
| 净利润 | 414 142 244.1 | 257 228 870 | 157 369 576.7 | 131 992 980.5 | 140 647 110.2 | 126 453 477.6 | 88 404 515.74 | 55 745 574.35 |
| 净利润增长率 | 61% | 63% | 19% | −6% | 11% | 43% | 59% | |
| 指数趋势分析 | 743% | 461% | 282% | 237% | 252% | 227% | 159% | 100% |

涪陵榨菜利润表中其他项目的趋势分析

可以看到，涪陵榨菜 2017 年的收入约是 2010 年的 2.7 倍，2017 年的净利润约是 2010 年的 7.4 倍。企业处在增长的趋势中，并且 2016 年和 2017 年收入和利润的增速比之前更好。净利润的增速远大于收入的增速，这有可能说明涪陵榨菜在成本和费用的控制上做得比较好，具体原因还需要对利润表进行更详细的分析才能得到。

# 第二节　共同比分析法

共同比分析又称为垂直分析、结构分析。与趋势分析侧重于关键项目的各年比较不同，共同比分析侧重于同一期报表内部结构的分析。当我们需要看局部占整体多少比例，或者总体的结构分布特点时，就需要使用这种方法。进行共同比分析时，可将利润表中的各个项目表达为营业收入的百分比，将资产负债表中的各个项目表达为总资产的百分比。编制现金流量表时，可以通过将报表结构进行重构，将所有现金流入归集到一起，所有现金流出归集到一起，分别观察现金流入和现金流出的结构。还可以将趋势分析与共同比分析结合起来，将历年的共同比报表列示在一起，成为趋势共同比报表。观察趋势共同比报表对我们判断报表结构变化非常有用。

## 一、共同比利润表

共同比利润表是将利润表中的每一项除以营业收入，从而将各项目表示为营业收入的百分比。对连续多年的利润表做共同比分析，即可得到趋势共同比利润表。观察趋势共同比利润表可以对企业的利润结构变化有清晰的认识。

**案例 8.3**

**涪陵榨菜的趋势共同比利润表**

我们收集到涪陵榨菜 2010 年至 2017 年的利润表数据，对每一年都做共同比分析，再将这些不同年份的共同比利润表一并列示出来，得到的就是趋势共同比报表，见表 8.3。

**表 8.3　涪陵榨菜 2010 年至 2017 年趋势共同比报表**

| 项目 | 2017 年度 | 2016 年度 | 2015 年度 | 2014 年度 | 2013 年度 | 2012 年度 | 2011 年度 | 2010 年度 |
|---|---|---|---|---|---|---|---|---|
| 营业总收入 | 100% | 100% | 100% | 100% | 100% | 100% | 100% | 100% |
| 营业收入 | 100% | 100% | 100% | 100% | 100% | 100% | 100% | 100% |
| 营业总成本 | 71% | 76% | 82% | 84% | 82% | 80% | 86% | 88% |
| 营业成本 | 52% | 54% | 56% | 58% | 60% | 58% | 64% | 68% |
| 营业税金及附加 | 2% | 2% | 1% | 1% | 1% | 1% | 1% | 1% |
| 销售费用 | 14% | 16% | 20% | 23% | 18% | 19% | 19% | 14% |
| 管理费用 | 3% | 5% | 5% | 4% | 4% | 4% | 4% | 4% |
| 财务费用 | 0% | 0% | −1% | −1% | −2% | −2% | −2% | 1% |
| 资产减值损失 | 0% | 0% | 0% | 0% | 0% | 0% | 0% | 0% |
| 投资收益 | 2% | 1% | 1% | 0% | 0% | 0% | 0% | 0% |
| 其他业务利润 | 0% | 0% | 0% | 0% | 0% | 0% | 0% | 0% |
| 营业利润 | 31% | 25% | 19% | 16% | 18% | 20% | 14% | 12% |
| 营业外收入 | 3% | 3% | 1% | 2% | 1% | 1% | 0% | 0% |
| 营业外支出 | 1% | 0% | 0% | 0% | 0% | 0% | 0% | 0% |
| 利润总额 | 32% | 27% | 20% | 17% | 19% | 21% | 15% | 12% |
| 所得税费用 | 5% | 4% | 3% | 3% | 3% | 3% | 2% | 2% |
| 净利润 | 27% | 23% | 17% | 15% | 17% | 18% | 13% | 10% |
| 归属于母公司所有者的净利润 | 27% | 23% | 17% | 15% | 17% | 18% | 13% | 10% |

注：2016 年和 2017 年“营业税金及附加”项目为“税金及附加”。

在 Excel 中可以很轻松地完成这样的分析。表 8.3 直接给出了我们非常关注的一些盈利

微课堂

对共同比利润表的讲解

能力指标，例如营业利润率、净利润率等。可以看到，涪陵榨菜的净利润率走高。一些外部分析十分关注的指标，例如毛利率，在共同比利润表上无法直接看到，但是可以通过计算“1-营业成本率”得到。我们可以直观地看到涪陵榨菜的营业成本率在下降，也就是说毛利率总体是上升的。再结合前文对涪陵榨菜利润表的趋势分析，我们可以知道涪陵榨菜近几年收入总体上涨、利润总体增加，这里又观察到它的利润表盈利能力指标也总体走高。从利润角度来看，涪陵榨菜近几年表现是相当不错的。

共同比利润表的好处是，有利于我们清晰地看到企业的利润结构。当然这是按照报表报告形式显示的利润结构，出于分析需要，我们可能还需要定义经营性利润、持续性利润等其他利润概念，这些定制的利润概念的百分比无法从直接从共同比报表上看到，需要另行计算。

## 二、共同比资产负债表

共同比资产负债表也是在资产负债表原来的报告格式基础上直接生成的，由于资产负债表遵循“资产=负债+所有者权益”的会计恒等式，在共同比资产负债表中，我们可以非常直观地看到一个公司的资产结构（资产负债表左边的结构）和资本结构（资产负债表右边的结构）。当然，在列报资产负债表时可以选择账户式列示（左边列报资产，右边列报负债和权益），也可以选择报告式列示（按资产、负债和所有者权益顺序从上至下列报）。无论如何列报，会计恒等式的关系是存在的，共同比资产负债表给出了企业的资产结构和资本结构。对连续多年的资产负债表进行共同比分析，即可得到趋势共同比资产负债表。观察趋势共同比资产负债表，有助于我们了解企业资产结构和资本结构的变动。

### 案例 8.4

**涪陵榨菜的趋势共同比资产负债表**

我们收集了涪陵榨菜 2010 年至 2017 年的资产负债表数据，对每一年都做共同比分析，再将这些不同年份的共同比资产负债表一并列示出来了，见表 8.4。

表 8.4　涪陵榨菜 2010—2017 年趋势共同比资产负债表

| 资产 | 2017-12-31 | 2016-12-31 | 2015-12-31 | 2014-12-31 | 2013-12-31 | 2012-12-31 | 2011-12-31 | 2010-12-31 |
|---|---|---|---|---|---|---|---|---|
| 货币资金 | 6% | 14% | 16% | 28% | 39% | 44% | 46% | 55% |
| 应收票据净额 | 0% | 0% | 0% | 0% | 0% | 0% | 1% | 1% |
| 应收账款净额 | 0% | 0% | 0% | 0% | 1% | 0% | 0% | 0% |
| 预付款项净额 | 0% | 0% | 1% | 1% | 2% | 1% | 0% | 1% |
| 应收利息净额 | 0% | 0% | 0% | 1% | 1% | 0% | 0% | 0% |
| 其他应收款净额 | 0% | 0% | 0% | 0% | 1% | 0% | 0% | 0% |
| 存货净额 | 10% | 9% | 11% | 10% | 9% | 10% | 12% | 10% |
| 其他流动资产 | 45% | 28% | 15% | 10% | 3% | 0% | 0% | 0% |

续表

| 资产 | 2017-12-31 | 2016-12-31 | 2015-12-31 | 2014-12-31 | 2013-12-31 | 2012-12-31 | 2011-12-31 | 2010-12-31 |
|---|---|---|---|---|---|---|---|---|
| 流动资产合计 | 61% | 51% | 43% | 51% | 54% | 56% | 60% | 67% |
| 可供出售金融资产净额 | 0% | 0% | 0% | 0% | 0% | 0% | 0% | 0% |
| 固定资产净额 | 29% | 38% | 43% | 37% | 35% | 37% | 34% | 29% |
| 在建工程净额 | 2% | 1% | 3% | 4% | 5% | 5% | 3% | 3% |
| 固定资产清理 | 0% | 0% | 0% | 0% | 0% | 0% | 0% | 0% |
| 无形资产净额 | 5% | 7% | 8% | 7% | 5% | 1% | 2% | 1% |
| 商誉净额 | 2% | 2% | 2% | 0% | 0% | 0% | 0% | 0% |
| 长期待摊费用 | 0% | 0% | 0% | 0% | 0% | 0% | 0% | 0% |
| 递延所得税资产 | 1% | 1% | 1% | 1% | 1% | 1% | 1% | 0% |
| 其他非流动资产 | 0% | 0% | 0% | 0% | 0% | 0% | 0% | 0% |
| 非流动资产合计 | 39% | 49% | 57% | 49% | 46% | 44% | 40% | 33% |
| 资产总计 | 100% | 100% | 100% | 100% | 100% | 100% | 100% | 100% |
| 应付账款 | 4% | 4% | 4% | 3% | 5% | 5% | 6% | 3% |
| 预收款项 | 10% | 8% | 4% | 4% | 5% | 5% | 7% | 8% |
| 应付职工薪酬 | 1% | 1% | 1% | 1% | 1% | 1% | 1% | 1% |
| 应交税费 | 1% | 0% | 0% | 0% | 1% | 1% | 0% | 0% |
| 其他应付款 | 3% | 2% | 3% | 2% | 2% | 2% | 1% | 1% |
| 一年内到期的非流动负债 | 0% | 0% | 0% | 0% | 0% | 0% | 0% | 0% |
| 流动负债合计 | 19% | 15% | 11% | 11% | 14% | 13% | 16% | 12% |
| 专项应付款 | 0% | 0% | 0% | 0% | 0% | 0% | 0% | 0% |
| 长期负债合计 | 0% | 0% | 0% | 0% | 0% | 0% | 0% | 0% |
| 递延所得税负债 | 0% | 0% | 0% | 0% | 0% | 0% | 0% | 0% |
| 其他非流动负债 | 0% | 0% | 0% | 0% | 6% | 2% | 2% | 3% |
| 递延收益—非流动负债 | 3% | 4% | 5% | 6% | 0% | 0% | 0% | 0% |
| 非流动负债合计 | 3% | 4% | 6% | 6% | 6% | 2% | 2% | 3% |
| 负债合计 | 22% | 19% | 17% | 17% | 20% | 15% | 18% | 15% |
| 实收资本（或股本） | 32% | 27% | 20% | 15% | 12% | 14% | 14% | 16% |
| 资本公积 | 1% | 15% | 29% | 37% | 43% | 50% | 52% | 56% |
| 盈余公积 | 6% | 5% | 5% | 5% | 4% | 3% | 2% | 1% |
| 未分配利润 | 39% | 34% | 29% | 27% | 21% | 18% | 14% | 11% |
| 归属于母公司所有者权益合计 | 78% | 81% | 83% | 83% | 80% | 85% | 82% | 85% |
| 所有者权益合计 | 78% | 81% | 83% | 83% | 80% | 85% | 82% | 85% |
| 负债与所有者权益总计 | 100% | 100% | 100% | 100% | 100% | 100% | 100% | 100% |

观察表 8.4，我们可以了解涪陵榨菜资产结构的变化和资本结构的变化。例如，货币资金百分比的变化十分显著，由原来占比一半以上到 2017 年下降至 6%；与此同时，我们发现其他流动资产由一开始没有，到逐年上升，再到 2017 年占总资产的 45%。查附注得知，其他流动资产基本是银行理财产品。基本判断是，涪陵榨菜手头的货币资金越来越多，因此买

入银行理财产品以抵御通货膨胀和实现一定的资产增值。货币资金与其他流动资产合计起来占了涪陵榨菜总资产一半以上，也就是说涪陵榨菜的总资产中一半以上是流动性较强、变现能力较强的金融资产。再观察存货占比，一直以来稳定在10%左右。再观察固定资产的占比，为30%左右，也比较正常。无形资产占比也比较稳定，商誉占比较小，表明涪陵榨菜没有疯狂进行并购。资产结构的显著特点就是金融资产比较多。

接着观察资本结构。共同比资产负债表中直接给出了资产负债率（总负债 / 总资产），这是了解一家企业资本结构非常重要的指标。涪陵榨菜的资产负债率历年来总体有所上升，但即使是在 2017 年最高的时候，也仍然是 22%，算是较低的负债水平。再仔细观察一下负债构成，涪陵榨菜的负债构成中没有金融性负债，全部都是经营性负债。这说明涪陵榨菜的资本结构是非常稳健的。

我们还可以从共同比资产负债表上体会涪陵榨菜在营运资本上的特点。例如，涪陵榨菜应收款项与预付款项占总资产的比例都非常小；负债方的应付账款与预收款项的比例相对来说比应收款项和预付款项多很多。所以在涪陵榨菜与上下游的关系中，涪陵榨菜还是比较有话语权的。涪陵榨菜的资产负债表没有太多其他的项目，可能表明涪陵榨菜是一家比较专注主业、业绩较好的公司。

## 三、共同比现金流量表

现金流量表是分为三种活动来列示现金流量的，所以可以在各个不同性质现金流量内部做共同比分析。例如，将经营活动现金流入合计数作为 100%，分别看每一种现金流入贡献了多少；将经营活动现金流出合计数作为 100%，分别看每一种现金流出消耗了多少。其他活动如法炮制即可。只要关注点是局部与整体之间的关系，就可以套用共同比分析的思路。

还可以将所有不同活动的现金流入放在一起，看每一种现金流入对总现金流入的贡献；将所有不同活动的现金流出放在一起，看每一种现金流出对总现金流出的占比。同样，可以对连续多年的现金流量表进行共同比分析，得到趋势共同比现金流量表。观察趋势共同比现金流量表，可以对现金流入结构和现金流出结构的变动趋势更加了解。下面对涪陵榨菜的现金流量做共同比分析。

### 案例 8.5

**涪陵榨菜的趋势共同比现金流量表**

我们收集了涪陵榨菜 2010 年至 2017 年的现金流量表数据，对原来的现金流量表格式进行重构，将所有的现金流入归集在一起，将所有的现金流出归集在一起，然后分别做共同比分析。得到的趋势共同比现金流量表见表 8.5。

**表 8.5　涪陵榨菜 2010 年至 2017 年的趋势共同比现金流量表**

| 项目 | 2017 年度 | 2016 年度 | 2015 年度 | 2014 年度 | 2013 年度 | 2012 年度 | 2011 年度 | 2010 年度 |
|---|---|---|---|---|---|---|---|---|
| 经营活动现金流入 | | | | | | | | |
| 销售商品、提供劳务收到的现金 | 54% | 71% | 63% | 75% | 90% | 98% | 97% | 52% |
| 收到的税费返还 | 0% | 0% | 0% | 0% | 0% | 0% | 0% | 0% |

续表

| 项目 | 2017年度 | 2016年度 | 2015年度 | 2014年度 | 2013年度 | 2012年度 | 2011年度 | 2010年度 |
|---|---|---|---|---|---|---|---|---|
| 收到的其他与经营活动有关的现金 | 1% | 2% | 2% | 2% | 3% | 2% | 3% | 1% |
| 经营活动现金流入合计 | 55% | 73% | 65% | 77% | 93% | 100% | 100% | 53% |
| 投资活动现金流入 | | | | | | | | |
| 收回投资收到的现金 | 43% | 27% | 33% | 22% | 7% | 0% | 0% | 0% |
| 取得投资收益收到的现金 | 1% | 0% | 0% | 0% | 0% | 0% | 0% | 0% |
| 处置固定资产、无形资产和其他长期资产收回的现金净额 | 0% | 0% | 0% | 1% | 0% | 0% | 0% | 0% |
| 收到的其他与投资活动有关的现金 | 1% | 0% | 0% | 0% | 0% | 0% | 0% | 0% |
| 投资活动现金流入合计 | 45% | 27% | 33% | 22% | 7% | 0% | 0% | 0% |
| 筹资活动现金流入 | | | | | | | | |
| 吸收投资收到的现金 | 0% | 0% | 2% | 0% | 0% | 0% | 0% | 42% |
| 取得借款收到的现金 | 0% | 0% | 0% | 0% | 0% | 0% | 0% | 3% |
| 收到其他与筹资活动有关的现金 | 0% | 0% | 0% | 0% | 0% | 0% | 0% | 2% |
| 筹资活动现金流入合计 | 0% | 0% | 2% | 0% | 0% | 0% | 0% | 47% |
| 现金流入总计 | 100% | 100% | 100% | 100% | 100% | 100% | 100% | 100% |
| 经营活动现金流出 | | | | | | | | |
| 购买商品、接受劳务支付的现金 | 22% | 27% | 24% | 34% | 41% | 43% | 46% | 45% |
| 支付给职工以及为职工支付的现金 | 5% | 8% | 7% | 8% | 10% | 12% | 10% | 7% |
| 支付的各项税费 | 7% | 9% | 7% | 9% | 10% | 11% | 9% | 7% |
| 支付其他与经营活动有关的现金 | 6% | 9% | 9% | 13% | 15% | 17% | 15% | 10% |
| 经营活动现金流出合计 | 40% | 53% | 48% | 64% | 76% | 83% | 80% | 69% |
| 投资活动现金流出 | | | | | | | | |
| 购建固定资产、无形资产和其他长期资产支付的现金 | 2% | 2% | 5% | 7% | 9% | 12% | 13% | 6% |
| 投资支付的现金 | 57% | 41% | 36% | 27% | 10% | 0% | 0% | 0% |
| 取得子公司及其他营业单位支付的现金净额 | 0% | 0% | 3% | 0% | 0% | 0% | 1% | 0% |
| 支付其他与投资活动有关的现金 | 0% | 0% | 0% | 0% | 0% | 0% | 0% | 0% |
| 投资活动现金流出合计 | 59% | 43% | 44% | 34% | 19% | 12% | 14% | 6% |
| 筹资活动现金流出 | | | | | | | | |
| 偿还债务支付的现金 | 0% | 0% | 6% | 0% | 0% | 0% | 0% | 24% |
| 分配股利、利润或偿付利息支付的现金 | 1% | 4% | 1% | 2% | 5% | 5% | 6% | 1% |
| 支付其他与筹资活动有关的现金 | 0% | 0% | 0% | 0% | 0% | 0% | 0% | 0% |
| 筹资活动现金流出合计 | 1% | 4% | 7% | 2% | 5% | 5% | 6% | 25% |
| 现金流出总计 | 100% | 100% | 100% | 100% | 100% | 100% | 100% | 100% |

观察表 8.5，“销售商品、提供劳务收到的现金”由 2012 年占全部现金流入的 98%，下降到 2017 年的 54%。占比上升的是什么项目呢？是“收回投资收到的现金”。这部分现金流入从无到有，并逐步变大。结合前面对资产负债表和利润表的了解，我们知道这部分现金流量是近些年频繁理财的结果。筹资活动的现金流入对总体现金流入的贡献微乎其微，仅在 2010 年有比较大的筹资活动现金流入。

再来观察现金流出的结构。经营活动现金流出的小计数，由原来占比 80%以上，下降至 40%；与此对应的是，投资活动“投资支付的现金”的占比逐年上升。因此，涪陵榨菜现金流量表一个显著的特点就是近些年的频繁理财带来的现金流入流出体现在了投资活动现金流量里面。这个报表特点与苹果的报表特点很类似，都是将闲钱用于理财导致的。

共同比分析法的实质是揭示局部与整体的关系，所以，对于你感兴趣的任何这种关系都可以运用这种方法。

# 第三节　比率分析法

学习常用的财务比率可以说是财务报表分析的主要内容之一，具体的财务比率将在第九章阐述。下面先对财务比率分析方法进行简单介绍，并列举出在比率分析时可能会遇到的问题。

## 一、比率分析法简介

比率分析法是财务报表分析的常用方法之一。比率分析法是指把财务报表中的某些有特定关系的项目联系起来，通过计算比率进行分析。一个比率要有意义，其分子与分母之间必须要有一定的逻辑联系，这样才能保证计算出来的财务比率有一定经济意义。显然我们不能将不相关的两个东西相比，对这样的比率无法进行解释。因此，对于那些常用比率，大家应当试着思考一下这个比率为什么这么设计，它的经济意义是什么。

例如，我们在共同比利润表中，可以看到用期间费用除以营业收入得到的百分比，其中财务费用占营业收入百分比的经济意义就没有其他两项期间费用率直接。因为随着经营规模增大（收入增长），销售费用和管理费用一般会增加；而财务费用一般与企业的负债融资决策相关，而与营业收入的关系没有那么直接。从前文涪陵榨菜的报表，大家已经看到它的营业收入不断增加，但是公司并没有负债融资，财务费用反而是负数。随着你对财务数据和财务报表认识程度的加深，你完全可以根据自己的研究需要来设计出新的比率。

## 二、比率分析中常遇到的问题

首先，比率计算中的负分母问题。当比率的分母为负时，该比率的经济意义就很难解释了。例如，在计算净资产收益率（第九章第四节中详细介绍）这个比率时，如果一家企业资不抵债、净资产是负数，则无法计算这个比率。这时候，我们往往会选用一些其他比率来辅助分析判断。譬如，计算总资产收益率，总资产一般不会为负，就可以避免遇到这样的问题。因此，运用比率分析时，不能仅仅使用一个比率。我们往往是运用一整套比率进行分析，比率之间相互印证、互为补充。

**微课堂**

**比率分析中常遇见的问题**

其次，比率计算中的极端值问题。例如，计算市盈率（每股市价 ÷ 每股收益）时，当每股收益非常小的时候（企业微利），市盈率会非常高。这时候，该比率就是一个极端值，这个比率已经没有意义。事实上，市盈率有用的前提条件是，该公司的财务状况是健康的，它的盈利能力达到了行业平均水平。再次强调，一手的基础数据最重要。看到比率出现极端值，一定要找一手数据进行观察、分析和解释。

最后，比率计算中的错误。例如，A 公司净利润为–400 万元，净资产为–2 000 万元；B

公司净利润为 2 000 万元，净资产为 20 000 万元。此时计算净资产收益率，A 公司为 20%，B 公司为 10%，貌似 A 公司净资产收益率更高。这显然非常荒谬，这是只看比率不看一手数据带来的问题。任何时候，都不要忘记对一手数据、原始数据进行基本了解和分析。

关于财务报表分析的常用比率，将在第九章进行详细解读。

# 第四节　因素分析法

因素分析法是除趋势分析法、共同比分析法和比率分析法之外，经常被使用的财务报表分析方法。下面将对因素分析法的概念进行讲解，并且用因素分析法对净利润的影响因素进行剖析。此外，杜邦分析法也体现了因素分析的思想——将一个综合性指标分解为几个影响因素指标。

## 一、因素分析法简介

因素分析法是指通过分析某指标的影响因素，从数量上确定各因素对分析指标影响方向和影响程度的一种方法。在运用因素分析法时，一般有以下步骤：首先，确定需要分析的指标；其次，确定影响该指标的各个因素与该指标的关系；最后，计算确定各个因素的影响程度。财务报表分析中常用的因素分析包括对净利润的影响因素进行分析，杜邦分析法也是因素分析的体现。

## 二、净利润的影响因素分析

通过下面的公式得到净利润的影响因素：

净利润=利润总额×(1−实际有效税率)

利润总额=营业利润+营业外收入(净额)

营业利润=营业总收入×营业利润率

净利润的影响因素还可以根据分析者的需要拆解为其他影响因素，只要满足利润表中的数字对应关系即可。所以，此处将净利润进行这样的拆解只是一种拆解方式，分析者完全可以根据自己的需要进行其他方式的拆解。这里仍用涪陵榨菜 2010 年和 2017 年的数据来说明一下该方法的运用。

### 案例 8.6

**对涪陵榨菜 2010 年和 2017 年净利润的因素分析**

可以先来看一下涪陵榨菜 2010 年和 2017 年的净利润构成因素数值情况，见表 8.6。

**表 8.6　涪陵榨菜 2010 年和 2017 年净利润的影响因素**

（金额单位：万元）

| 项目 | 2010 年度 | 2017 年度 |
|---|---|---|
| 营业总收入 | 54 504 | 152 024 |
| ×营业利润率 | 12% | 31% |
| 营业利润 | 6 449 | 46 959 |
| +营业外收入净额 | 190 | 1 810 |

续表

| 项目 | 2010 年度 | 2017 年度 |
| --- | --- | --- |
| 利润总额 | 6 639 | 48 770 |
| ×（1−实际有效税率） | 84% | 85% |
| 净利润 | 5 575 | 41 414 |

注：表中数据经原始报表数据四舍五入得到。

我们看到净利润的影响因素有营业收入、营业利润率、营业外收入净额和实际有效税率，可以看一下这四个因素分别对净利润产生了什么影响，见表 8.7 和表 8.8。

**表 8.7　涪陵榨菜 2010 年和 2017 年净利润影响因素分析**

（金额单位：万元）

|  | 2010 年 | 营业收入的影响 | 营业利润率的影响 | 营业外收入净额的影响 | 实际有效税率的影响 |
| --- | --- | --- | --- | --- | --- |
| 营业总收入 | 54 504 | 152 024 | 152 024 | 152 024 | 152 024 |
| ×营业利润率 | 12% | 12% | 31% | 31% | 31% |
| 营业利润 | 6 449 | 17 987 | 46 959 | 46 959 | 46 959 |
| +营业外收入净额 | 190 | 190 | 190 | 1 810 | 1 810 |
| 利润总额 | 6 639 | 18 177 | 47 149 | 48 770 | 48 770 |
| ×（1−实际有效税率） | 84% | 84% | 84% | 84% | 85% |
| 净利润 | 5 575 | 15 263 | 39 589 | 40 950 | 41 414 |
| 对净利润的影响 |  | 9 688 | 24 326 | 1 360 | 464 |

**表 8.8　涪陵榨菜 2010 年和 2017 年各净利润影响因素变化量占比分析**

（金额单位：万元）

| 项目 | 金额 | 百分比 |
| --- | --- | --- |
| 2010 年净利润 | 5 575 |  |
| 营业收入增长带来的影响 | 9 688 | 27% |
| 营业利润率上升带来的影响 | 24 326 | 68% |
| 营业外收入净额的影响 | 1 360 | 4% |
| 实际有效税率的影响 | 464 | 1% |
| 净利润的变化总额 | 35 840 | 100% |
| 2017 年净利润 | 41 414 |  |

通过净利润的因素分析可以很清楚地看到，净利润的增长主要来自营业收入的增长以及营业利润率的上升。

# 第五节　通用财务报表分析方法小结

前文介绍了趋势分析、共同比分析、比率分析和因素分析等常用的财务报表分析方法，这些方法简便、易操作，成为主流财务报表分析中最为常用的方法。下面将总结这些常用财务报表分析方法的有用性及其局限性，从而有助于我们正确理解和运用这些财务报表分析方法。

## 一、通用财务报表分析方法的有用性

趋势分析帮助我们了解某个数据在不同时间的表现，了解历史表现在一定程度上可以帮助我们判断未来趋势。共同比分析有助于我们分析局部之于整体的结构关系，共同比利润表直接告诉我们利润的结构，共同比资产负债表给出了资产结构和资本结构，共同比现金流量表能够表达现金流入和现金流出的结构，这对我们认识企业的财务状况和经营结果是十分有益的。常用的财务比率可以帮助我们快速分析和得到数据之间的关联，因此会运用财务比率对企业进行分析是财务报表分析初学者的必须掌握的技能。因素分析则告诉我们某一个因素变动对总体变动的影响程度，是我们深刻理解某个项目变动原因的方法。

## 二、通用财务报表分析方法的局限性

财务分析方法是帮助我们判断企业实际情况的工具，其本身不是分析的目的。

第一，财务报表有时不能完全代表企业实际情况。此时，如果不对财务报表数据质量进行诊断和调整，而是直接运用财务报表分析方法进行分析，得出来的结论可能也会失之偏颇。财务报表失真既有可能是管理层无意为之（会计准则本身的偏差，或是管理层误读了会计准则，或是对会计估计判断失误等），也有可能是管理层有意为之（出于各种动机与目的，对报表进行操纵）。当财务报表失真时，财务报表分析方法是否完全无用？并不是，对失真的财务信息运用各种方法进行分析，关注反常指标，都将有助于我们识别失真报表。因为，若想将全套报表都造假造得天衣无缝，成本是比较高昂的。大多数情况下，会有报表结构异常、财务指标异常等问题出现。识别异常之后，需要对财务报表数据进行调整，基于调整后数据再次运用财务报表分析方法进行分析。

第二，财务报表仅反映财务信息，而对企业经营情况进行判断并根据分析目的得到结论，还需要了解其他非财务信息。例如，企业产品市场上的信息和资本市场上的信息，对于理解企业的战略行为可能都十分有用。

## 本章小结

本章介绍了通用的财务报表分析方法。当对企业连续若干年的资料进行比较时，使用趋势分析法。趋势分析法具体根据比较时期又分为比较分析法和指数趋势分析法。当对某一期某个报表进行结构分析时，使用共同比分析法，可以得到共同比利润表、共同比资产负债表和共同比现金流量表。还有一种常用的财务报表分析法——比率分析，将有经济联系的两个数据相互比较得到比率，进而观察比率变动，具体比率将在第九章中继续讲解。因素分析法用于分析影响因素对目标指标的影响十分有用。财务报表分析方法非常有用，但我们也应当意识到基于失真财务数据的分析会有问题，并且对企业的分析不能仅仅关注财务信息。

## 综合练习题

### 一、单选题

1. 下列关于比较分析法的描述中，错误的是（　　）。

A. 年报中的资产负债表同时披露期初金额与期末金额，有助于我们进行比较分析

B. 年报中的利润表同时披露上年金额与本期金额，有助于我们进行比较分析

C. 现金流量表无法做比较分析

D. 比较分析有助于看清两年间某项目的变动情况

2. 下列关于共同比分析法的描述中，错误的是（　　）。

A. 共同比资产负债表是将资产负债表上的每一项去除以总资产

B. 共同比利润表是将利润表上的每一项去除以营业总收入

C. 共同比现金流量表常用的方法是将现金流量按照流入、流出重新构建，然后分别计算共同比

D. 共同比分析法是一种时间序列分析方法

3. 下列关于比率分析法的描述，错误的是（　　）。

A. 比率分析要有意义，比率的分子和分母之间一定要有逻辑联系

B. 比率分析中遇到负分母的时候，往往对分母取绝对值后计算

C. 比率分析中如果遇到极端值，需要观察获得的一手数据情况，再据此判断

D. 比率分析中不能光看比率的计算结果，必须关注获得的一手原始数据

4. 净利润的影响因素不包括（　　）。

A. 营业总收入　B. 营业利润率　C. 股利分配率　D. 实际有效税率

5. 下列关于财务报表分析方法的评论中，不准确的是（　　）。

A. 在分析企业时，财务报表给我们提供了足够多的分析素材

B. 财务报表分析方法是进行财务报表分析时常用的工具，其本身不是分析的目的，不能为方法而方法

C. 对不实的财务报表也可以用分析方法来筛查，一般全面造假成本高昂，企业财务报表上或多或少会体现出一些异常，当然也有例外情况

D. 仅仅用财务数据来进行财务报表分析是不够的，还需要综合利用其他渠道获得各种信息来形成对企业的判断

## 二、判断题

1. 趋势分析又被称为结构分析，是将某个企业连续若干会计年度的资料进行比较的分析方法。（　　）

2. 共同比分析又称为垂直分析，用于观察局部占整体的比例。（　　）

3. 从共同比资产负债表中可以观察到一个企业的资产结构和资本结构。（　　）

4. 运用比率分析时，往往是运用一整套比率，比率之间可以相互印证、互为补充。（　　）

5. 杜邦分析法体现了因素分析的思路。（　　）

## 三、简答题

1. 请描述什么是因素分析法，并简述因素分析的步骤。

2. 请简要描述通用财务报表分析方法的局限性。

3. 请简要描述比率分析中常会遇到的问题。

# 第九章 常用比率的设计原理及其分析

**【知识目标】**

1. 掌握短期偿债能力比率的计算及其分析。
2. 掌握长期偿债能力比率的计算及其分析。
3. 掌握营运能力比率的计算及其分析。
4. 掌握盈利能力比率的计算及其分析。
5. 理解比较指标的选择及其考量。

**【技能目标】**

1. 熟知各个比率的优缺点与适用情境。
2. 能够找到比率计算所需数据，并计算比率。
3. 能够对比率结果进行合理解释与分析。

**【关键术语】**

流动比率、速动比率、现金流动比率、平均收账期、存货持有天数、净营运周期、资产负债率、有息负债率、利息保障倍数、固定费用保障倍数、现金利息保障倍数、现金流量充足率、固定资产周转率、总资产周转率、经营性利润率、净利润率、收入的现金含量、净利润的现金含量、总资产收益率、净资产收益率、杜邦分析法、管理用杜邦分析法、经验标准、历史标准、行业标准、预算标准

## 引例

### 涪陵榨菜的财务比率

重庆市涪陵榨菜集团股份有限公司（以下简称“涪陵榨菜”）是一家从事榨菜产品、榨菜酱油和其他佐餐开胃菜等方便食品的研制、生产和销售的公司。公司主导产品为乌江牌系列榨菜。表 9.1 给出了该公司的一些财务比率。

表 9.1 涪陵榨菜的财务比率

| 相关指标 | 2017 年度 | 2016 年度 | 2015 年度 | 2014 年度 | 2013 年度 | 2012 年度 | 2011 年度 | 2010 年度 |
|---|---|---|---|---|---|---|---|---|
| 流动比率 | 3.24 | 3.46 | 3.72 | 4.75 | 3.82 | 4.34 | 3.82 | 5.40 |
| 速动比率 | 2.69 | 2.83 | 2.75 | 3.67 | 3.08 | 3.50 | 3.05 | 4.47 |
| 现金流动比率 | 1.11 | 1.40 | 1.28 | 0.74 | 1.08 | 1.05 | 0.70 | 0.93 |
| 平均收账期 | 0.37 | 0.66 | 1.23 | 2.10 | 1.81 | 1.02 | 0.95 | — |
| 存货持有天数 | 97.38 | 104.37 | 110.99 | 89.42 | 81.36 | 107.72 | 93.43 | — |
| 预付账款持有天数 | 4.16 | 5.23 | 9.83 | 13.83 | 10.60 | 4.59 | 6.20 | — |

续表

| 相关指标 | 2017 年度 | 2016 年度 | 2015 年度 | 2014 年度 | 2013 年度 | 2012 年度 | 2011 年度 | 2010 年度 |
|---|---|---|---|---|---|---|---|---|
| 应付账款持有天数 | 41.27 | 38.10 | 36.48 | 39.75 | 43.78 | 50.70 | 37.08 | — |
| 预收账款持有天数 | 46.41 | 34.51 | 22.49 | 23.55 | 25.86 | 34.43 | 41.16 | — |
| 净营运周期 | 14.22 | 37.64 | 63.07 | 42.04 | 24.13 | 28.19 | 22.35 | — |
| 资产负债率 | 22% | 19% | 17% | 17% | 20% | 15% | 18% | 15% |
| 有息负债率 | 0% | 0% | 0% | 0% | 0% | 0% | 0% | 0% |
| 利息保障倍数 | — | — | — | — | — | — | — | — |
| 固定费用保障倍数 | — | — | — | — | — | — | — | — |
| 现金利息保障倍数 | — | — | — | — | — | — | — | — |
| 现金充足率 | 3.79 | 3.53 | 1.02 | 0.77 | 1.32 | 1.04 | 0.77 | 0.46 |
| 固定资产周转率 | 2.08 | 1.54 | 1.52 | 1.89 | 1.95 | 1.82 | 2.16 | — |
| 总资产周转率 | 0.69 | 0.62 | 0.61 | 0.68 | 0.70 | 0.65 | 0.68 | — |
| 毛利率 | 48% | 46% | 44% | 42% | 40% | 42% | 36% | 32% |
| 核心利润率 | 29% | 24% | 18% | 16% | 18% | 20% | 14% | 12% |
| 营业利润率 | 31% | 25% | 19% | 16% | 18% | 20% | 14% | 12% |
| 净利润率 | 27% | 23% | 17% | 15% | 17% | 18% | 13% | 10% |
| 收入的现金含量 | 1.24 | 1.25 | 1.17 | 1.13 | 1.18 | 1.10 | 1.09 | 1.20 |
| 净利润的现金含量 | 1.26 | 1.57 | 1.55 | 0.83 | 1.42 | 1.21 | 1.34 | 2.04 |
| 总资产收益率 | 19% | 14% | 10% | 10% | 12% | 12% | 9% | — |
| 净资产收益率 | 24% | 17% | 13% | 12% | 14% | 14% | 10% | — |

**启发思考：**(1)以上财务比率你准确知道含义的有多少？(2)如何解读这些比率的结果？

# 第一节　短期偿债能力比率

试想一下，短期债权人看财务报表的时候，最关心的是什么？短期债权人与企业的利益纠葛时间比较短，他最关心的应该是短期内企业的现金流量状况，只要短期之内企业有现金、能够还款，他的资金就很安全。至于企业是否赚钱，他并不关心。所以，短期偿债能力比率的核心就是关注短期之内的现金流量。

判断企业短期偿债能力的常用指标有流动比率、速动比率、现金流动比率、平均收账期、存货持有天数、净营运周期等，接下来我们就具体剖析一下这些比率，看看各个比率的设计原理及使用时的注意事项。

## 一、流动比率与速动比率

短期偿债能力的核心指标就是流动比率和速动比率。

### （一）基本公式

短期债权人在企业中的利益诉求体现为财务报表的短期（流动）负债部分，分析短期偿债能力的核心是判断企业短期内的现金流量是否能够足额偿还即将到期的短期负债。而流动资产可以简单理解为一年内能够变成现金的资源。因此，用流动资产除以流动负债可得到流动比率，这个比率的设计就很自然了——意在看一看一年内能够变现的资源在多大程度上能抵偿一年内要还的钱。具体公式如下：

$$流动比率=流动资产\div流动负债 \tag{9.1}$$

一般来说，该比率越大，短期债权人的资金越安全。

流动比率公式中，分子是全部流动资产。为了更谨慎一点，人们有时通过以全部流动资产减去存货等变现稍慢的资产作为分子来计算速动比率，公式如下：

$$\begin{aligned}速动比率&=(流动资产-存货)\div流动负债\\&=速动资产\div流动负债\end{aligned} \tag{9.2}$$

这些能够更快变现的资源（速动资产）除以流动负债，即速动比率的数值越高，短期债权人的资金越安全。

上面的速动资产是用流动资产减去存货得到的。但是，如果一家企业预付款项很多，预付款项是否应当包含在速动资产中？如果一家企业其他流动资产金额较大，是否应当将其包含在速动资产中？预付款项往往是购买存货的保证金，它往往最终会变成存货，流动性还排在存货之后，应该在计算速动资产的时候扣除（不包含在速动资产中）。而当其他流动资产金额巨大时，应当关注其他流动资产的具体内容。有些企业会将购买的银行理财产品放在此项列示，这时其他流动资产应当包含在速动资产当中。如果其他流动资产是其他一些变现能力较差的资产，则最好不要包含在速动资产中。

### （二）比率剖析

通过基本公式大家理解了流动比率和速动比率的设计原理，那这两个指标有什么缺点，或者使用时有何注意事项？这两个指标主要有两个明显的缺点：缺点一是两个指标均为静态指标，有时不能正确反映特殊事件的影响；缺点二是其有用性取决于分子所代表的资产的质量。

#### 1. 缺点一

分析流动比率和速动比率时，要注意计算公式中的分子和分母都是时点数（都取自资产负债表）。时点数的缺点是，如果在会计期末的时候，突然发生一笔大额交易，改变了相关数据的平均水平，那么计算出来的相应比率可能会受到该事件的较大影响，而与平时的数值产生较大差异。例如，企业在快到期末的时候，将一项固定资产卖了，并收回了资金。流动资产、速动资产一下子增加很多，流动比率和速动比率一下子变大。这虽然的确体现了短期之内流动性变好的特点，但是可能还需要关注为什么卖出固定资产，以及是不是因为之前流动性太差企业才被迫卖出固定资产等问题。

**微课堂**

**流动比率和速动比率有用性受到限制的情况**

#### 2. 缺点二

此外，流动比率和速动比率要有用，就必须建立在流动资产和速动资产是高质量资产的基础之上。如果一家企业的存货卖不出去，但该企业却不计提存货跌价准备，存货账面价值非常高，相应计算出来的流动比率也很大，这又有什么意义呢？再如一家企业的应收账款如果都是坏账，但该企业也不计提坏账准备，那么计算出来的速动比率可能好看，可这又有什么用呢？流动比率、速动比率有用的基础是分子的各项资产是高质量的资产，是能够变现的资产。

## （三）比率运用

在具体运用流动比率和速动比率时，一定不要匆忙得出结论。有时，流动比率、速动比率很好看，企业短期偿债未必就没问题；有时，流动比率、速动比率不怎么好看，企业短期偿债未必就一定有问题。

### 案例 9.1

#### 流动比率、速动比率很“烂”，但公司貌似还行

涪陵电力（600452）主要涉及电力供应和配电网节能业务。表 9.2 给出了涪陵电力历年来的主要财务比率。

表 9.2 涪陵电力历年来的主要财务比率

| 日期 | 流动比率 | 速动比率 | 净资产收益率（%） | 总资产收益率（%） | 净利润率（%） | 毛利率（%） |
|---|---|---|---|---|---|---|
| 2001-12-31 | 1.58 | 1.50 | 13.19 | 9.02 | 7.36 | 12.60 |
| 2002-12-31 | 0.96 | 0.94 | 15.39 | 10.42 | 7.54 | 12.62 |
| 2003-12-31 | 1.04 | 1.01 | 13.53 | 9.39 | 6.87 | 14.35 |
| 2004-12-31 | 3.10 | 3.08 | 7.40 | 5.81 | 5.69 | 13.08 |
| 2005-12-31 | 1.32 | 1.31 | 5.85 | 4.16 | 5.61 | 12.07 |
| 2006-12-31 | 0.77 | 0.76 | 6.37 | 3.23 | 4.94 | 10.40 |
| 2007-12-31 | 0.61 | 0.60 | 6.59 | 2.83 | 5.30 | 14.60 |
| 2008-12-31 | 0.54 | 0.52 | 5.60 | 2.33 | 4.14 | 16.63 |
| 2009-12-31 | 0.56 | 0.54 | 0.46 | 0.21 | 0.34 | 11.46 |
| 2010-12-31 | 0.64 | 0.60 | −35.97 | −15.16 | −15.71 | 12.71 |
| 2011-12-31 | 0.54 | 0.52 | 3.02 | 1.13 | 1.05 | 10.62 |
| 2012-12-31 | 0.31 | 0.29 | 8.09 | 3.28 | 2.52 | 12.11 |
| 2013-12-31 | 0.20 | 0.20 | 13.68 | 6.99 | 4.35 | 13.73 |
| 2014-12-31 | 0.58 | 0.58 | 15.08 | 9.16 | 5.67 | 12.36 |
| 2015-12-31 | 1.02 | 1.01 | 30.51 | 18.01 | 14.89 | 10.44 |
| 2016-12-31 | 0.24 | 0.24 | 21.18 | 6.76 | 10.09 | 13.36 |

我们看到，涪陵电力 2016 年底的流动比率和速动比率数值都非常小（只有 0.24），但是其盈利能力指标不错（净资产收益率达到 21.18%）。这样的公司到底怎么样呢？不能匆忙得出结论。我们进一步观察该公司报表（可以扫码查看更完整的数据和资料），就会发现流动负债当中，几乎没有金融性负债，最主要的流动负债是应付账款。应付账款主要是由向供应商赊购货物产生的，因此我们可以再具体看看该公司披露的主要供应商情况，如下。

前五名供应商采购额为 106 266.26 万元，占年度采购总额的 32.95%，其中前五名供应商采购额中关联方采购额为 94 746.93 万元，占年度采购总额的 29.38%。（摘自涪陵电力 2016 年年报）

可见关联方采购占了相当大的比重。该公司并没有披露前五名供应商的名称，但我们通过应付账款的报表附注可以了解到一些供应商的情况。应付账款中账龄较长的两家公司都是涪陵电力的关联方。可得出结论：虽然流动比率和速动比率极低，但短期并不会造成公司偿债能力的危机。

### 案例 9.2

**流动比率、速动比率“很好”，但公司业绩差强人意**

振芯科技（300101）主要做北斗卫星导航相关高性能集成电路、元器件、终端销售及运营维护、视频图像安防监控等业务。表 9.3 给出了振芯科技历年来的主要财务比率。

**表 9.3　振芯科技历年来的主要财务比率**

| 日期 | 流动比率 | 速动比率 | 净资产收益率（%） | 总资产收益率（%） | 净利润率（%） | 毛利率（%） |
|---|---|---|---|---|---|---|
| 2007-12-31 | 1.51 | 1.16 | 30.96 | 8.11 | 26.17 | 34.25 |
| 2008-12-31 | 1.39 | 0.94 | 33.41 | 16.26 | 29.89 | 66.97 |
| 2009-12-31 | 3.57 | 2.72 | 28.83 | 18.98 | 30.50 | 63.66 |
| 2010-12-31 | 12.54 | 11.78 | 13.04 | 12.47 | 33.56 | 64.50 |
| 2011-12-31 | 14.31 | 13.18 | 6.58 | 6.15 | 25.79 | 52.55 |
| 2012-12-31 | 5.56 | 4.70 | 3.28 | 3.14 | 13.69 | 57.02 |
| 2013-12-31 | 3.19 | 2.53 | −2.11 | −1.27 | −4.68 | 45.51 |
| 2014-12-31 | 2.77 | 2.06 | 7.01 | 6.11 | 16.26 | 54.19 |
| 2015-12-31 | 2.59 | 1.86 | 9.90 | 7.99 | 18.89 | 53.46 |
| 2016-12-31 | 4.46 | 3.14 | 4.83 | 4.51 | 12.92 | 53.34 |

我们看到，振芯科技的盈利能力变差了，但其流动比率和速动比率数值很大，这样的公司的短期偿债能力很强？如果查看振芯科技 2016 年年报，会发现，该公司 2016 年经营活动现金流量变成了负数（−157 356 349.16 元），在主营业务上没有赚钱能力，这是一个非常糟糕的信号。如果再去看看振芯科技披露的主要客户情况，可以看到其客户比较集中，虽然没有明细披露，但应该是涉及特种行业的客户，一般来说最终回款应该是没有问题的，但令人比较担忧的是回款速度可能会比较慢。再加上短期借款有 5 000 万元，对这部分短期借款也需要仔细分析。有时由于企业与银行关系好，可能交清利息就可以借新债偿旧债，因此所谓的短期借款是不是短期的也未可知。

总之，振芯科技虽然流动比率和速动比率很高，但是由于其经营产生现金的能力很差、应收账款的质量可能在下降等原因，我们在分析其短期偿债能力的时候一定要谨慎对待流动比率和速动比率的计算结果。可以扫码阅读更完整的数据和资料。

通过案例 9.1 和案例 9.2，大家一定已经意识到我们在运用流动比率和速动比率的时候，一定不要匆忙得出结论。事实上，对任何一个比率计算结果都不能匆匆忙忙就下结论。在计算比率时，我们往往是计算一整套比率，这样各比率之间可以相互印证、互为补充。而真正体现财务报表分析能力的分析结论一定是基于对行业的了解、对公司战略的熟悉，对报表项目、报表质量仔细的研判而得出的分析结论。

## 二、现金流动比率

前文讲述了流动比率、速动比率等静态指标的缺点，为了克服这个缺点，人们又设计了现金流动比率。

### （一）基本公式

现金流动比率的具体公式如下：

$$现金流动比率=经营活动现金流量净额÷流动负债 \quad (9.3)$$

现金流动比率计算公式中的分子是经营活动现金流量净额，代表了企业一年内经营活动能够产生的现金流量（有的公式中会加上货币资金，以表示将手头存量资金的清偿能力也考虑进去）；其分母与流动比率、速动比率计算公式中的分母一样，仍然是流动负债，这是一年内要偿还的债务。因此简单来说，这个比率衡量了企业一年内的经营活动赚到的钱是否能够满足一年内要支付的钱。我们一般认为该比率越高，企业对短期债权人的保障就越好。如上所述，在设计该比率的计算公式时，其分子可能有不同的表达，我们在计算和分析的时候，只要认准一种计算方式就可以了。在同行业不同企业间进行比率比较的时候，应当关注同一个比率在不同企业间采用的算法是否一致。

### （二）比率剖析

现金流动比率的计算公式中，分子是经营活动现金流量净额，这体现了企业在过去一年的赚钱能力；而分母是流动负债，简单来说这是未来一年内要支出的费用。这里有明显的期间不匹配的问题。所以，现金流动比率有用的前提条件是：企业明年的赚钱能力是不输于今年的，或者是保持稳定的。只有在这种情况下，现金流动比率才可用。

### （三）比率运用

现金流动比率的优点是考虑了流量数据，克服了流动比率、速动比率作为静态指标的缺点；而现金流动比率的缺点是，如果企业经营现金流在未来会发生较大幅度的下降，这个比率就失去了意义。即使我们计算出来的现金流动比率很好看，企业也有可能在未来发生无法清偿短期债务的危机。

## 案例 9.3

### 康得新的现金流动比率

康得新是一家有机材料高新技术公司，公司主要从事预涂膜及覆膜设备的开发、生产及销售。我们先通过表 9.4 观察一下康得新 2007—2017 年的流动比率、速动比率和现金流动比率。

表 9.4 康得新的短期偿债能力指标

| 相关指标 | 2017年度 | 2016年度 | 2015年度 | 2014年度 | 2013年度 | 2012年度 | 2011年度 | 2010年度 | 2009年度 | 2008年度 | 2007年度 |
|---|---|---|---|---|---|---|---|---|---|---|---|
| 流动比率 | 2.14 | 2.2 | 1.93 | 1.93 | 1.47 | 2.55 | 1.39 | 5.31 | 1.18 | 0.96 | 1 |
| 速动比率 | 1.99 | 2.06 | 1.77 | 1.7 | 1.18 | 2.34 | 1.01 | 4.73 | 0.85 | 0.3 | 0.59 |
| 现金流动比率① | 0.31 | −0.00 | 0.12 | 0.12 | 0.08 | 0.17 | 0.19 | 0.71 | 0.20 | 0.19 | 0.04 |
| 现金流动比率② | 1.89 | 1.55 | 1.49 | 1.30 | 1.08 | 2.29 | 1.01 | 5.05 | 0.89 | 0.35 | 0.38 |

注：现金流动比率①=经营活动现金流量净额÷流动负债

现金流动比率②=(经营活动现金流量净额+货币资金)÷流动负债

我们看到，康得新的流动比率、速动比率都不低，计算公式中分子包含货币资金的现金流动比率也很高。这其实是由于康得新账上的货币资金比较多导致的，2017 年年底的货币资金高达 185 亿元，占总资产的 54%。从短期偿债能力比率来看，这样一家公司我们一般会认为其短期流动性不会出现问题，毕竟账上有那么多钱呢。

可就是这家公司，在 2019 年 1 月 15 日发布公告，第一期 10 亿元超短期融资券实质违约，第二期 5 亿元超短期融资券兑付存在不确定性。而财务报表显示其 2018 年第三季度末货币资金还高达 150 亿元。我们考察的短期偿债能力指标在这个案例中都失效了。

通过财务报表能够提前看出些许问题。一是经营活动现金流量不稳定，尤其是 2016 年变成-4 700 万元体现在计算公式中分子不包含货币资金的现金流动比率较低，并且 2016 年是负数（表 9.4 中是四舍五入的结果）；二是虽然该企业账上货币资金高，但同时金融性负债，如短期借款、长期借款和应付债券加起来也金额巨大，为什么不缺钱还要去借钱？报表上的“双高”现象（货币资金高、借款高）值得引起投资者的警惕。在这种情况下，很有可能货币资金的用途受到了限制，甚至货币资金可能是虚假的。康得新已于 2019 年 1 月 22 日被证监会立案调查。

**视野拓展**

**康美药业短期偿债能力指标**

近期，一些上市公司频频被曝出货币资金虚假的问题。货币资金虚假，势必会对流动比率、速动比率的可用性造成影响。

## 三、平均收账期

前文已经提到，流动比率、速动比率的有用性取决于其计算公式中分子的质量。在速动资产、流动资产中，一般应收账款和存货占比较高，其质量也是我们重点关注的对象。因此，为了判断流动资产的质量，短期偿债能力分析还应包括平均收账期（又名“应收账款周转天数”）、存货持有天数（又名“存货周转天数”）等指标。

这两个指标可以帮助我们判断流动资产、速动资产质量，只有这两个指标表现良好，前面的流动比率、速动比率才是有意义的比率。

### （一）基本公式

一般来说，企业赊销时，应收账款增加的同时收入增加；随着赊销的发生，收入在不断累积，但应收账款却会随着账款的回收而变少；所以如果收入很多，而应收账款比较少，就可能说明账款的回收速度比较快。因此，平均收账期的计算公式如下：

$$平均收账期=应收账款平均值÷每天的营业收入 \quad (9.4)$$

平均收账期计算公式中的分子一般采用应收账款的平均值，原因在于该指标的分母——每天的营业收入是时期数，而分子如果是时点数的话，就会不匹配。如果分子不是当期平均水平的代表，算出来的指标很可能就不能代表企业平时应收账款的周转状态。因此，其分子采用平均值。用年报数据计算应收账款平均值的话，就是［（期初+期末）÷2］。如果用季报数据，就用季报期末数据相加的结果再除以 4。企业内部分析还可以用月度数据，甚至每天余额来计算平均值。

平均收账期告诉我们，某企业这样水平的应收账款大概需要多少天能够收到钱。这个指标只是从宏观上、整体上笼统地告诉我们该企业应收账款的回收情况，并不代表该企业对每一个具体客户的信用政策水平。企业对不同客户的信用政策可能不同，该指标反映的是最终整体的信用政策及其执行的结果。如果一家企业给主要客户的授信期间都比较一致，那么平均收账期就不能与这个授信期间相差太大，如果相差太大，则意味着账款回收过程中出现问题了。

### （二）比率剖析

平均收账期与应收账款周转率可以说是等价指标。应收账款周转率的计算公式如下：

$$应收账款周转率=营业收入\div 应收账款平均值 \tag{9.5}$$

根据计算公式 9.4 和 9.5，我们可以清楚地看到平均收账期与应收账款周转率这两个指标的关系是，二者相乘等于 365。由于这两个指标在数学上完全等价，所以并没有带来信息增量（在与别的比率比较时，有时为了更加直观就需要用到另外一种表达方式）。本节后面的剖析将从应收账款周转率的角度出发，并在第三节营运能力比率中略去对应收账款周转率的介绍。

#### 1. 分子的问题

（1）分子与分母的增值税口径不一致。计算公式中，分子是营业收入，不含增值税；但分母是应收账款，含增值税。因此，二者在计算口径上存在不一致。有人建议将分子统一乘以 1.13（或企业适用的其他增值税税率），这样分子、分母的计算口径就一致了。这个问题有一定道理，但也没有那么严重。如果都用原来的公式计算，公司不同年份之间、不同公司之间也不会出现太严重的不可比现象。

（2）分子应当仅包括赊销形成的收入。计算公式中，分子是营业收入，实际上包含了现金销售收入、赊销收入，甚至还有预收款形成的收入，而实际上与应收账款有关的仅仅是赊销带来的收入。因此，应当以赊销收入作为分子，这样计算的应收账款周转率才是更加准确的。这个说法很有道理，但问题的关键是，赊销收入除了管理层知道外，外部的报表分析者没有办法有效获得。如果我们把现金销售看作周转期为 0 天的应收账款，那么原来的计算公式也不是没有道理。当然，如果预收款带来的收入特别多，应收账款周转率就可能会被夸大。

（3）分子不应使用收入这类指标。真正能够反应应收账款周转实际情况的，只能是“当期实际收回的应收账款”，而不是收入。这个说法也很有道理。例如，一个企业应收账款期初余额是 100 万元，假设当期赊销的 1 000 万元都没有收回来。传统的应收账款周转率就是 1.67，而实际的应收账款周转率是 0。又假设当期没有任何销售发生，就是将期初 100 万元的应收账款收回了。传统的应收账款周转率为 0，而实际的应收账款周转率为 2。

**视野拓展**

**国泰安数据库中关于应收账款周转率的五种计算公式**

我们可以看到，当企业当期赊销收入远大于实际回收的应收账款时，传统的计算方式会高估实际的周转率；当企业当期赊销收入远小于实际回收的应收账款时，传统的计算方式又会低估实际的周转率。那么，可不可以对这个计算方法进行改进呢？一种考虑是将分子换成“销售商品、提供劳务收到的现金”，但缺点是预收款项可能也包括在这里面，如果预收款项金额比较大，那么就可能夸大应收账款的实际周转速度。所以，对外部的报表分析者而言，要获得当期应收账款实际回款金额这个数字是比较困难的，也难以实现对这一指标的精确改造。

2. 分母的问题

（1）分母有可能不能代表平时的应收账款水平。应收账款周转率计算公式的分母是应收账款平均值，应收账款平均值最常用的计算方式就是将年报中应收账款期初余额加期末余额除以 2。这样的简单平均计算，很有可能并不能反映应收账款在整个会计期间的平均水平。尤其是对于销售季节性波动比较大的企业，根据期初和期末值计算的应收账款平均值可能会歪曲应收账款的平均水平。

**案例 9.4**

**季节波动型企业的应收账款平均值**

有一家做羽绒服的企业，一年中每个月末应收账款的余额如表 9.5 所示。另有一家卖电风扇的企业，一年中每个月末应收账款的余额如表 9.6 所示。

**表 9.5　某羽绒服企业每月应收账款余额**

（金额单位：万元）

| 项目 | 1 月初 | 1 月末 | 2 月末 | 3 月末 | 4 月末 | 5 月末 | 6 月末 | 7 月末 | 8 月末 | 9 月末 | 10 月末 | 11 月末 | 12 月末 |
|---|---|---|---|---|---|---|---|---|---|---|---|---|---|
| 应收账款余额 | 100 | 100 | 100 | 50 | 50 | 10 | 10 | 10 | 10 | 50 | 50 | 100 | 100 |

**表 9.6　某电风扇企业每月应收账款余额**

（金额单位：万元）

| 项目 | 1 月初 | 1 月末 | 2 月末 | 3 月末 | 4 月末 | 5 月末 | 6 月末 | 7 月末 | 8 月末 | 9 月末 | 10 月末 | 11 月末 | 12 月末 |
|---|---|---|---|---|---|---|---|---|---|---|---|---|---|
| 应收账款余额 | 10 | 10 | 10 | 10 | 50 | 50 | 100 | 100 | 100 | 100 | 50 | 50 | 10 |

按照前文应收账款平均值的简单算法，羽绒服企业应收账款平均值是 100 万元，显然高估了应收账款的水平；电风扇企业应收账款平均值是 10 万元，显然低估了应收账款的水平。实际上，这两家企业应收账款的平均值是一样的。要避免这个问题，就需要使用更多的应收账款数据。我国的上市公司都披露季报数据，因此，用汇总的季报数据除以 4 可能是较为准确的平均值的计算方式。

（2）坏账的计提可能会干扰该指标的计算。一般我们在计算应收账款周转率的时候，使用的是直接从报表上得到的数字，应收账款的账面价值，也就是净值。这样会带来的问题是，当期计提坏账越多，账面价值就越小，计算的周转率就越大。这完全与实际情况相违背。我们从数据库中导出来的绝大多数指标都是用应收账款的账面价值计算得到的，都会存在这个问题。要避免这个问题，就需要使用应收账款的原值计算周转率，这只有翻找应收账款的报表附注才能得到相应的数据。

（3）分母不应仅考虑应收账款。有学者提出，计算公式中的分母只考虑应收账款并不完整，应该同时考虑应收票据。因为应收票据也会带来收入，并且应收票据往往也需要一定的周转天数。对这个观点，我们应该根据重要性原则进行判断。如果应收票据金额很大，又多是商业承兑汇票，可能其周转性会有问题，此时应当考虑其周转性；如果应收票据金额不大，不具有重要性，或者都是银行承兑汇票，那么应收票据的变现就基本没有问题，也就无须太担心了。

### （三）比率运用

在比率剖析中，我们看到，应收账款周转率（平均收账期）指标存在很多瑕疵。但在实务中，这个传统的计算公式仍然是大家普遍使用的公式。为什么呢？因为，简单就是美。如果想要解决以上全部问题，外部的报表分析者恐怕就计算不出这个指标了。对于报表分析者来说，没有完美的比率，只要认清比率分析的不完美，并接受它，再利用它，就可以了。

总体来看，应收账款周转率的趋势分析和行业对比对我们认识、分析一家公司的应收账款回收情况是有用的。

### 案例 9.5

#### 三一重工的应收账款周转率分析

三一重工是一家主要从事混凝土机械、路面机械、履带起重机械、桩工机械、挖掘机械、汽车起重机械的制造和销售的公司，属工程机械行业。先来观察一下三一重工应收账款占总资产的比重情况，见表 9.7。

表 9.7　三一重工应收账款占总资产比重

| 相关指标 | 2017-12-31 | 2016-12-31 | 2015-12-31 | 2014-12-31 | 2013-12-31 | 2012-12-31 | 2011-12-31 | 2010-12-31 | 2009-12-31 | 2008-12-31 | 2007-12-31 |
|---|---|---|---|---|---|---|---|---|---|---|---|
| 应收账款占总资产的比重 | 32% | 29% | 34% | 32% | 29% | 23% | 22% | 18% | 24% | 22% | 18% |

我们看到，三一重工的应收账款占总资产的比重是非常大的（2014 年、2015 年和 2017 年超过了 30%），这与工程机械行业销售模式有关（普遍是大额赊销）。这也就意味着对三一重工的财务报表分析必须重点对其应收账款进行分析。计算一下三一重工的应收账款周转率（计算公式采用最常用的算法）。

为了更直观一点，表 9.8 同时给出了平均收账期。我们看到平均收账期在 2012 年猛增，之后平均收账期越来越长，到 2017 年平均收账期又有所缩短。可以说应收账款周转率（或平均收账期）的变化非常直观地反映了三一重工 2008—2017 年的经营状况。

表 9.8　三一重工 2008—2017 年的应收账款周转率和平均收账期

| 相关指标 | 2017-12-31 | 2016-12-31 | 2015-12-31 | 2014-12-31 | 2013-12-31 | 2012-12-31 | 2011-12-31 | 2010-12-31 | 2009-12-31 | 2008-12-31 |
|---|---|---|---|---|---|---|---|---|---|---|
| 应收账款周转率 | 2.10 | 1.19 | 1.15 | 1.57 | 2.22 | 3.56 | 5.96 | 7.09 | 4.74 | 5.32 |
| 平均收账期 | 173.53 | 306.10 | 318.76 | 231.87 | 164.77 | 102.41 | 61.22 | 51.49 | 76.93 | 68.62 |

可以看一看图 9.1 中三一重工的净利润和经营活动现金流量净额在 2007—2017 年的表现。

2008 年，受美国次贷危机的影响，我国出台了强力拉动内需的产业刺激计划，在宏观政策刺激下，工程机械行业业绩节节攀升，可以说三一重工是最大受益者之一。但是在三年政策性刺激之后，基建投资“降温”了，工程机械行业进入了困难时期。中国工程机械工业协会的统计表明，在 2012 年，国内 13 家主要企业利润下滑 34%。在低谷挣扎的三一重工开始裁员，到 2016 年年中，三一重工的员工由 6 万多人裁至约 3 万人。五年时间内，三一重工的营业收入缩水至鼎盛时期的五分之一。但随着 2013 年提出的“一带一路”倡议开始体现出投资拉动效应，再加上一系列城市基建措施的出台，工程机械行业终于在2016年走出低谷。这一系列的变化体现在该企业的经营结果上（净利润和经营活动现金流量净额），也同样体现在了应收账款周转率上。

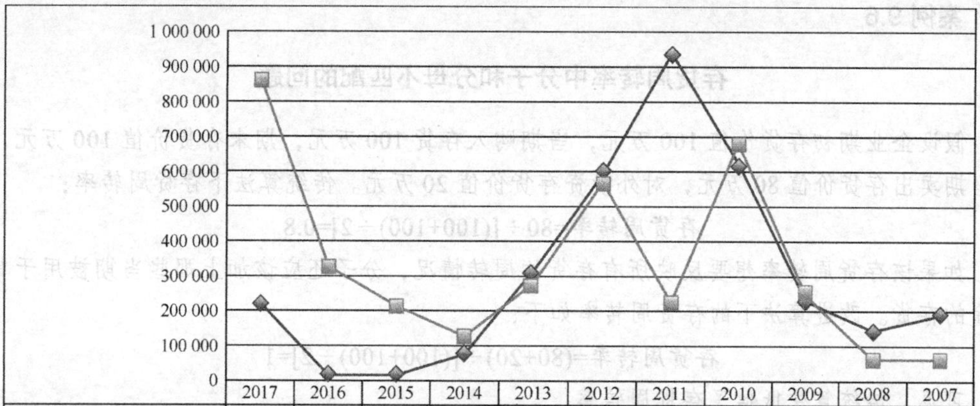


| | 2017 | 2016 | 2015 | 2014 | 2013 | 2012 | 2011 | 2010 | 2009 | 2008 | 2007 |
|---|---|---|---|---|---|---|---|---|---|---|---|
| 净利润 | 222 709 | 16 380 | 13 815 | 75 597 | 309 458 | 601 068 | 936 155 | 616 403 | 236 996 | 147 441 | 190 579 |
| 经营活动现金流量净额 | 856 450 | 324 945 | 213 598 | 123 194 | 276 933 | 568 174 | 227 903 | 674 912 | 247 113 | 64 050 | 63 059 |

图9.1　三一重工历年来的净利润和经营活动现金流量净额（金额单位：万元）

## 四、存货持有天数

与平均收账期一样，存货持有天数这个指标可以帮助分析者判断一个企业存货的质量。

### （一）基本公式

该指标的计算公式如下：

存货持有天数=存货平均值÷每天的营业成本　　（9.6）

与计算公式9.4比较一下，就会发现，存货持有天数计算公式的分母使用的是“每天的营业成本”，而不是“每天的营业收入”。这是因为随着存货被出售，其金额将被结转至营业成本。因此，从数量关系上来说，存货金额与营业成本金额存在更直接的关系。但当你阅读研究报告的时候会发现，有些分析师在计算各种周转天数（或周转率）指标时，全部都使用营业收入。这也没有什么太大问题。不管是营业收入还是营业成本，都是企业当期销售规模的一个代表，只不过随着销售，存货金额结转至营业成本，因此在数量关系上更加对应。

存货持有天数的含义是，平均而言大概需要多少天能将企业账上的存货卖出去。不同行业的存货持有天数可能有很大差异。例如，生鲜超市的存货持有天数就少，而房地产企业存货持有天数就相对较多。与平均收账期类似，存货持有天数也是从宏观上、整体上笼统地表达企业存货卖出速度的一个指标，并不代表特定存货的实际出售速度。

### （二）比率剖析

存货持有天数与存货周转率也可以说是等价指标。存货周转率的计算公式如下：

存货周转率=营业成本÷存货平均值　　（9.7）

与讨论应收账款周转率类似，本部分内容也从存货周转率的角度进行探讨。

1. 分子的问题

（1）分子和分母不匹配。存货周转率计算公式中的分子使用的是营业成本。我们知道，销售出去的存货自然体现为利润表中的营业成本，但除此之外，存货还可能被用于对外投资、债务重组、非货币性资产交换、在建工程，也有可能被分配给职工和股东，或者用于捐赠等。前述情况下，存货的减少并不对应营业成本的增加。这就会造成分子和分母不匹配的问题。

### 案例 9.6

**存货周转率中分子和分母不匹配的问题**

假设企业期初存货价值 100 万元，当期购入存货 100 万元，期末存货价值 100 万元，其中当期卖出存货价值 80 万元，对外投资存货价值 20 万元。传统算法下存货周转率：

$$存货周转率=80\div[(100+100)\div 2]=0.8$$

如果该存货周转率想要反映所有存货的周转情况，分子还应该加上那些当期被用于其他用途的存货。改进算法下的存货周转率如下：

$$存货周转率=(80+20)\div[(100+100)\div 2]=1$$

可见，传统算法低估了存货周转率。

如果想要该存货周转率反映仅用于销售的存货周转情况，分母就需要综合考虑用于其他用途的存货金额并进行调整。这种调整有时候很难进行，用于对外投资的价值 20 万元的存货到底是抵减期初存货，还是在本期购入存货中抵减呢，或者是按照对外投资的时点在计算时按照时间加权处理呢？此处，笔者从期初存货中调减这 20 万元。

再次改进算法下的存货周转率如下：

$$存货周转率=80\div[(80+100)\div 2]=0.89$$

总之，不论如何调整分母，分母都会变小。也就是说，传统算法低估了存货周转率。

通过案例 9.6 可知，如果非销售用途的存货金额巨大，就会造成存货周转率的低估。但是，如果非销售用途的存货金额不大，那么就说明存货周转率计算公式中的分子、分母不匹配的情况并不严重。

（2）该指标只反映存货的实物流转情况。存货周转率计算公式中的分子使用的是权责发生制下的营业成本，基本反映的是存货的实物流转情况，而没有反映与存货销售相关的资金收付情况。举个极端的例子，假如某企业完全是现金销售，而另一家企业完全是赊销（而且当期钱都没有收回），在其他情况一致的情况下，这两家企业的存货周转率是完全一样的，但实际上第一家企业现金回流要远远优于第二家企业。

因此，我们需要知道存货周转率主要关注的是存货的实物流转，至于资金回流情况，完全可以通过观察应收账款、预收款项、应付账款、预付款项等的周转情况，以及观察净营运周期等指标来了解。

2. 分母的问题

（1）分母有可能不能代表平时的存货水平。传统方法的计算公式中通过用存货的期初余额加期末余额除以 2 来计算存货平均值的方法过于简单了。如果存货存在很明显的季节性波动，那么根据期初余额和期末余额计算的存货平均值就与存货实际的平均水平相去甚远。这个问题与前面提到的应收账款周转率中分母问题第一点一样。前文举了羽绒服企业和电风扇企业的例子，只要把案例中的应收账款换成存货，也一样适用。此处不再赘述。

（2）存货周转率的计算没有区分各类不同的存货。工业企业的存货构成比较复杂，但是存货周转率的计算并没有区分各类不同的存货。若要仔细辨别各种存货构成的周转情况，就需要区分计算各类不同存货的周转率。例如，对于原材料、在产品和产成品，可以分别设计以下的周转率计算公式：

原材料周转率=当期原材料耗用成本÷［(期初原材料余额+期末原材料余额)÷2］（9.8）

在产品周转率=当期制造成本总额÷［(期初在产品余额+期末在产品余额)÷2］（9.9）

产成品周转率=营业成本÷［(期初产成品余额+期末产成品余额)÷2］（9.10）

### 案例 9.7

#### 不同存货分类的周转率

A 企业与 B 企业的基本资料如表 9.9 所示。

表 9.9 两个企业的基本资料

（金额单位：万元）

| 相关财务数据 | A 企业 | B 企业 |
|---|---|---|
| 营业成本 | 1 000 | 1 000 |
| 存货平均值 | 500 | 500 |
| 存货构成 | | |
| 原材料 | 300 | 100 |
| 在产品 | 100 | 100 |
| 产成品 | 100 | 300 |

按照传统方法计算存货周转率，A、B 两个企业的存货周转率都是 2。但 A 企业的产成品周转率要显著高于 B 企业。至于 A 企业原材料的成本为什么会比较高，则需要具体分析。如果预计未来原材料价格会上涨，则对 A 企业是非常有利的。

分类计算分析存货周转率当然更加准确，但此类分析仅可用于内部管理，外部分析很难得到相应数据。

（3）安全库存的存在对指标的影响。有学者认为，企业经营往往需要一定的安全库存，安全库存实际上并未参与周转，应当减去，不然存货周转率就被低估了。从趋势分析的角度来看，如果将安全库存包含在分母存货中，并不会对该指标的可比性造成太大影响；并且，如果企业改进了生产工艺和流程，降低了安全库存，会使得存货周转率提高，从而真实反映企业对存货利用效率的改善；反之亦然。

（4）存货跌价准备的计提可能会干扰该指标的计算。存货周转率的分母——存货，往往是报表上的账面价值。如果当期计提了巨额的跌价准备，使得账面价值变小，存货周转率就会提高。这与企业实际的存货周转情况恰恰是相反的。

前文在讨论应收账款周转率的时候，提到过类似问题。在这里，如果当期计提存货跌价准备的存货已经出售，则分子和分母是匹配的（减值后的存货账面价值结转至营业成本），指标不会被扭曲。但是，如果当期计提存货跌价准备的存货还大量存在于期末存货中，则存货周转率的确会变得很高，扭曲实际的存货周转情况。此时，用存货原值作为分母就可以在一定程度上避免这个问题。

### （三）比率运用

除了上面提到的由于存货跌价准备的计提给我们解读存货周转率时带来的困扰之外，对该比率的解读还应当注意以下几个问题。

（1）存货核算方法变更带来的存货数字的前后期间不可比。

（2）虽然靠改变销售政策或者销售方法提升了存货周转率（例如，通过大幅降价加快了存货周转），但企业有可能是亏损的。此时，必须结合其他指标来综合判断企业的情况（例如盈利能力的相关指标）。

（3）企业囤积存货，会造成存货周转率下降。此时，应当考虑存货周转率的这种下降是不是一定不好。企业压缩存货（降低安全库存或者向下游压货等），会造成存货周转率提高。

总之，存货周转率对于我们理解一个企业存货实物周转速度有一定的帮助，但是我们需要知道该指标设计上可能存在的问题，并且在解读它的时候要十分谨慎。

## 案例 9.8

### 海澜之家与七匹狼的存货周转率对比分析

在 A 股男装这个细分行业里，从营业收入规模上看，海澜之家排在第一位，其次是雅戈尔和七匹狼。雅戈尔其实是混业经营（服装、房地产、投资）。本案例对比分析海澜之家（只做服装）和七匹狼（七匹狼的营业收入中服装类占 99%以上）两家企业的存货周转率情况。

先来看一看存货在这两家企业总资产中的占比，见图 9.2。

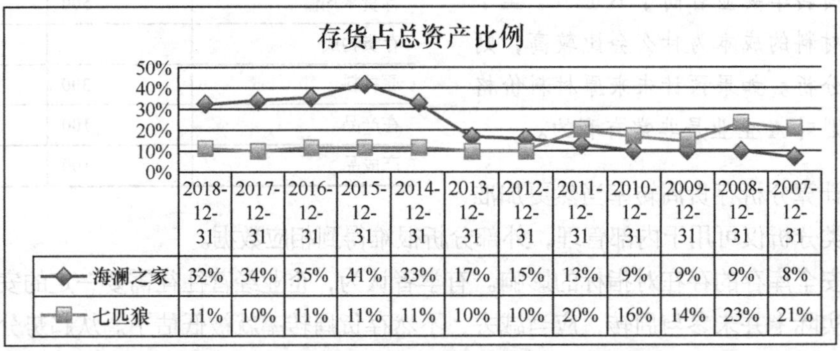


| | 2018-12-31 | 2017-12-31 | 2016-12-31 | 2015-12-31 | 2014-12-31 | 2013-12-31 | 2012-12-31 | 2011-12-31 | 2010-12-31 | 2009-12-31 | 2008-12-31 | 2007-12-31 |
|---|---|---|---|---|---|---|---|---|---|---|---|---|
| 海澜之家 | 32% | 34% | 35% | 41% | 33% | 17% | 15% | 13% | 9% | 9% | 9% | 8% |
| 七匹狼 | 11% | 10% | 11% | 11% | 11% | 10% | 10% | 20% | 16% | 14% | 23% | 21% |

图 9.2　海澜之家与七匹狼存货占总资产的比例

我们看到，海澜之家的存货占比非常高（2014—2018 年都超过了 30%），存货是非常重要的一项资产，对于财务报表分析来说，也就意味着需要对存货重点进行分析。对比看一看同属服装行业的七匹狼，我们发现七匹狼的资产结构中存货的占比远小于海澜之家，2012—2018 年保持在大概 10%的水平。当然，这可能与两家企业不同的经营模式有关，海澜之家是在整个产业链上布局，并且在产业链的后端专注自己的门店经营；而七匹狼的业务主要集中在前端和中端，它并没有大规模经营自己的品牌专营店。这种不同的经营模式会带来不同的报表特点，资产结构中存货占比的差异就是表现之一。

再来看一看存货周转的情况，见表 9.10。

表 9.10　海澜之家和七匹狼的存货周转情况

| 存货周转率 | | | | | | | | | | | |
|---|---|---|---|---|---|---|---|---|---|---|---|
| 年度 | 2018 | 2017 | 2016 | 2015 | 2014 | 2013 | 2012 | 2011 | 2010 | 2009 | 2008 |
| 海澜之家 | 1.26 | 1.30 | 1.14 | 1.21 | 2.24 | 1.54 | 2.22 | 3.55 | 4.08 | 3.79 | 3.77 |
| 七匹狼 | 2.21 | 2.08 | 1.70 | 1.79 | 1.89 | 2.40 | 3.14 | 3.31 | 3.68 | 3.47 | 3.09 |

续表

| 存货持有天数 | | | | | | | | | | | |
|---|---|---|---|---|---|---|---|---|---|---|---|
| 年度 | 2018 | 2017 | 2016 | 2015 | 2014 | 2013 | 2012 | 2011 | 2010 | 2009 | 2008 |
| 海澜之家 | 290 | 281 | 320 | 302 | 163 | 237 | 165 | 103 | 89 | 96 | 97 |
| 七匹狼 | 165 | 176 | 215 | 204 | 193 | 152 | 116 | 110 | 99 | 105 | 118 |

我们可以看到，海澜之家大部分时间里的存货周转率远低于七匹狼。我们可以再对比存货持有天数，感觉会更加直观：2018 年年报显示海澜之家的存货持有天数高达 290 天，而七匹狼是 165 天。海澜之家的存货持有天数是从 2016 年的 320 天降下来的，但这个存货持有天数与同行业相比还是比较多了。因此我们对海澜之家存货的周转速度会有一点担心。

服装的潮流每年都在变化，不是当季的服装往往需要打折销售。虽然男装的潮流变化不像女装那般瞬息万变，但也是有变化的。海澜之家存货占比很高，那么这些存货是否都是当季新款呢？

海澜之家在年报中披露了其存货的库龄情况，见表 9.11。

**表 9.11　海澜之家的存货库龄情况**

| 库龄 | 2018 | 2017 | 2016 | 2015 |
|---|---|---|---|---|
| 1 年以内 | 74% | 80% | 71% | 85% |
| 1～2 年 | 24% | 19% | 28% | 15% |
| 2 年以上 | 1% | 1% | 1% | 0% |
| 合计 | 100% | 100% | 100% | 100% |

我们看到 2018 年其存货中四分之一的存货库龄在一年以上。七匹狼则没有提供存货的库龄。我们无法直接观察对比两家企业存货的库龄，但我们可以通过存货跌价准备的计提进行揣测，两家企业的存货跌价准备计提情况见表 9.12 和表 9.13。

**表 9.12　海澜之家 2018 年年报存货跌价准备计提情况**

（金额单位：元）

| 项目 | 期末余额 | | | | 期初余额 | | | |
|---|---|---|---|---|---|---|---|---|
| | 账面余额 | 跌价准备 | 跌价准备 / 账面余额 | 账面价值 | 账面余额 | 跌价准备 | 跌价准备 / 账面余额 | 账面价值 |
| 原材料 | 181 218 034.71 | | | 181 218 034.71 | 141 375 687.37 | | | 141 375 687.37 |
| 在产品 | 118 727 758.94 | | | 118 727 758.94 | 64 552 758.37 | | | 64 552 758.37 |
| 库存商品 | 4 068 900 443.89 | 396 542 507.47 | 10% | 3 672 357 936.42 | 3 943 574 507.71 | 167 955 361.71 | 4% | 3 775 619 146.00 |
| 委托加工物资 | 57 361 931.71 | | | 57 361 931.71 | 5 042 107.88 | | | 5 042 107.88 |
| 产成品 | 307 905 186.66 | | | 307 905 186.66 | 292 503 319.68 | | | 292 503 319.68 |
| 委托代销商品 | 5 177 776 067.27 | 41 710 242.13 | 1% | 5 136 065 825.14 | 4 240 533 138.35 | 26 938 895.17 | 1% | 4 213 594 243.18 |
| 合计 | 9 911 889 423.18 | 438 252 749.60 | 4% | 9 473 636 673.58 | 8 687 581 519.36 | 194 894 256.88 | 2% | 8 492 687 262.48 |

**表 9.13　七匹狼 2018 年年报存货跌价准备计提情况**

（金额单位：元）

| 项目 | 期末余额 | | | | 期初余额 | | | |
|---|---|---|---|---|---|---|---|---|
| | 账面余额 | 跌价准备 | 跌价准备 / 账面余额 | 账面价值 | 账面余额 | 跌价准备 | 跌价准备 / 账面余额 | 账面价值 |
| 原材料 | 29 710 155.43 | 17 209 782.98 | 58% | 12 500 372.45 | 25 332 988.98 | 19 639 926.68 | 78% | 5 693 062.30 |

续表

| 项目 | 期末余额 | | | | 期初余额 | | | |
|---|---|---|---|---|---|---|---|---|
| | 账面余额 | 跌价准备 | 跌价准备 / 账面余额 | 账面价值 | 账面余额 | 跌价准备 | 跌价准备 / 账面余额 | 账面价值 |
| 在产品 | 12 884 800.11 | | | 12 884 800.11 | 2 220 364.84 | | | 2 220 364.84 |
| 库存商品 | 1 156 512 750.14 | 424 658 246.21 | 37% | 731 854 503.93 | 888 311 505.73 | 334 354 361.19 | 38% | 553 957 144.54 |
| 周转材料 | 1 898 980.04 | 1 220 001.31 | 64% | 678 978.73 | 735 021.21 | 356 856.33 | 49% | 378 164.88 |
| 消耗性生物资产 | | | | | | | | |
| 建造合同形成的已完工未结算资产 | | | | | | | | |
| 在途物资 | 4 179.79 | | | 4 179.79 | 1 310 179.81 | | | 1 310 179.81 |
| 发出商品 | 807 376.99 | | | 807 376.99 | 1 595 932.70 | | | 1 595 932.70 |
| 委托代销商品 | 256 893 539.36 | 55 769 391.70 | 22% | 201 124 147.66 | 434 893 939.50 | 146 733 383.86 | 34% | 288 160 555.64 |
| 委托加工物资 | 5 086 163.14 | | | 5 086 163.14 | 8 526 581.34 | | | 8 526 581.34 |
| 合计 | 1 463 797 945.00 | 498 857 422.20 | 34% | 964 940 522.80 | 1 362 926 514.11 | 501 084 528.06 | 37% | 861 841 986.05 |

海澜之家2018年年报中披露的存货附注显示，海澜之家的存货跌价准备占存货账面余额的4%，而七匹狼的存货跌价准备占存货账面余额的34%。海澜之家存货跌价准备的计提力度远远小于七匹狼。那么对海澜之家存货周转的理解就要考虑这样的存货计提力度是否足够。可扫码阅读关于海澜之家存货的进一步分析。

## 五、净营运周期

在短期偿债能力分析中还经常使用净营运周期（现金转换周期）这个指标。为什么？前文述及，归根结底短期债权人关心的是短期之内企业的现金流量状况。如果一家企业能够从经营中很快产生现金（净营运周期／现金转换周期很短），那么该企业就可能节约较多的自有资金；反之，则会占用较多的自有资金。

### （一）基本公式

净营运周期最常见的公式如下：

$$净营运周期=存货持有天数+平均收账期-应付账款持有天数 \quad (9.11)$$

$$应付账款持有天数=应付账款平均值\div每天的营业成本 \quad (9.12)$$

其中的存货持有天数、平均收账期前文均已介绍过，应付账款持有天数这个指标的设计原理与前面指标是一致的。

为什么这个指标能够代表企业资金周转的速度呢？企业购买存货后经过“存货持有天数”卖出去，变成了应收账款，再经过“平均收账期”收回资金，形成一个“营运周期”。但是，企业在购货的时候，是可以赊购的，可以经过“应付账款持有天数”之后再付款。因此，净营运周期就是经营活动实际占用自有资金的天数，如图9.3所示。

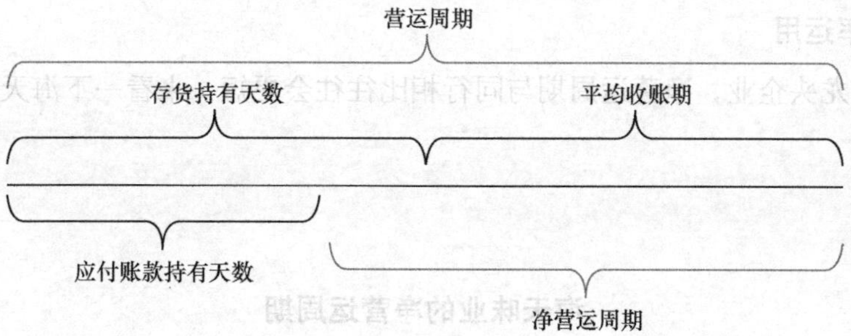


图 9.3　净营运周期示意图

我们不能教条地、僵化地理解净营运周期。如果一家企业预付款项金额十分巨大，那么在考虑净营运周期时就需要考虑在预付款项上占用资金的天数；同样，如果一家企业预收款项金额十分巨大，在计算净营运周期时就应当考虑该企业在预收款项上节约资金的天数。所以，净营运资金的计算公式其实应该是如下形式：

净营运周期=在非货币经营性流动资产上资金占用的天数−在经营性流动负债上资金节约的天数　（9.13）

这个指标最终想要说明的是，一家企业在其核心业务上从投入资金到释放资金需要多少天时间，这个测算也是从报表层面宏观、整体笼统的一个测算。

### （二）比率剖析

净营运周期越短，可能意味着企业可以越快速地从经营活动中释放出资金。

一个企业的净营运周期有没有可能是负数呢？显然，只要经营性流动负债的资金节约天数足够长，就可能出现净营运周期为负数的情形，如图 9.4 所示。

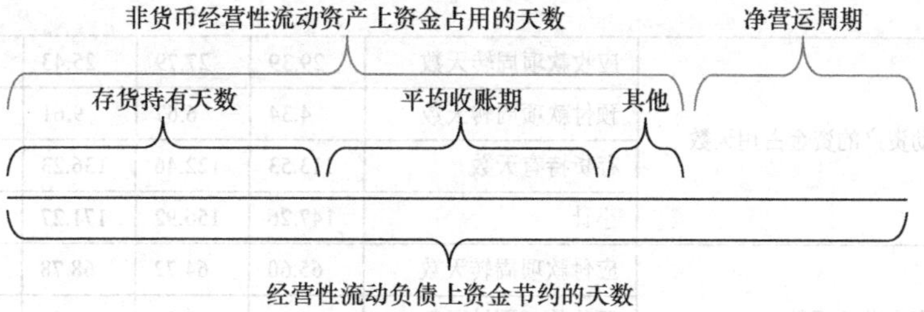


图 9.4　净营运周期为负的示意图

净营运周期为负，意味着经营活动可以不占用自有资金。一般行业中的龙头企业由于在上下游中话语权比较大，能够占用上下游的资金，其体现在财务指标上就是净营运周期会比同行业其他企业要短。

如果一家企业净营运周期较短，往往意味着其非货币经营性流动资产少，而经营性流动负债多。这会不会导致该企业的流动比率、速动比率表现不佳呢？会不会出现短期偿债能力指标之间产生矛盾的情况呢？这种情况是有可能出现的。但是，那些真正优质的企业往往具备这样的特征——净营运周期短，同时流动比率和速动比率与同行相比也很高。造成这个现象的原因是，这些真正优质的企业往往累积了比较多的货币资金，同时流动负债中除了经营性负债外，短期借款等金融性负债很少或者没有。综合起来在财务指标上就体现为，净营运周期短，而流动比率、速动比率依然表现良好。

## （三）比率运用

对于行业龙头企业，净营运周期与同行相比往往会更短。来看一下海天味业的净营运周期。

### 案例 9.9

**海天味业的净营运周期**

将海天味业与恒顺醋业的净营运周期比较一下，见表 9.14。

**表 9.14　海天味业与恒顺醋业的净营运周期**

| 相关财务数据 | 时期 | 2018 | 2017 | 2016 | 2015 | 2014 |
|---|---|---|---|---|---|---|
| 海天味业 | | | | | | |
| 非货币经营性流动资产的资金占用天数 | 应收款项周转天数 | 0.05 | 0.03 | 0.00 | 0.00 | 0.00 |
| | 预付款项周转天数 | 0.71 | 0.81 | 0.63 | 0.81 | 1.33 |
| | 存货持有天数 | 44.92 | 45.64 | 50.70 | 59.95 | 67.61 |
| | 小计 | 45.68 | 46.48 | 51.33 | 60.76 | 68.94 |
| 经营性流动负债资金节约天数 | 应付款项周转天数 | 26.03 | 26.07 | 30.32 | 32.96 | 33.16 |
| | 预收款项周转天数 | 63.38 | 56.16 | 42.89 | 50.75 | 69.87 |
| | 小计 | 89.41 | 82.23 | 73.21 | 83.71 | 103.03 |
| 净营运周期 | | −43.73 | −35.74 | −21.88 | −22.94 | −34.09 |
| 流动比率 | | 2.57 | 2.61 | 2.59 | 2.65 | 2.10 |
| 速动比率 | | 2.37 | 2.38 | 2.31 | 2.28 | 1.75 |
| 恒顺醋业 | | | | | | |
| 非货币经营性流动资产的资金占用天数 | 应收款项周转天数 | 29.39 | 27.79 | 25.43 | 28.25 | 29.23 |
| | 预付款项周转天数 | 4.34 | 6.67 | 9.61 | 13.38 | 18.20 |
| | 存货持有天数 | 113.53 | 122.46 | 136.23 | 156.47 | 183.18 |
| | 小计 | 147.26 | 156.92 | 171.27 | 198.10 | 230.61 |
| 经营性流动负债资金节约天数 | 应付款项周转天数 | 65.60 | 64.72 | 68.78 | 72.09 | 187.77 |
| | 预收款项周转天数 | 11.74 | 8.96 | 9.19 | 10.55 | 10.47 |
| | 小计 | 77.34 | 73.68 | 77.97 | 82.64 | 198.24 |
| 净营运周期 | | 69.93 | 83.23 | 93.30 | 115.45 | 32.37 |
| 流动比率 | | 1.88 | 1.74 | 1.21 | 1.16 | 1.08 |
| 速动比率 | | 1.39 | 1.18 | 0.58 | 0.60 | 0.64 |

表 9.14 中非货币经营性流动资产的资金占用天数主要考虑了应收款项、预付款项和存货的资金占用天数；经营性流动负债资金节约天数则主要考虑了应付款项与预收款项的资金节约天数。可以看到，海天味业的净营运周期是负数。在报表上的特点就是应收账款极少、预付款项和存货都相对较少；而应付款项、预收款项都较多。应收和预收，表示企业与下游客户之间的资金关系，海天味业总体上看是预收；应付和预付，表示企业与上游供应商之间的资金关系，海天味业总体上看是应付。也就是说海天味业可以用上下游的资金来从事自己的生产。那么海天味业是否因此而流动比率和速动比率偏低呢？从表 9.14 可以看出并没有。主

要原因是海天味业账上货币资金非常多，而又几乎没有短期借款，所以流动比率、速动比率很高。

对比恒顺醋业的净营运周期，我们看到它的净营运周期自2015年来逐年下降，2018年年报数据显示其营运周期约70天。它的流动比率和速动比率也不低，但是还是低于海天味业的相应比率。可扫码了解关于这两家企业其他财务指标情况及其解读。

# 第二节 长期偿债能力比率

短期偿债能力分析的常见比率计算不会用到利润数字，因为企业是否盈利不是短期债权人关注的问题。而长期债权人则不同，长期债权人与企业的利益纠葛时间比较久，这决定了他对企业的关心和了解是更加全面的。长期债权人需要判断企业是否能够稳定经营、按期付息，并存续到归还本金的那一天。从本质上讲，归根结底长期债权人关心的是长期内的现金流量状况，但长期来看，企业的现金流量与利润是趋于一致的。因此长期偿债能力比率的设计当中，会用到利润数字。

长期偿债能力比率会涉及资产负债表、利润表和现金流量表。根据资产负债表计算资产负债率、有息负债率；根据利润表计算利息保障倍数、固定费用保障倍数；根据现金流量表计算现金利息保障倍数、现金充足率。

## 一、资产负债率

共同比资产负债表中已经出现过资产负债率这个指标，它代表了企业总体的杠杆水平和负债程度。

### （一）基本公式

资产负债率的基本公式如下：

资产负债率=负债总额÷资产总额=负债总额÷(负债总额+所有者权益总额)（9.14）

这个比率揭示了在企业所有的资金来源中债权人提供资金所占的比例。数学上，与这个指标等价的指标还有产权比率和权益乘数，公式如下：

产权比率=负债总额÷所有者权益总额（9.15）

权益乘数=资产总额÷所有者权益总额（9.16）

由于有会计恒等式的关系，这三个资本结构比率在数学上是等价的，具体的关系如下：

$$资产负债率=\frac{权益乘数-1}{权益乘数}=\frac{1}{1+\frac{1}{产权比率}} \quad (9.17)$$

当计算一个企业的资本结构比率时，没有必要反复列示这三个比率，因为并没有提供信息增量。一般来说，我们给出资产负债率就已经非常直观（是当前最有影响的一种资本结构理论）清晰地表示出该企业资金来源的结构了。除非是在特定的场合需要用到特定的指标，例如在杜邦分析法的情境下，资本结构比率使用权益乘数。本章后面再详细讲解管理用杜邦分析法。

## （二）比率剖析

决定一个企业资产负债率的因素很多。在公司理财或者财务管理课程中，大家应该学过资本结构与企业价值之间关系的相关理论。经典的 MM 理论（是当前最有影响的一种资本结构理论）认为资本结构与企业价值是无关的，企业价值取决于未来现金流量的折现价值；在引入了负债的节税效应之后，负债越多，节税效应就越强，企业能够节约更多的现金流出，这种情况下，企业要实现价值最大化就应当最大限度地利用负债。但事实上，负债越多，破产风险也就越大，考虑到破产风险之后，企业会根据自己的实际情况，选择一个合适的资本结构（资本结构的权衡理论）。实务中企业的资本结构会受到哪些影响因素的影响呢？总体来看，企业资本结构会受到行业因素、企业规模与企业生命周期、外部贷款环境、内部资金需求、管理层偏好和借款能力等的影响。

（1）不同行业的资本结构存在差异。对 2018 年我国 A 股上市公司分行业资产负债率进行的统计显示，资产负债率中位数较低的行业有文化体育和娱乐业（32.4%）、信息传输软件和信息技术服务业（33.85%）、科学研究和技术服务业（34.15%）；资产负债率较高的行业有金融业（77.27%）、房地产业（66%）、建筑业（64.03%）。这样的统计结果并不让人意外。金融业看重财务杠杆，其资产负债率总体而言在所有行业中是最高的；而服务类行业往往资产比较"轻"，可抵押物较少，它的资产负债率会较低。

（2）企业规模与所处企业生命周期会影响资产负债率。一般来说，企业规模越大，越有能力承担借款，资产负债率有可能会越高。企业如果处于生命周期的成熟期，也就是现金牛的阶段，它的经营活动产生现金流量的能力非常强，往往有利于它利用负债融资。

（3）外部贷款环境会影响资产负债率。如果外部贷款环境比较宽松，企业比较容易获得贷款支持，也可能导致企业资产负债率上升。例如，2008 年金融危机爆发之后，为了刺激经济发展，我国出台"四万亿计划"，银根放松。不论企业当时是否急迫需要贷款，都有可能利用这个机会融资，从而导致资产负债率增加。

（4）内部资金需求、管理层偏好和借款能力都会影响企业的资产负债率。如果企业某些扩张计划需要资金，而管理层评估之后，认为负债融资支持该扩张计划是划算的、可行的，就有可能通过负债融资增加企业的资产负债率。有些管理层比较稳健，不偏好使用负债融资；而有些管理层则偏好负债融资；因此，管理层的偏好与其拥有的资源和借款能力等综合因素，都会影响一个企业的资产负债率。

资产负债率是否存在确定的判断标准呢？应当说这个判断标准不是固定不变的。在衡量企业的资产负债率高低时，需要与该企业以前期间比较，也需要与同行业企业比较。不能教条、僵化地认为超过多少就一定有问题。

## （三）比率运用

这里以港股上市公司辉山乳业（06863）为例来分析资产负债率。

### 案例 9.10

**辉山乳业的资产负债率**

辉山乳业是一家品牌历史可以追溯到 1951 年的企业，总部在沈阳。2013 年 9 月，辉山乳业在香港交易所主板成功挂牌上市，融资 13 亿美元。这样的募集资金规模已经跻身港股历史上消费品行业首次发行企业募集资金规模前三甲。2016 年 9 月，辉山乳业在江苏盐城建设的异地全产业链项目投产，形成“北沈阳、南盐城”的格局。本来是一派欣欣向荣的局面，但辉山乳业在同年 12 月遭到了做空机构浑水的做空，浑水认为该公司价值接近于 0。做空报告出来，股价下跌之后，大股东增持公司股票，暂时稳住了股价。2017 年 3 月 24 日传闻该公司大股东抽走上市公司资金用于炒作房地产，以及中国银行经审计发现辉山乳业做假单据的问题。当天辉山乳业股价跳水，从 2.93 元跌至 0.25 元。3 月 28 日辉山乳业自己发布公告，声明不存在中行审计，也不存在做假单据的问题，董事会已经发起对集团财务状况进行内部审查，以确定企业的流动性。

从此之后，辉山乳业一直处于停牌状态。2019 年 12 月 18 日，辉山乳业发布公告，称其收到了港交所的退市通知，辉山乳业的上市资格在 2019 年 12 月 20 日被取消。

回到资产负债率，浑水的做空报告提到该企业负债高企。辉山乳业在 2016 年 12 月 16 日发布的澄清公告中对浑水的指控做出回应，认为“自己的负债比率与去年同期相比是下降至 41%的”。大家如果不仔细看公司财务报表，会觉得 41%的负债比率好像并不是太高。但事实上，该公司这个负债比率的计算公式是净负债（各种银行借款减去货币资金和银行理财产品的金额）除以权益，而不是负债除以资产。可以说，公司选择这样的负债率计算公式也是用心良苦，是为了让比率看起来不是很高。

辉山乳业 2013—2016 年的资产负债率如图 9.5 所示。

图 9.5　辉山乳业的资产负债率

很清楚，从上市之后，辉山乳业资产负债率一路走高，2016 年上升至 62.1%。并不像澄清公告说的那样——资产负债率有下降趋势。可扫码了解关于辉山乳业的更多分析。

## 二、有息负债率

对于企业的负债水平，仅仅观察资产负债率就足够了吗？本书第四章已经就负债的来源结构进行了解读，大家应该还记得要想观察一个企业的融资倾向，就需要把负债按照其来源结构进行分类。有息负债率就是建立在对负债的来源结构进行分类的基础上的，有助于我们观察企业的融资倾向并对企业的偿债能力有更清晰的认识和判断。

### （一）基本公式

第四章对金融性负债进行了界定，此处的有息负债就是金融性负债。有息负债率有以下两种不同的计算公式：

$$有息负债率=有息负债 \div 总资产 \quad (9.18)$$

有息负债率=有息负债÷(有息负债+所有者权益)　　(9.19)

不同计算公式的分母有所不同。公式 9.18 表示在所有资金来源中有息负债所占的比例；公式 9.19 中，分母代表的是所有有代价的资金来源。有息负债是专门借的资金，因此有代价，要付利息；所有者权益是股东的投入，股东是要求回报的，因此也是有代价的资金来源。公式 9.19 就表示在所有有代价的资金来源中有息负债所占的比例。

### （二）比率剖析

有息负债率可以帮助我们进一步明确企业的筹资倾向，即当企业需要融资的时候，它到底有多倾向于用负债融资的方式。资产负债率高的企业，可能是有息负债高导致的，也有可能是经营性负债较高导致的。

如果是有息负债高导致的，那么就需要去判断——为什么公司会如此大规模地运用金融性负债来融资？这些资金产生效益的能力究竟如何？公司的资金是否存在被关联方占用的情况和风险？如果是经营性负债高导致的，也需要具体问题具体分析——为什么经营性负债这么高？是企业对上下游有谈判优势吗？是企业龙头地位和话语权导致的吗？还是企业状况不好，拖欠供应商款项导致的呢？还是会计做账导致的呢？以上情况都有可能。

### （三）比率运用

来看一下格力电器的资本结构。

## 案例 9.11

### 格力电器的有息负债率

看一下格力电器的资产负债率和有息负债率，见表 9.15。

**表 9.15　格力电器的资产负债率和有息负债率**

| 相关指标 | 2018-12-31 | 2017-12-31 | 2016-12-31 | 2015-12-31 | 2014-12-31 | 2013-12-31 | 2012-12-31 | 2011-12-31 | 2010-12-31 | 2009-12-31 | 2008-12-31 | 2007-12-31 |
|---|---|---|---|---|---|---|---|---|---|---|---|---|
| 资产负债率 | 63% | 69% | 70% | 70% | 71% | 73% | 74% | 78% | 79% | 79% | 75% | 77% |
| 有息负债率 | 9% | 9% | 6% | 6% | 6% | 5% | 7% | 9% | 6% | 5% | 1% | 4% |

格力电器的资产负债率不算低，历年来在 70%左右，2018 年稍低，为 63%。这是因为格力电器非常偏好负债融资吗？再结合有息负债率观察。我们会发现格力电器比较高的资产负债率并不是由于有息负债很多造成的（有息负债占总资产的比例没有超过 10%），而是经营性负债（可扫码了解更多关于格力电器经营性负债构成的详细信息）较多的结果。经营性负债为什么较多？一是格力电器很好地利用了上下游的资金，体现在它的报表里面就是应付账款和预收款项较多，二是由格力电器对销售返利的会计处理导致的。在计提销售返利的时候，格力电器确认销售费用的同时，将销售返利计入其他流动负债。在分析格力电器的偿债能力时，应当充分考虑它的负债结构的特殊性问题。因此，观察有息负债率可以让我们更多地去思考负债的结构问题，而不仅仅是关注负债总额。

## 三、利息保障倍数

短期债权人不太关心企业的盈利能力，因为企业盈利与他无关，短期内能够还款就可以了。但是长期债权人不同，长期债权人需要确定债务人能够存续到还款的那一天。因此，长期债权人会利用利润表上的信息来设计一些比率，用以判断企业的长期偿债能力。例如利息保障倍数。

### （一）基本公式

利息保障倍数的计算公式通常如下：

利息保障倍数=息税前利润÷利息费用　　　　(9.20)

它的原理也是比较清楚和符合逻辑的——试图衡量在扣除利息费用之前的盈利状态对利息费用的保障程度。自然，这个倍数越高，盈利状况貌似越好，对利息费用的保障程度也就越高。

### （二）比率剖析

但是在具体运用上市公司的财务数据计算这个比率时，关于如何取数、怎么计算，可能会有不同的操作。

**1. 分母的取数**

公式中的分母是利息费用。多数美股上市公司利润表中的利息费用（interest expense）基本对应了这个数值，可以直接取用。也有部分美股利润表没有单独列示利息费用（interest expense），而是有可能将其计入其他收益（other income），这时候就需要去报表附注中寻找这个数据了。

我国利润表中利息费用在财务费用项下，从2018年开始单列利息费用，因此也可以直接从报表中取数。在这之前，如果想要准确知道利息费用的数值，还需要去查阅财务费用这一项目的报表附注。所以，在实务中，很多情况下就会将财务费用作为利息费用的替代指标。当企业利息收入等其他计入财务费用的项目较多时，这种替代指标就不太准确了。因此，2018年报表格式的这一变动非常有利于利息保障倍数这个指标的计算。2019年版的财务报表格式保留了这个变动，方便了我们对利息保障倍数的计算。

关于分母的取数，还有一种观点，即认为企业负担的利息并不仅仅包括计入利润表的利息费用的部分，还有一部分利息费用被资本化了，计入资产的价值。例如，用于构建固定资产的专项借款，满足资本化确认条件的借款费用是计入固定资产入账成本的。但这部分利息费用实际上也是必须清偿的，有人认为应当在计算利息保障倍数的时候予以考虑，计入分母。但作为外部分析，如果企业没有单独披露，利息费用资本化的数据是很难取得的。而大部分企业并不会单独披露这块数据。因此，对于外部分析而言，这种调整无法进行。其实如果不调整，也不会有太大的问题。如果想要观察企业实际支付现金利息的能力，还可以通过后面要介绍的现金利息保障倍数实现。

**2. 分子的取数**

该指标计算公式中分子一般都是息税前利润，这个项目并不是我国利润表的列报项目，那么这个数字如何得到呢？是根据净利润加所得税费用和利息费用计算，还是只考虑核心业务产生的利润呢？

从报表的列报格式来看，美股上市公司利润表的列报格式比较有利于我们得到核心业务的利润。

### 案例 9.12

## 可口可乐的利息保障倍数

可口可乐的利润表中(可扫码观察可口可乐的利润表)，营业利润(operating income)代表的就是核心业务的利润，其他业务产生的利润体现在营业利润下面的投资收益(equity income)和其他收益(other income)当中。所以利润表中的营业利润就是息前的、税前的利润，可以直接当作分子。可口可乐的利息保障倍数可以直接用利润表中的营业利润除以利息费用(interest expense)计算。

2018 年利息保障倍数=8 700÷919=9.47

2017 年利息保障倍数=7 599÷841=9.04

2016 年利息保障倍数=8 657÷733=11.81

第二章中，大家已经学习了我国的利润表格式。第六章也对利润相关概念进行了分析解读。在我国的利润表中，营业利润包含的内容非常丰富。营业利润已经减去利息费用，并且包含其他收益、投资收益、公允价值变动收益等不属于企业核心业务的利润。这个营业利润满足“税前”的概念，但显然不满足“息前”的概念，肯定是需要调整的。因此，采用我国的利润表数据来计算利息保障倍数有两个思路——一是用代表企业核心业务盈利能力的息税前利润作为分子，二是用代表企业所有业务盈利能力的息税前利润作为分子。

代表企业核心业务盈利能力的息税前利润=营业收入−营业成本−税金及附加−销售费用−管理费用−研发费用　（9.21）

代表企业所有业务盈利能力的息税前利润=净利润+所得税费用+利息费用　（9.22）

### 案例 9.13

## 康美药业的利息保障倍数

我们可以用康美药业 2018 年利润表中的数据(可扫码查看康美药业的利润表)，来计算一下康美药业的利息保障倍数。

2018 年利息保障倍数(核心业务)=

(19 356 233 375.88−13 542 410 877.21−192 489 169.43−974 137 006.41−1 234 379 252.57−136 819 406.02)÷1 837 873 596.37=1.78

2018 年利息保障倍数(所有业务)=

(1 122 600 581.39+239 783 556.19+1 837 873 596.37)÷1 837 873 596.37=1.74

2017 年利息保障倍数(核心业务)=

(17 578 618 640.06−10 788 017 425.47−237 906 209.42−1 237 745 488.26−1 192 316 761.17−141 412 362.27)÷1 217 952 112.63=3.27

2017 年利息保障倍数(所有业务)=

(2 143 556 370.02+733 913 388.52+1 217 952 112.63)÷1 217 952 112.63=3.36

## （三）比率运用

运用这个比率的时候，需要明确息税前利润的含义，并在行业间进行可比指标的计算和比较。一般来讲，核心业务是企业未来会重复发生的业务，因此在计算利息保障倍数的时候，最好选用代表核心业务盈利能力的息税前利润计算。

### 案例 9.14

**康美药业和云南白药的利息保障倍数**

将康美药业的利息保障倍数与云南白药的利息保障倍数比较一下。由于利息费用在利润表上单列是 2018 年年报才开始的，而康美药业之前的年报附注中也并没有再披露利息费用的数据。因此，如果分母用利息费用，我们只能得到 2018 年和 2017 年两年的利息保障倍数，案例 9.13 中已经给出了计算结果。为了能够得到更多的数据，这里再用财务费用代替利息费用作为分母，见表 9.16。

**表 9.16　康美药业和云南白药的利息保障倍数**

| 年份 | | 利息保障倍数（核心业务） | | 利息保障倍数（所有业务） | |
|---|---|---|---|---|---|
| | | 康美药业 | 云南白药 | 康美药业 | 云南白药 |
| 2018 | | 1.74 | 22.28 | 1.72 | 24.43 |
| 2017 | 调整后 | 3.32 | 46.08 | 3.40 | 50.93 |
| | 调整前 | 5.90 | | 5.98 | |
| 2016 | | 6.47 | 35.85 | 6.52 | 38.88 |
| 2015 | | 8.27 | 230.70 | 8.22 | 246.22 |
| 2014 | | 7.06 | 171.38 | 7.22 | 192.74 |

康美药业在弊案爆发之前，通过财务数据造假，将利息保障倍数美化了。通过对比 2017 年追溯调整前后的指标可以看得非常清楚，2017 年调整前该指标为 5.90，调整后变成了 3.32，并且 2018 年年报数据进一步下降为 1.74。

在弊案爆发之前，能否通过利息保障倍数将康美药业的舞弊识别出来呢？可以与同行业中的云南白药比较一下。云南白药在负债融资的运用上要谨慎许多，它的财务费用相对于利润水平来说较低，利息保障倍数很高。与云南白药相比，康美药业的利息保障倍数较低。但是，不同企业的确有不同的融资倾向，如果能够很好地利用负债融资，也能够增加给股东的回报。按照一般判断标准，康美药业的利息保障倍数并不是特别低。这里，很可能体现出了企业财务造假的驱动因素之一——为了满足一些财务比率的既定标杆，例如，为了将利息保障倍数维持在 5 倍以上。

案例 9.14 也体现出了利息保障倍数的局限性——只用到了利润表中的数据。如果企业利润质量比较差（或者是经过了造假扭曲），利润并不对应现金流入，即使利息保障倍数很高，企业也依然有可能陷入财务危机。因此，人们在设计长期偿债能力比率时，还用到了现金流量表中的数据，以进一步判断实际偿付利息的能力。例如，对现金利息保障倍数和现金充足率等，后文都会讲解。

## 四、固定费用保障倍数

固定费用保障倍数的设计思路与利息保障倍数是一致的。企业当期必须负担的费用中，除了利息费用外，还会有一些其他固定费用，例如租赁费用、优先股股利等。既然对于利息费用这种固定费用可以设计比率，衡量利润对其保障程度，自然也可以将固定费用的范围扩大，计算抵减这些固定费用之前的利润对这些固定费用的保障程度。这个指标与利息保障倍数相比，更加保守和稳健。

### （一）基本公式

固定费用保障倍数常见的计算公式如下：

$$固定费用保障倍数=(税前利润+其他固定费用)\div 固定费用 \quad (9.23)$$

$$固定费用=利息费用+其他固定费用 \quad (9.24)$$

这个比率背后的逻辑与利息保障倍数是一致的，衡量的是企业在抵减所有固定费用之前的利润情况对所有固定费用的保障程度。一般倍数越大，说明企业对固定费用的保障程度越高。

### （二）比率剖析

在前面分析利息保障倍数时，已经看到利息保障倍数在实际计算时可能会遇到各种问题。这些问题在固定费用保障倍数的计算中，依然存在。

**1. 分母的取数**

该比率的分母是固定费用。除了利息费用之外，固定费用还包含哪些内容？国外的教材喜欢用租赁费用举例，认为不可撤销的租赁合同会增加未来的租赁费用。但是租赁费用如何取数呢？利润表上并没有一个项目叫作租赁费用。2018 年底租赁准则修订之后，利润表中的租赁费用通过“使用权资产”的折旧和“租赁负债”的利息费用，分别计入利润表的不同项目。租赁费用这个数字的取得不太容易。

> **视野拓展**
> 阅读康美药业现金流量表附注中的折旧摊销信息

也有些公式将优先股股利算作固定费用的一种。优先股股利虽然不是强制性的，但是不发放优先股股利很可能向外界传递公司经营困难的信号，并有可能触发“赎回”条款等。出于谨慎的需要，可以将其算作固定费用的一种。由于优先股股利属于利润分配，在缴纳企业所得税后进行计算，在与其他固定费用一同考虑时，就需要转换为税前的数字。

$$税前优先股股利=优先股股利\div(1-所得税率) \quad (9.25)$$

实践中，除了利息费用之外的其他固定费用，往往用折旧和摊销的金额估计。固定资产折旧（油气资产折耗、生产性生物资产折旧、使用权资产折旧）、无形资产摊销和长期待摊费用摊销等都是按照会计程序计入利润表的，都是企业需要承担的固定费用。并且实践中折旧和摊销的数额可以在现金流量表附注——“间接法”编制的经营活动现金流量净额处找到具体数字。将“折旧和摊销+利息费用”作为固定费用的取值口径，实际上是将租赁费用涵盖进来了。

**2. 分子的取数**

与利息保障倍数的分子取数类似，固定费用保障倍数的分子取数是只考虑核心业务产生的利润，还是考虑所有业务产生利润的能力呢？据此，分子的取数可以有两种思路，相应计算公式如下：

代表核心业务盈利能力的(息税前利润+其他固定费用)=营业收入−营业成本−税金及附加−销售费用−管理费用−研发费用+固定资产折旧、油气资产折耗、生产性生物资产折旧、使用权资产折旧+无形资产摊销+长期待摊费用摊销 （9.26）

代表所有业务盈利能力的（息税前利润+其他固定费用）=净利润+所得税费用+利息费用+固定资产折旧、油气资产折耗、生产性生物资产折旧、使用权资产折旧+无形资产摊销+长期待摊费用摊销 （9.27）

我们往往认为核心业务的盈利能力是企业最可依仗的，因此，应当更加关注根据核心业务盈利能力计算的固定费用保障倍数。

### （三）比率运用

可以接着看一下康美药业的固定费用保障倍数与云南白药的比较情况。

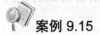

### 案例 9.15

#### 康美药业和云南白药的固定费用保障倍数

同样，由于康美药业利息费用只有 2017 年和 2018 年两年数据，为了做趋势分析，选择用财务费用代替利息费用来计算该指标。康美药业和云南白药的财务费用都不为负，该指标有一定参考意义。康美药业和云南白药的固定费用保障倍数参见表 9.17。

表 9.17　康美药业和云南白药的固定费用保障倍数

| 年份 | | 固定费用保障倍数（核心业务） | | 固定费用保障倍数（所有业务） | |
|---|---|---|---|---|---|
| | | 康美药业 | 云南白药 | 康美药业 | 云南白药 |
| 2018 | | 1.57 | 12.54 | 1.56 | 13.70 |
| 2017 | 调整后 | 2.65 | 16.93 | 2.70 | 18.65 |
| | 调整前 | 4.24 | | 4.30 | |
| 2016 | | 4.49 | 15.98 | 4.53 | 17.28 |
| 2015 | | 5.22 | 22.74 | 5.19 | 24.21 |
| 2014 | | 4.60 | 25.10 | 4.70 | 28.13 |

整体趋势与前文关于过两家公司利息保障倍数的论述是一致的。康美药业的固定费用保障倍数低于云南白药。同样，根据 2017 年原始报表计算的固定费用保障倍数还是 4.24 倍。但根据 2018 年对 2017 年追溯调整后的数据计算的固定保障倍数就降至 2.65。也就是说，由于存在利润造假行为，之前的固定费用保障倍数是虚高的。

固定费用保障倍数与利息保障倍数可以帮助长期债权人判断企业盈利能力的稳定性和安全性，但是它们共同的问题是容易受到利润操纵的影响而失去作用。毕竟，支付利息是需要企业拿出真金白银来的。因此，长期债权人还需要去看现金流量表，观察企业实际产出现金的能力。

## 五、现金利息保障倍数

如果一个企业利润质量很差——利润并不对应现金流入，即使利息保障倍数很高，也有可能没有资金支付利息。因此，人们又设计了现金利息保障倍数这个指标，以从现金流量的角度判断企业的长期偿债能力。

### （一）基本公式

现金利息保障倍数常见的公式如下：

$$\text{现金利息保障倍数}=(\text{经营活动现金流量净额}+\text{所得税付现}+\text{利息付现})\div\text{利息付现} \tag{9.28}$$

该指标的基本逻辑与利息保障倍数是一致的，即希望用息前的、税前的经营活动现金流量除以利息付现，从而衡量经营活动赚取现金流量的能力对实际支付利息的保障程度。

目前广泛使用的这一套指标分析体系是从西方国家引入的，你会发现它对西方国家报表适应良好，但是在我国使用的时候，则会遇到各种各样的问题。例如，上述计算公式就不能直接用于我国公司的指标计算。

### （二）比率剖析

1\. 分母的取数

> **视野拓展**
>
> 可口可乐现金流量表相关数据披露情况

利息付现这个数据从哪里来？公司支付利息的现金流出，在美国会计准则下算作经营活动的现金流出，并且该准则要求在年报中披露利息付现的数额。有些公司会在现金流量表的最下方，单独披露利息付现（interest paid）和所得税付现（income taxes paid）。还有些公司虽然没有在现金流量表最下方披露这两个数据，但是会在报表附注中做相关说明。这样的披露要求本身就是为了方便投资者衡量和计算现金利息保障倍数而设计的。所以，美股上市公司的信息披露非常有利于我们计算该指标，常规定义中的公式适用于美股上市公司。

**案例 9.16**

**可口可乐的现金利息保障倍数**

根据可口可乐现金流量表和报表附注中的信息，可以计算现金利息保障倍数。

2018 年现金利息保障倍数=(7 320+871+2 037) ÷ 871=11.74

2017 年现金利息保障倍数=(6 930+757+1 904) ÷ 757=12.67

2016 年现金利息保障倍数=(8 792+663+1 554) ÷ 663=16.60

与案例 9.12 中可口可乐的利息保障倍数比较，会发现可口可乐的现金利息保障倍数大于利息保障倍数，并且现金利息保障倍数很高（大于 10），说明可口可乐的现金流量能力是非常强的。再预测一下可口可乐未来的现金流量，可预见的未来应该不会出现现金流量巨额下滑和波动，因此可以判断可口可乐的利息支付是比较安全的。

在我国，利息付现在现金流量表中属于筹资活动的现金流出，具体列报在“分配股利、利润或偿付利息支付的现金”这个项目中，与股利支付等数据是混在一起的。从报表列报项目上，无法拿到单独数据。需要仔细查找报表附注，看公司是否披露这个数据。很多公司并不单独披露利息付现。这种情况下，如何取得利息付现的数据呢？一种简便的方法是用“利息费用”替代，另一种相对准确的方法是用“利息费用+应付利息期初余额–应付利息期末余额”估计。

**2. 分子的取数**

前面已经提到，常规公式适用于美国上市公司。分子所需要的数据，在美国上市公司现金流量表中都有披露，使用十分方便。但是对我国上市公司而言，公式 9.28 就不适用了。我国现金流量表中的经营活动现金流量净额没有减去利息付现，本身就是息前的，因此在我国情境下该公式应如下：

$$\text{现金利息保障倍数}=(\text{经营活动现金流量净额}+\text{所得税付现})\div\text{利息付现} \qquad (9.29)$$

那么，所得税付现又怎样取数呢？这个数据在现金流量表中也没有直接披露，它是混在“支付的各项税费”里面的，需要查找报表附注，看企业是否单独披露了所得税付现。多数情况下，企业是没有单独披露这个数据的。此时，可能的处理办法有以下几种。

（1）估算所得税付现的金额。例如，根据“应交税费”附注中“应交所得税”的期初及期末金额、“递延所得税资产”和“递延所得税负债”的期初及期末金额、利润表上的“所得税费用”等来估计，公式如下所示：

$$\begin{aligned}\text{所得税付现}=&\text{应交所得税}(\text{期初余额}-\text{期末余额})+\text{所得税费用}+\\&\text{递延所得税资产当期增加额}-\text{递延所得税负债当期增加额}\end{aligned} \qquad (9.30)$$

但这种估计也无法做到完全准确，只是大致估计罢了。将这个估计得到的所得税付现代入公式 9.27 即可求得现金利息保障倍数。

（2）不再考虑一定要换算成税前的现金流量，计算公式如下：

$$\text{现金利息保障倍数}=\text{经营活动现金流量净额}\div\text{利息付现} \qquad (9.31)$$

在实务中，由于利息付现这个数据并不好找，很多时候为了简化计算，也常用财务费用作为分母的替代，计算公式如下：

$$\text{现金利息保障倍数}=\text{经营活动产生的现金流量净额}\div\text{财务费用} \qquad (9.32)$$

显然公式 9.32 是一种简化算法，很多数据库的财务指标都采用了这种简化算法。大家在使用数据库导出的财务指标时，要关注指标的计算公式。

> **视野拓展**
>
> 内容与格式准则第 2 号修订的有关信息

除了分子分母的取数问题外，现金利息保障倍数与之前介绍短期偿债能力的现金流动比率一样，还存在一个问题，即该指标的有用性隐含一个假设——未来该企业赚取现金的能力是稳定的，不会出现显著下降和恶化。如果这个假设不存在，则即使当期的现金利息保障倍数可能很高，但下一个期间还是有可能面临现金短缺而无法还款的情况。

### （三）比率运用

接着看一下康美药业和云南白药的现金利息保障倍数。

### 案例 9.17

## 康美药业和云南白药的现金利息保障倍数

在康美药业和云南白药的年报中查找现金利息保障倍数，就会发现这两家公司都披露了这个指标。这是因为《公开发行证券的公司信息披露内容与格式准则第 2 号——年度报告的内容与格式》要求发行债券的公司必须披露该指标。这个文件给出了现金利息保障倍数的公式：

现金利息保障倍数=(经营活动产生的现金流量净额+现金利息支出+所得税付现)÷现金利息支出　　（9.33）

公式 9.33 的“现金利息支出”与前文提到的利息付现是一个意思。显然这个公式是直接引用西方国家指标体系的公式，公式 9.33 与公式 9.28 是一样的。根据前面的分析，该公式在我国情境下使用是存在问题的。经营活动产生的现金流量净额本身就是息前的，无须再加“现金利息支出”。加“现金利息支出”后，会使得这个数字的意义不明、含义模糊。所以，建议对这个公式按照前面讲过的思路进行修改。根据年报中披露的现金利息保障倍数，整理两家公司 2014 年以来的数据，见表 9.18。

表 9.18　康美药业和云南白药年报中披露的现金利息保障倍数

| 年份 | | 现金利息保障倍数 | |
|---|---|---|---|
| | | 康美药业 | 云南白药 |
| 2018 | | −0.67 | 17.27 |
| 2017 | 调整后 | 3.58 | 16.73 |
| | 调整前 | 3.58 | |
| 2016 | | 3.53 | 47.26 |
| 2015 | | 3.51 | 40.67 |
| 2014 | | 4.03 | 59.29 |

按照康美药业自己披露的指标数据，在弊案爆发之前，该指标显著小于云南白药（但也在 3 倍以上了）。在弊案爆发之后，随着经营活动现金流量恶化为负数，该指标也变成负数。但这里有一个奇怪的现象，为什么 2017 年的现金利息保障倍数调整前和调整后的数值是一样的？（可扫码查看康美药业年报中的披露）大家知道 2018 年弊案爆发之后，在披露 2018 年年报时康美药业对报表进行了追溯调整。其中 2017 年的经营活动产生的现金流量净额直接由原来报告的正 18 亿元变成了−48 亿元，如此巨大的现金流量变化肯定会给 2017 年的现金利息保障倍数带来影响。所以康美药业 2018 年年报中披露的 2017 年现金利息保障倍数应该是错误的。不仅是现金利息保障倍数，其他指标也没有得到调整，还是按照 2017 年年报上的数字列示，似乎笃定人们不会关注这张表格。由于这个表格中很多偿债能力指标的计算依据不能在年报中取得，所以分析者无法验证该指标的正确性，这也为这张表格的随意性埋下隐患。因此建议在年报中增加披露利息支出中资本化的部分、利息付现的金额以及所得税付现的金额，从而有利于长期债权人进行长期偿债能力指标的计算与验证。

## 六、现金充足率

前文介绍短期偿债能力时提到，短期债权人关心的是企业短期内的现金流量，因此短期偿债能力指标是围绕流动比率和速动比率设计的。而长期债权人的眼光更长远一些，除关注企业近期现金流量之外，还在一定程度上关心盈利状况，以确定企业经营良好、能够正常地还本付息。因此，前面介绍的利息保障倍数和固定费用保障倍数就被设计出来了。而此处的现金充足率则是从现金流量的角度来衡量企业的经营状态，设计该指标主要是为了帮助长期债权人判断企业经营活动是否产生了足够的现金流量来满足企业自身运转的需要。

### （一）基本公式

最常见的现金充足率计算公式如下：

现金充足率=经营活动产生的现金流量净额÷(资本性支出+偿还债务支付的现金+股利支付的现金)　（9.34）

这个比率的分母可以根据企业的实际情况灵活确定，分母是投资活动或者筹资活动中主要的现金流出项（也就是现金需求项），而分子一般都是经营活动产生的现金流量净额。这样相除的结果自然能够反映经营活动产生现金的能力是否能够满足投资活动和筹资活动中主要的现金需求。

### （二）比率剖析

公式 9.34 也来自于西方经典的指标体系，带有明显的翻译色彩。资本性支出（capital expenditure）对应的是我国现金流量表中“购建固定资产、无形资产和其他长期资产支付的现金”。

有时，为了衡量经营活动现金流量是否能够满足企业固定资产投资的需要，会专门计算现金充足率，公式如下：

现金充足率=经营活动产生的现金流量净额÷资本性支出　（9.35）

如果公式 9.35 的计算结果大于 1，说明经营活动现金流量完全能够满足企业在维持或者扩大再生产上的投入；如果小于 1，则说明还需要其他资金来源用于满足维持或者扩大再生产。

至于分母中还需要包含哪些项目，则根据企业实际情况灵活设定。公式 9.34 中给出的是另外两种筹资活动中典型的现金流出——向债权人还款以及给股东分红。前面讲解时提到，在我国，由于利息付现是体现在筹资活动现金流出里面的，所以分母也可以将利息付现包括进去，从而观察经营活动现金流量对这些主要现金需求的保障程度，这时现金充足率的计算公式如下：

现金充足率=经营活动产生的现金流量净额÷(资本性支出+偿还债务支付的现金+分配股利、利润或偿付利息支付的现金)　（9.36）

涉及比率时，如果认为股利并不是强制要求支付的，则不算入分母的现金需求项中，也是一种思考。但如果认为保持稳定的股利支付很重要，那么将股利加入分母也是合理的。

现金充足率这个比率的设计，完全取决于分析者对指标的偏好以及对分析标的的认知。根据我国现金流量表数据，比较好取数的算法是公式 9.35 和公式 9.36。

有人提出在计算现金充足率的时候，分母涵盖太多现金可能过于严苛，尤其是对于成长期的企业来说，这个指标就很不友好了。除了经营活动可以提供资金，投资活动和筹资活动也可以提供资金，如果企业有良好的前景和预期、筹资渠道畅通，即使现金充足率不高，甚至低于 1，也未必见得就一定不是良好的投资标的。有人进而主张对于成长期的企业来说，现金充足率的计算可以将分母设定为只涵盖维持（而不是扩大）再生产部分的现金流出，其计算公式如下：

现金充足率=经营活动产生的现金流量净额÷资本性支出(维持再生产的部分)（9.37）

但是没有企业会在财务报表中明确披露资本性支出中多少用于维持再生产，多少用于扩大再生产。在实践中，有人会用前三年或者前五年的资本性支出的平均值，或者用折旧摊销金额作为维持再生产的估计数，计算这个指标。公式 9.35 主要适用于那些处于快速成长期的企业。

与前面的现金流量相关比率一样，现金充足率也是依据去年的现金流量计算的结果，如果未来企业经营活动产出现金的能力大幅下降，基于历史数据计算的比率无法告诉你企业未来是否能够还钱。

### （三）比率运用

再来看一下康美药业和云南白药的现金充足率。

**案例 9.18**

**康美药业和云南白药的现金充足率**

这里选择比较适用于我国现金流量表披露格式的公式 9.36 来计算现金充足率，见表 9.19。

康美药业产生现金流量的能力是较弱的，经营活动现金流量不能够满足投资和筹资活动的主要现金需求。通过比较 2017 年调整前后的数字也可以看出，康美药业的经营活动现金流量也造假了，实际的现金流量是负数。经营活动现金流量是负数的情况下，这个比率就失去了意义。

还可以将分母的范围缩小，只考察经营活动现金流量对资本性支出的满足程度，即使用公式 9.35 计算现金充足率，见表 9.20。

**表 9.19　康美药业和云南白药的现金充足率（基于公式 9.36）**

| 年份 | | 康美药业 | 云南白药 |
|---|---|---|---|
| 2018 | | −0.09 | 1.19 |
| 2017 | 调整后 | −0.16 | 1.02 |
| | 调整前 | 0.06 | |
| 2016 | | 0.07 | 3.50 |
| 2015 | | 0.06 | 2.93 |
| 2014 | | 0.16 | 2.68 |

**表 9.20　康美药业和云南白药的现金充足率（基于公式 9.35）**

| 年份 | | 康美药业 | 云南白药 |
|---|---|---|---|
| 2018 | | −0.69 | 4.87 |
| 2017 | 调整后 | −2.25 | 5.98 |
| | 调整前 | 1.03 | |
| 2016 | | 1.02 | 21.22 |
| 2015 | | 0.37 | 16.05 |
| 2014 | | 1.66 | 8.80 |

康美药业在造假事发之前，想要极力营造出经营现金流量能够满足资本性支出需要的假象，2016 年和 2017 年调整前的该比率都接近 1，但实际上经营现金流量是负数。对于成长期后期以及成熟期的企业来说，如果经营活动现金流量不是特别充沛，现金充足率只是接近 1 或者小于 1，那么我们对这样企业的实际经营状态就需要提高警惕了。

# 第三节　营运能力比率

表达企业运营效率的指标往往是各种资产的周转率。为什么是资产的周转率？资产是能够给企业带来未来经济利益流入的资源，因此，一个企业是优质企业往往就是指它拥有优质资产。优质资产的一个重要特点就体现在它能够给企业带来更大的销售规模。为了更加直观地表达企业对资产的利用效率，我们就用销售规模除以资产规模，计算结果越大，就表明单位资产带来更多的销售，自然意味着资产的利用是更有效率的。这类指标都叫作周转率指标。

前面已经介绍了应收账款周转率和存货周转率，此处不再赘述。当然，如果流动资产中有你认为其他非常重要的流动资产，有必要单独关注它的运营效率，也可以对其单独计算周转率指标。例如，可以设计预付款项的周转率指标，其计算公式为

预付款项周转率=营业成本÷预付款项平均值　(9.38)

对于实行了新收入准则的企业，其报表中可能会出现合同资产。如果合同资产金额较大，就应当关注合同资产的周转情况，可以单独计算合同资产周转率或者将其与应收账款合并在一起考虑，公式如下：

合同资产周转率=营业收入÷合同资产平均值　(9.39)

应收账款与合同资产周转率=营业收入÷应收账款与合同资产的平均值　(9.40)

除了之前讲解过的应收账款周转率和存货周转率之外，常用的周转率指标还有固定资产周转率和总资产周转率。

## 一、固定资产周转率

固定资产周转率用于衡量企业对其固定资产的利用效率。

### （一）基本公式

固定资产周转率的常见计算公式为

固定资产周转率=营业收入÷固定资产平均值　(9.41)

对这个比率的直观理解是，如果一个企业占用较少的固定资产，但是产出较高的收入，即固定资产周转率高，这就意味着该企业对固定资产的利用效率比较高。

### （二）比率剖析

我们同样从该比率的分子和分母如何具体取数来展开对该比率的剖析。

#### 1. 分子的取数

这个公式中的分子，一般就选用利润表中的营业收入。也有人用代表销售规模的另一个指针——营业成本做分子，这种情况下计算的指标往往被称为固定资产利用率，其计算公式如下：

固定资产利用率=营业成本÷固定资产平均值　(9.42)

分子使用营业成本的基本理念是，遵循固定资产—存货—营业成本这条线索，衡量的是固定资产的生产利用效率，有时分子还会加上存货金额。如果一个企业并不生产实体产品，存货金额比较小，营业成本的界定和划分可能就是按照企业特性或需要划分的，并不仅仅是存货的成本结转构成的。这时，用营业成本做分子可能就不太合适。固定资产周转率的计算分子还是采用营业收入为好。

#### 2. 分母的取数

分母取数的时候，到底是选用固定资产的账面价值还是原值呢？

（1）选用固定资产的账面价值

多数教材以及财务数据库中使用的数据，就是以报表给出的固定资产账面价值为基础来计算平均的固定资产。这样计算的优点是，数据简便易得。但缺点是，该指标会受到固定资产折旧政策和减值准备计提的影响。如果折旧政策突变或者集中计提减值准备等情况发生，则会扭曲固定资产周转率。

例如，A公司花费1 000万元购买设备，假如正常使用一年能够带来1 000万元的收入。该设备按照直线法分5年计提折旧，没有残值。

第一年该设备的周转率=1 000÷［(1 000+800)÷2］=1.11

我们假设该设备带来的收入稳定，那么第二年的周转率会由于折旧而高于第一年的周转率。

第二年该设备的周转率=1 000÷［(800+600)÷2］=1.43

但事实上该设备的利用效率并没有变（还是带来那么多收入），周转率的提高只不过是由折旧带来的。这个例子非常直观地显示出采用固定资产账面价值计算固定资产周转率可能会由折旧政策而导致对固定资产的利用效率产生有误的判断。

但是，一般情况下，如果一个公司固定资产有序更新，折旧政策稳定，没有戏剧性的减值准备计提等情况，用固定资产账面价值计算固定资产周转率是完全可行的。这也是大多数分析软件、分析师采用的计算方法。只不过，我们需要知道它的局限性，对该指标的解释需要谨慎。

（2）选用固定资产的原值

另外一种分母的取值方式，则是取固定资产的原值。原值往往与该设备的原始产能比较对应，用原值的话，我们计算的结果就是企业对原始产能的利用效率。但是，我们也应当思考，时间这个因素是否与资产利用效率有关。如果用原值作为分母，则没有考虑时间这个因素。如果一个企业对固定资产的管理非常有效，维护得很好，它可能利用比较老旧的设备创造同样的收入；这也是其管理能力、管理效率的体现。用净值计算就把这种能力体现到了固定资产周转率中。

因此，如果选用固定资产原值作为固定资产周转率的分母，我们应当同时关注固定资产成新率等指标的变动。固定资产成新率的计算公式如下：

固定资产成新率=平均固定资产净值÷平均固定资产原值 （9.43）

如果固定资产都比较陈旧，那么既要考虑到企业对老旧固定资产的管理效率，又要考虑到固定资产面临更新改造的压力。综上，若是用原值作为分母，我们需要知道侧重衡量的是企业对其原始产能的利用效率，并且需要配合固定资产成新率对该企业固定资产的状况进行综合判断。

### （三）比率运用

对于重资产的行业，固定资产金额大、占比高，固定资产周转率也会成为行业景气度的重要指标。前面在讲应收账款周转率的时候，用三一重工举过例。这里再看一下三一重工的固定资产周转率。

## 案例 9.19

### 三一重工的固定资产周转率

三一重工的固定资产占总资产 20%左右，也是非常重要的一项资产。采用公式 9.41 计算固定资产周转率，并与中联重科比较，见图 9.6。

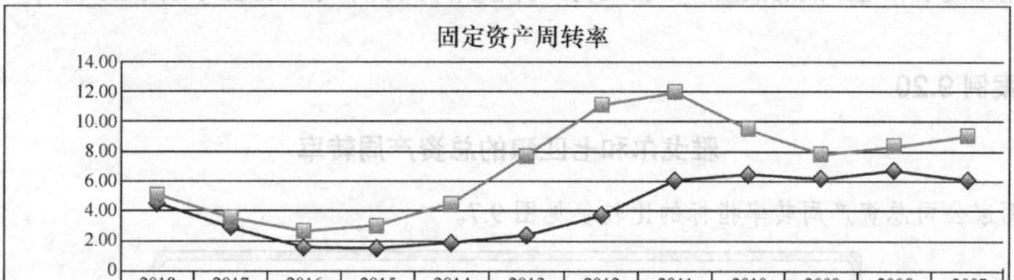


| | 2018 | 2017 | 2016 | 2015 | 2014 | 2013 | 2012 | 2011 | 2010 | 2009 | 2008 | 2007 |
|---|---|---|---|---|---|---|---|---|---|---|---|---|
| 三一重工 | 4.52 | 2.86 | 1.55 | 1.49 | 1.88 | 2.40 | 3.68 | 6.09 | 6.48 | 6.14 | 6.75 | 6.04 |
| 中联重科 | 5.07 | 3.49 | 2.63 | 2.99 | 4.52 | 7.75 | 11.09 | 11.94 | 9.47 | 7.79 | 8.32 | 9.06 |

图 9.6　三一重工与中联重科的固定资产周转率

三一重工的固定资产周转率没有中联重科高，但两家公司的固定资产周转率总体趋势是一致的——都反映出了 2011—2016 年工程机械行业整体不景气的局面。这一期间固定资产周转率呈现下滑趋势。而两家公司的固定资产周转率指标在 2016 年之后都提高了，表明固定资产利用效率提高，反映出了行业转暖的迹象。

## 二、总资产周转率

总资产周转率用于衡量企业对其总资产的利用效率。

1. 基本公式

总资产周转率的常见计算公式为

$$总资产周转率=营业收入\div总资产平均值 \qquad (9.44)$$

总资产平均值，按照年报数据计算，就是期初总资产与期末总资产相加再除以 2。

这个比率总体、宏观地衡量了企业资产创造收入的能力，整体反映了企业管理层对总资产的管理能力。但是企业资产的组成通常很复杂，这个指标只是笼统的测算，具体对每项资产的利用效率还需要结合各项资产具体情况来分析。通常来说，总资产周转率越高，意味着对资产的利用效率越高。

2. 比率剖析

这个比率的问题在于，分子和分母可能存在计算口径不一致的问题。分子是营业收入，而营业收入是由哪些经营性资产导致的，有应收账款、存货、固定资产、无形资产等。但是总资产当中，除了经营性资产之外，还有一些投资性资产，例如，交易性金融资产、衍生金融资产、债权投资、其他债权投资、权益工具投资、长期股权投资等。这些资产并不产生营业收入，它们对利润表的影响体现在公允价值变动收益或者投资收益当中，甚至不直接影响净利润，而是直接计入所有者权益。

因此，用营业收入除以总资产，分子和分母计算口径不一致，使得这个指标最终的含义是模糊的。并且对于那些投资业务开展较多的企业来说，也就是说对那些分子和分母的计算口径十分不一致的企业来说，要解释清楚总资产周转率这个指标很困难，总资产周转率可能会低估企业实际的经营性资产周转率，并且也不能准确表现投资性资产的周转情况。因此，有人建议，应当将经营性资产周转率的计算公式改为如下形式：

$$经营性资产周转率=营业收入\div经营性资产平均值 \quad (9.45)$$

3. 比率运用

用雅戈尔和七匹狼的数据来举例说明分析总资产周转率时可能遇到的问题。

## 案例 9.20

### 雅戈尔和七匹狼的总资产周转率

两家公司总资产周转率指标的比较参见图 9.7。

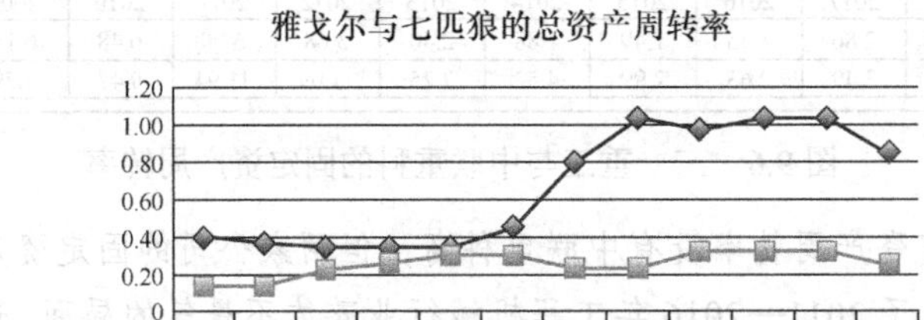


| | 2018 | 2017 | 2016 | 2015 | 2014 | 2013 | 2012 | 2011 | 2010 | 2009 | 2008 | 2007 |
|---|---|---|---|---|---|---|---|---|---|---|---|---|
| 七匹狼 | 0.41 | 0.37 | 0.34 | 0.35 | 0.35 | 0.45 | 0.80 | 1.03 | 0.97 | 1.03 | 1.03 | 0.86 |
| 雅戈尔 | 0.14 | 0.15 | 0.23 | 0.26 | 0.33 | 0.31 | 0.22 | 0.24 | 0.32 | 0.33 | 0.32 | 0.27 |

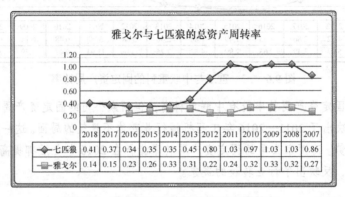

图 9.7　雅戈尔与七匹狼的总资产周转率

历年以来，雅戈尔的总资产周转率都是低于七匹狼的，是否能够得出雅戈尔的经营效率低于七匹狼的结论？基于前面的比率剖析，可能并不能得出该结论。雅戈尔的业务结构与七匹狼是十分不同的，可扫码具体了解两家公司在收入结构、利润结构、资产结构上的不同。七匹狼主要以经营性资产为主，并且闲置资金主要放在银行理财产品上；而雅戈尔则三驾马车并驾齐驱，有非常主动的投资行为。

对这样两家资产结构截然不同的公司直接进行总资产周转率的比较可能是有问题的。对于雅戈尔来说，2018 年总资产是 756.1 亿元，其中投资性资产就有 402.6 亿元，而这些投资性资产并不参与产生营业收入的活动。为了更加清晰地看到经营性资产的周转情况，采用公式 9.45 计算经营性资产周转率，并对两家公司进行比较，见图 9.8。

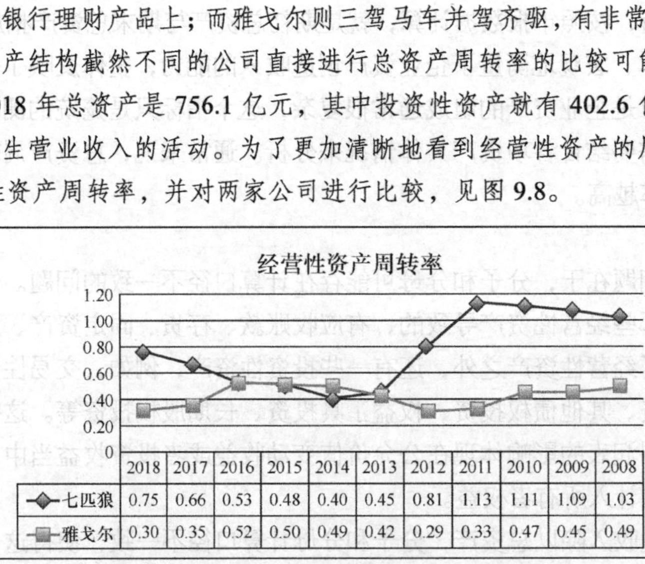


| | 2018 | 2017 | 2016 | 2015 | 2014 | 2013 | 2012 | 2011 | 2010 | 2009 | 2008 |
|---|---|---|---|---|---|---|---|---|---|---|---|
| 七匹狼 | 0.75 | 0.66 | 0.53 | 0.48 | 0.40 | 0.45 | 0.81 | 1.13 | 1.11 | 1.09 | 1.03 |
| 雅戈尔 | 0.30 | 0.35 | 0.52 | 0.50 | 0.49 | 0.42 | 0.29 | 0.33 | 0.47 | 0.45 | 0.49 |

图 9.8　雅戈尔与七匹狼经营性资产周转率

在分母中去掉投资性资产之后，两家公司的周转率都有了较大提升，但总体来说，七匹狼的经营性资产周转率还是高于雅戈尔。事实上，此处的周转率也是不太可比的。七匹狼的主营业务集中在服装行业，而雅戈尔除了服装经营业务还有房地产业务。再找一家房地产行业中与雅戈尔收入规模相当的上市公司进行比较。中洲控股的收入规模是38亿元，与雅戈尔37亿元的房地产收入规模差不多。三家公司的经营性资产周转率见图9.9。

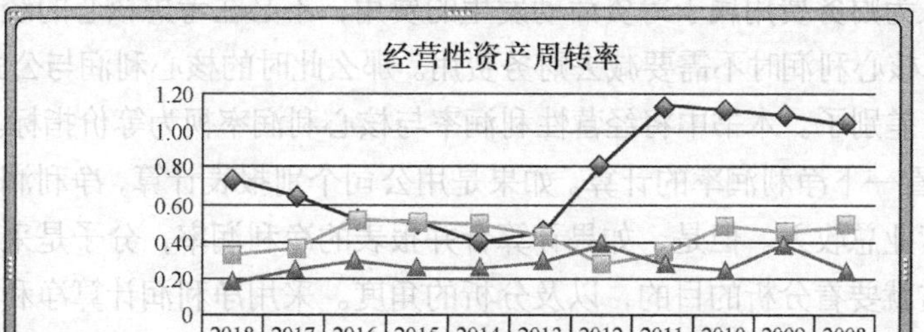


| | 2018 | 2017 | 2016 | 2015 | 2014 | 2013 | 2012 | 2011 | 2010 | 2009 | 2008 |
|---|---|---|---|---|---|---|---|---|---|---|---|
| 七匹狼 | 0.75 | 0.66 | 0.53 | 0.48 | 0.40 | 0.45 | 0.81 | 1.13 | 1.11 | 1.09 | 1.03 |
| 雅戈尔 | 0.30 | 0.35 | 0.52 | 0.50 | 0.49 | 0.42 | 0.29 | 0.33 | 0.47 | 0.45 | 0.49 |
| 中洲控股 | 0.18 | 0.24 | 0.30 | 0.25 | 0.25 | 0.29 | 0.38 | 0.29 | 0.24 | 0.39 | 0.24 |

图9.9　雅戈尔、七匹狼与中洲控股的经营性资产周转率

比较后发现，雅戈尔的经营性资产周转率基本介于七匹狼和中洲控股的经营性资产周转率之间。一般，我们认为服装业的周转率会快于房地产行业的周转率，而雅戈尔这两项业务都有，它的周转率介于两者之间也就不奇怪了。更为精准的周转率分析，是由管理层基于内部业务分部数据进行的。

# 第四节　盈利能力比率

探讨盈利能力，一定是离不开利润表的，毕竟利润表会告诉我们盈利是多少。盈利能力指标的设计是围绕利润表进行的，可以分为三大类：利润表自身的盈利能力（例如，毛利率、经营性利润率、净利润率）；结合现金流量表的盈利能力（例如，收入的现金含量、净利润的现金含量）；结合资产负债表的盈利能力（例如，总资产收益率、净资产收益率）。

利润表自身的盈利能力在共同比利润表中有非常直观的体现，第六章也已经详细阐述了对毛利率的分析，下面从经营性利润率和净利润率开始分析。

## 一、经营性利润率和净利润率

净利润率在共同比利润表中直接可以看到，而经营性利润率则不然。经营性利润率并不直接出现在利润表中，需要分析者自行计算。

1. 基本公式

经营性利润率和净利润率的公式如下：

$$经营性利润率=经营性利润\div营业总收入 \tag{9.46}$$

$$净利润率=净利润\div营业总收入 \tag{9.47}$$

根据第六章对经营性利润的界定，经营性利润的计算公式如下：

经营性利润=营业收入−营业成本−税金及附加−销售费用−

$$管理费用-研发费用 \quad (9.48)$$

有些财务报表分析教材界定了另一个利润概念——核心利润。核心利润的概念与此处的经营性利润是十分相近的。比较常见的核心利润计算公式如下：

$$核心利润=营业收入-营业成本-税金及附加-销售费用-管理费用-研发费用-财务费用 \quad (9.49)$$

也有学者认为财务费用属于筹资活动发生的费用，不必在考虑核心的经营业务盈利能力时考虑，即计算核心利润时不需要减去财务费用。那么此时的核心利润与公式 9.48 界定的经营性利润就没有差别了。本书中将经营性利润率与核心利润率视为等价指标。

再来仔细看一下净利润率的计算。如果是用公司个别报表计算，净利润率就是利润表中的净利润除以营业总收入。但是，如果计算合并报表的净利润率，分子是采用净利润还是归母净利润呢？这就要看分析的目的，以及分析的角度。采用净利润计算净利润率，是站在整个集团的角度来看集团报表中利润表的盈利能力；采用归母净利润则是站在母公司股东的角度来看净利润率。上市公司的报表披露的很多指标都是站在母公司股东，也就是上市公司股东的角度去看问题的，因此很多指标中有关利润的计算口径都是取自归母净利润。例如，在上市公司年报的最前面"公司简介和主要财务指标"中需要披露一些主要的财务指标，包括不同计算口径下的每股收益和净资产收益率。此处，不论是每股收益还是净资产收益率的计算都是站在上市公司股东的视角去观察的，因此，都必须使用归母净利润计算。

2. 比率剖析

首先，经营性利润率（核心利润率）对于我们理解判断企业持续盈利能力非常关键。排除投资活动和其他一次性收益对利润的影响之后，我们来观察企业核心业务的盈利能力，这种盈利能力可能是未来会持续发生的，因此对于我们判断企业未来状况和估值非常有用。

其次，可以通过观察经营性利润率（核心利润率）和净利润率来判断企业利润的形成过程，或者说利润的来源。净利润率告诉我们企业最终盈利的结果，但是这个结果是如何形成的呢？利润的形成过程可以通过仔细观察利润表的结构获得。共同比利润表就是非常好用的分析工具。同时，也可以对比一下本节讲解的核心利润率和净利润率，也能大概明白企业利润的形成过程。

经营性利润率是税前的，而净利润率是税后的，如果经营性利润率显著小于净利润率，并且这种差异无法用所得税税率来解释，那么就应该是其他活动或者会计估计贡献了利润。同样，如果经营性利润率显著大于净利润率，那么就是其他活动或者会计估计减少了利润。

此处需注意，如果计算净利润率的时候使用的是归母净利润率的口径，那么导致核心利润率与归母净利润率差异的原因除了上面所说的所得税、其他活动和会计估计之外，还有一个原因是子公司的股权结构安排。例如，乐视网 2016 年报表合并净利润为负，但是归母净利润却为正。

3. 比率运用

比较一下康美药业和云南白药利润表中的盈利能力指标。

**案例 9.21**

**康美药业和云南白药的利润表自身盈利能力指标**

经营性利润率的计算采用公式 9.49，净利润率的计算采用合并净利润。相关指标见表 9.21。

表 9.21　康美药业和云南白药利润表盈利能力指标

| 年份 | | 毛利率 | | 经营性利润率 | | 净利润率 | |
|---|---|---|---|---|---|---|---|
| | | 康美药业 | 云南白药 | 康美药业 | 云南白药 | 康美药业 | 云南白药 |
| 2018 | | 30.04% | 30.55% | 7.18% | 13.01% | 5.80% | 12.32% |
| 2017 | 调整后 | 38.63% | 31.19% | 15.84% | 13.45% | 12.19% | 12.88% |
| | 调整前 | 30.32% | | 17.92% | | 15.46% | |
| 2016 | | 29.90% | 29.86% | 18.25% | 13.94% | 15.42% | 13.08% |
| 2015 | | 28.34% | 30.53% | 18.06% | 14.52% | 15.26% | 13.29% |
| 2014 | | 26.21% | 30.16% | 16.51% | 13.74% | 14.33% | 13.27% |

康美药业在事发之前的利润表非常漂亮，经营性利润率比净利润率略高一些，表示企业盈利能力非常强，基本都是核心业务带来的。而且经营性利润率比同行业云南白药还要高出 4%以上，净利润率的表现也好于云南白药。所以，不难想象有很多人会认为这是一家非常优质的投资标的。但是这个利润表是假的！事发之后，追溯调整的 2017 年经营性利润率有所下降，随着事发，2018 年经营性利润率继续下降至 7.18%。所以说，光看利润表中的盈利能力指标是不够的，我们应当结合现金流量表和资产负债表一起判断企业的盈利能力。

## 二、收入的现金含量和净利润的现金含量

在考察企业盈利能力的时候，仅观察利润表是不够的。上述经营性利润率和净利润率都是利润表中的盈利能力，如果要对盈利能力有进一步判断，就需要结合现金流量表和资产负债表中的信息进一步分析。下面介绍利用现金流量表中的信息判断收入质量和利润质量的指标——收入的现金含量和净利润的现金含量。

### （一）基本公式

收入的现金含量的计算公式如下：

收入的现金含量=销售商品、提供劳务收到的现金÷营业总收入　　（9.50）

这个指标反映的是企业每 1 元营业收入中，有多少是已经实际收到现金的。如果比值远大于 1，则说明企业除了全部收回当期收入外，还收回了以前年度的部分应收账款；如果比值远小于 1，则说明企业当期收入中有相当部分没有收到现金，会形成应收账款挂账，此时就必须关注企业应收账款的质量问题。

净利润的现金含量的计算公式如下：

净利润的现金含量=经营活动产生的现金流量净额÷净利润　　（9.51）

分析者可以计算该指标并进行趋势分析，如果分子与分母同增同减，且维持比较高的水平（例如高于 1.5），则说明利润的质量较高。如果分子和分母出现反向变动，则需要仔细审视一番，例如净利润增加，但是经营活动现金流量减少，则有可能说明净利润是“纸上富贵”；如果净利润减少，但是经营活动现金流量增加，则有可能存在隐藏利润的行为。

### （二）比率剖析

1. 对“收入的现金含量”偏低的解读

前文提到对于那些收入的现金含量小于 1 的企业，我们往往认为它的收入质量不高。那

么是不是对于所有收入的现金含量小于1的企业，都要警惕呢？有时候还是需要具体问题具体分析的。

**案例 9.22**

### 格力电器的收入的现金含量

计算一下格力电器的收入的现金含量和净利润的现金含量，见图 9.10。

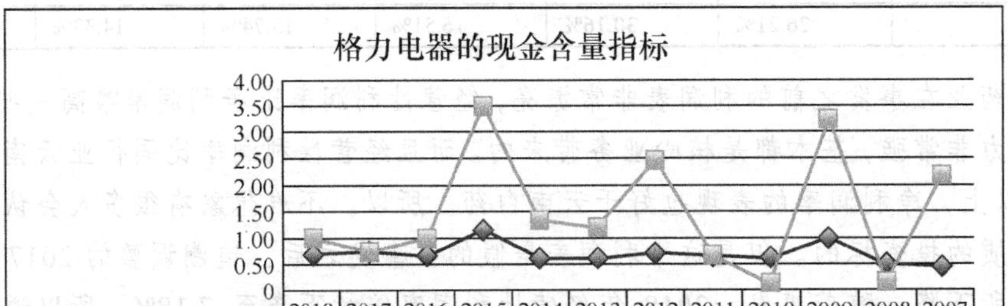


| | 2018 | 2017 | 2016 | 2015 | 2014 | 2013 | 2012 | 2011 | 2010 | 2009 | 2008 | 2007 |
|---|---|---|---|---|---|---|---|---|---|---|---|---|
| 收入的现金含量 | 0.68 | 0.73 | 0.65 | 1.13 | 0.62 | 0.59 | 0.71 | 0.63 | 0.59 | 0.99 | 0.49 | 0.42 |
| 净利润的现金含量 | 1.02 | 0.73 | 0.96 | 3.52 | 1.33 | 1.19 | 2.47 | 0.63 | 0.14 | 3.22 | 0.19 | 2.17 |

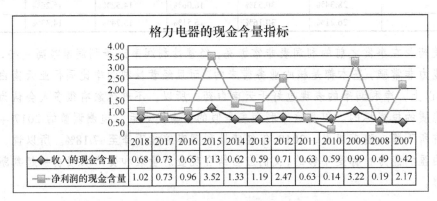

图 9.10　格力电器的收入的现金含量和净利润的现金含量

可见格力电器的收入的现金含量基本上都是低于1的，处于比较低的水平。这是否说明格力电器的收入质量很差呢？企业实践中还有一种情况会影响和扭曲"收入的现金含量"这个指标。企业如果在实践中大量使用票据背书转让的融资方式就会导致这个比率变小。例如，销售时收取客户开具的票据，作为"应收票据"，此时，没有现金流入，但是有收入；如果票据到期收到现金，就会被记入"销售商品、提供劳务收到的现金"项目，长期来看，"销售商品、提供劳务收到的现金"与收入就趋于一致了。但是有些企业会将票据背书转让，在购买原材料的时候，将票据转让给供应商，这样就没有对应的现金流入和流出，相当于绕过了现金流量表。这样就会导致"销售商品、提供劳务收到的现金"与收入产生永久性的差异，也会导致"收入的现金含量"这个指标变小，但并不意味着收入质量差。该案例中，格力电器应该就是这种情况。

收入的现金含量是衡量收入质量的一个考量因素，但不是唯一指标。净利润的现金含量一定程度上可以避免这种错配。因为，无论是否将票据背书转让，对经营活动现金流量净额是没有影响的。不背书转让的企业，同时有收到票据金额的现金流入，也有购买原材料时的现金流出；背书转让的企业，这两项现金流入和流出同时没有，对经营活动现金流量净额没有影响。因此，净利润的现金含量还是可以使用的。

**2. "收入的现金含量"分子和分母增值税口径不一致的问题**

分子"经营活动产生的现金流量净额"是包含增值税的，但是分母营业总收入却是不含增值税的。有人建议可以用将分母乘以"1+增值税税率"解决这个问题，公式如下：

$$收入的现金含量=经营活动产生的现金流量净额\div[营业总收入\times(1+增值税税率)] \quad (9.52)$$

对于那些业务单一的企业来说，增值税税率一致，这种调整可能容易实现；但对于那些多元化经营、业务复杂的企业集团，这种调整就很难进行了。而且从长期趋势分析来看，分母是否乘以“1+增值税税率”对整体指标趋势判断影响并不大。我们只需要注意使用同样口径的指标对待所有可比企业就可以了。

3. “净利润的现金含量”分子和分母统计口径不一致的问题

按照公式 9.51，分子仅仅是经营活动产生的现金流量净额，但是分母却是所有活动的净利润，口径上存在明显的不一致。有人建议应当将该公式修正为以下形式：

经营性利润的现金含量=经营活动产生的现金流量净额 ÷ 经营性利润　　（9.53）

但是对于公式 9.53，依然有学者提出分子和分母并不匹配，认为需要使用与经营活动现金流量同口径的经营性利润，公式如下：

与经营活动现金流量同口径的经营性利润的现金含量=经营活动产生的现金流量净额 ÷
（经营性利润+固定资产折旧+其他经营性长期资产摊销+
财务费用−所得税费用）　　（9.54）

此处同口径的经营性利润的计算逻辑如何理解呢？为什么要对经营性利润进行这几项调整呢？这需要理解经营活动产生的现金流量净额与经营性利润在计算口径上有多处的不一致地方。这里的几项调整就是针对这几处计算口径不一致的地方进行的。第一，二者对固定资产、无形资产等长期经营性资产的口径不一致。与固定资产、无形资产有关的折旧和摊销基本是在核心利润当中抵减的，但是与固定资产、无形资产有关的现金流出却是在投资活动现金流量里面反映，计算口径不一致。第二，对与金融性负债有关的利息支出的口径不一致。根据前面介绍的核心利润计算公式，财务费用一般在计算核心利润的时候是被减去的，但是与财务费用相对应的利息付现，在现金流量表中却并不是在经营活动部分抵减的，而是在筹资活动部分抵减的，分子与分母就利息支出的统计口径不一致。第三，对所得税的统计口径不一致。核心利润的计算并没有考虑所得税费用，但是经营活动现金流量中已经减去了所得税付现，所以在所得税的口径上分子和分母也是不统一的。

调整之后，公式 9.54 中分子和分母之间的主要差异就表现在资产负债表中那些经营性的营运资本账户上面，例如应收账款、应付账款、预收账款、预付账款和存货等。但是公式 9.54 的计算相对较烦琐，实务中最常使用的公式还是我们之前介绍的公式 9.51。

### （三）比率运用

再来看一下康美药业和云南白药的收入的现金含量和净利润的现金含量。

**案例 9.23**

**康美药业和云南白药的现金含量相关指标**

根据财务数据计算得到康美药业和云南白药的现金含量相关指标，见表 9.22。

表 9.22 康美药业和云南白药的现金含量相关指标

| 年份 | | 收入的现金含量 | | 净利润的现金含量 | | 经营性利润的现金含量 | | 与经营活动现金流量同口径的经营性利润的现金含量 | |
|---|---|---|---|---|---|---|---|---|---|
| | | 康美药业 | 云南白药 | 康美药业 | 云南白药 | 康美药业 | 云南白药 | 康美药业 | 云南白药 |
| 2018 | | 1.09 | 1.19 | −2.84 | 0.80 | −2.30 | 0.76 | −0.88 | 0.82 |
| 2017 | 调整后 | 1.05 | 1.15 | −2.26 | 0.37 | −1.74 | 0.35 | −1.28 | 0.39 |
| | 调整前 | 1.09 | | 0.45 | | 0.39 | | 0.32 | |
| 2016 | | 1.11 | 1.22 | 0.48 | 1.02 | 0.41 | 0.96 | 0.35 | 1.04 |
| 2015 | | 1.07 | 1.08 | 0.18 | 0.79 | 0.16 | 0.72 | 0.14 | 0.79 |
| 2014 | | 1.12 | 1.06 | 0.50 | 0.64 | 0.43 | 0.61 | 0.38 | 0.69 |

康美药业收入的现金含量表现比较正常，比较 2017 年调整前后的数据可看到，康美药业对收入和“销售商品、提供劳务收到的现金”都进行了造假和美化，该指标从调整前的 1.09 降至 1.05。康美药业收入的现金含量略低于云南白药，但也并不是特别低。但是观察净利润的现金含量就可以看到康美药业的该指标在事发之前一直低于云南白药，净利润的现金含量并不高。事发之后，由于真实的经营活动现金流量其实是负数，该指标也直接变成了负数。再看一下“经营性利润的现金含量”和“与经营活动现金流量同口径的经营性利润的现金含量”。在 2014 年至 2016 年康美药业的各种口径利润现金含量指标表现都非常一般，造假之后的数据也依然表现一般。因为现金流量的造假总体而言会比较烦琐和成本高昂，将所有指标都造假得很好看是难度和成本都非常高的一件事。因此在进行盈利能力分析的时候，结合现金流量表进行分析可以极大程度提升盈利能力分析的可靠性。

## 三、总资产收益率

结合资产负债表中的信息可以对企业利用资源产生利润的能力进行判断，即计算总资产收益率等指标。

1. 基本公式

总资产收益率有不同的名称和不同的计算公式，例如，有时也叫总资产报酬率。常见的计算公式如下：

$$总资产收益率=净利润 \div 平均总资产 \quad (9.55)$$

$$总资产收益率=息税前利润 \div 平均总资产 \quad (9.56)$$

上面两个公式中共同的部分是分母，都是总资产的平均值。公式中不同的部分是分子，分子选用什么利润指标需要根据分析的场合和目的确定。

2. 比率剖析

如果我们想要观察的是企业经营层利用所有总资产产生收益的能力，并且只看重运营能力，而想要排除不同地区税收政策的不同，以及不同企业融资偏好不同对利润带来的影响，就应该将公式 9.56 作为总资产收益率的计算公式。因为，分子使用息税前利润，排除了税收因素和利息费用因素对利润的影响，对于那些处于不同税收区域和具有不同融资偏好的企业来说，用息税前利润计算的总资产收益率可能是更加可比的一个可以衡量经理人努力程度的指标。

## 案例 9.24

### 对子公司业绩考核时应当如何计算总资产收益率

P 集团有下属两家业务范围相同的控股子公司 A 和 B。A 和 B 都是被集团当作利润中心来考核评价的,这两家公司 2019 年经审计后的基本财务数据如表 9.23 所示。

表 9.23 集团内 A 公司和 B 公司相关财务数据

（金额单位：万元）

| 相关财务数据 | A 公司 | B 公司 |
| --- | --- | --- |
| 平均经营性负债 | 300 | 100 |
| 平均金融性负债（年利率 6%） | 700 | 200 |
| 平均所有者权益 | 500 | 700 |
| 平均总资产 | 1 500 | 1 000 |
| 息税前利润 | 150 | 100 |

两家企业适用的所得税税率都是 25%。

采用公式 9.55 计算的总资产收益率为：

A 公司总资产收益率=

［(150−700×6%)×(1−25%)］÷1 500=5.4%

B 公司总资产收益率=

［(100−200×6%)×(1−25%)］÷1 000=6.6%

采用公式 9.56 计算的总资产收益率为：

A 公司总资产收益率=150÷1 500=10%

B 公司总资产收益率=100÷1 000=10%

如果集团对旗下公司高管的考核标准中有总资产收益率这样的指标，那么你认为采用什么方式计算该指标是更加正确的呢？如果用公式 9.55 计算总资产收益率,你会得出 B 公司管理层工作成绩更加优秀的结论；如果用公式 9.56 计算总资产收益率，你会认为 A 公司和 B 公司的经营业绩是不分上下的。到底用哪一个为宜呢？

首先，考虑一下分子中是否要扣除利息费用带来的影响，即是否采用“息前”的利润。如果集团中融资决策是集权式管理,下属子公司并没有自主融资的权力,那么考核它们的“息后”利润就是毫无道理的，因为利息费用不是它们能够自主决定的。如果集团的融资决策是分权式管理，各下属子公司可以灵活根据自己的情况融资，这些子公司利用负债融资的效果如果很好，即资金的回报率是大于利息成本率的，就会增加给股东的回报。但是考核业绩的时候，如果将利息费用在分子中扣除，势必使得分子变小，这对那些较为激进地运用了融资手段的子公司不利。因此，无论是哪种情况，总资产收益率如果作为考核业绩的指标出现，分子最好都用“息前”的利润。

其次，考虑分子中是否要扣除所得税的因素，即是否采用“税前”的利润。一般来说，税收受到国家税收政策和所属区域的影响比较大。如果是普适性的税收政策调整，对所有公司都一样，那么是“税前”的利润还是“税后”的利润都无关紧要，对所有公司的影响都是一致的。如果是所属地不同，造成区域性的税收政策不同，一般情况下子公司的经营范围和地点也不是管理层随意可以变更的，因此不宜将所得税纳入考核的范围。总之，如果要将总资产收益率纳入管理层业绩考核指标，最好采用“税前”的利润。

综合上面的分析，在将总资产收益率用于内部经营业绩考核指标的时候，最好使用公式 9.56：总资产收益率=息税前利润÷平均总资产，即分子采用息税前利润。当然，公式 9.55 也有它的适用情境，例如，在杜邦分析法的计算过程中就是使用公式 9.55 来计算总资产收益率的。

3. 比率运用

可以看一下康美药业的总资产收益率。

**案例 9.25**

**康美药业的总资产收益率**

**表 9.24　康美药业的总资产收益率**

| 日　期 | | 康美药业 | 云南白药 |
|---|---|---|---|
| 2018-12-31 | | 1.60% | 11.33% |
| 2017-12-31 | 调整后 | 3.57% | 11.98% |
| | 调整前 | 5.96% | |
| 2016-12-31 | | 7.18% | 13.36% |
| 2015-12-31 | | 8.35% | 15.47% |
| 2014-12-31 | | 9.12% | 17.09% |

用公式 9.55 计算康美药业的总资产收益率，见表 9.24。

即使在事发之前，康美药业造假后的总资产收益率也并不亮眼，至少跟它在利润表上营造的超高的利润率有反差。结合前文所讲，其现金含量指标也表现不佳，就可以判断其盈利能力并不强。对于这种只有利润表自身的盈利能力指标强健，而其他盈利能力指标都不太突出的公司，我们一定要保持警觉。很可能利润表的数据是假的，虚增的利润伴随虚增的资产，导致总资产收益率的表现并不好。

## 四、净资产收益率与杜邦分析法

将利润信息与资产负债表中的净资产结合，还可以计算净资产收益率。这个指标是盈利能力指标中非常综合的一个指标，可以被分解为另外的影响因素指标。这种指标分解的思路就是杜邦分析法的讲解内容。

1. 基本公式

常见的计算公式如下：

$$净资产收益率=净利润\div平均所有者权益 \tag{9.57}$$

对于合并报表来说，这个公式中的分子和分母都有多个计算口径。如果站在集团全体股东的角度来衡量净资产收益率，分子需要使用合并利润表上的“净利润”，分母对应地需要使用合并资产负债表上的“所有者权益合计”。如果站在母公司股东的角度来衡量净资产收益率，分子需要使用合并利润表上的“归属于母公司股东的净利润”，分母对应地就需要使用合并资产负债表上的“归属于母公司所有者权益合计”。即分子和分母一定要配套。

证监会出台的《公开发行证券的公司信息披露编报规则第 9 号——净资产收益率和每股收益的计算及披露》给出了上市公司计算加权平均净资产收益率的公式：

$$加权平均净资产收益率=P_0\div(E_0+NP\div2+E_i\times M_i\div M_0-E_j\times M_j\div M_0\pm E_k\times M_k\div M_0) \tag{9.58}$$

$P_0$：分别对应归属于公司普通股股东的净利润、扣除非经常性损益后归属于公司普通股股东的净利润。

$NP$：归属于公司普通股股东的净利润。

$E_0$：归属于公司普通股股东的期初净资产。

$E_i$：报告期发行新股或债转股等新增的、归属于公司普通股股东的净资产。

$E_j$：报告期回购或现金分红等减少的、归属于公司普通股股东的净资产。

$M_0$：报告期月份数。

$M_i$：新增净资产次月起至报告期期末的累计月数。

$M_j$：减少净资产次月起至报告期期末的累计月数。

$E_k$：因其他交易或事项引起的、归属于公司普通股股东的净资产增减变动。

$M_k$：发生其他净资产增减变动次月起至报告期期末的累计月数。

公式 9.58 对加权平均净资产的计算给出了比较详细的指导，是实务中上市公司采用的计算方式。前面我们介绍的一般教材中计算净资产收益率的公式，分母采用的简便算法是“（期初净资产+期末净资产）÷2”。这种算法其实是假设导致净资产变动的各个因素都是在整个期间内均匀发生的，而没有考虑用时间因素来加权计算。实务中按照编报规则第 9 号的公式计算，这个公式是假设导致净资产发生变化的“利润”因素是均匀发生的，而其他因素（例如增发、分红等）则是考虑发生的时间，用时间作为加权的权数来计算的。外部分析大多使用简便算法。所以看到本书中计算的净资产收益率与上市公司披露的净资产收益率不一样也不必觉得奇怪，这是由于我们采用了不同的计算口径和公式。一般来说，采用哪个公式对最后总体分析影响不大。

2. 比率剖析

净资产收益率是综合性非常强的盈利能力指标，它一直备受投资大家的推崇。例如，股神巴菲特曾经说过：“公司经营管理业绩的最佳衡量标准，是净资产收益率的高低，而不是每股收益的高低。”可以说，净资产收益率是巴菲特投资时最为看重的一个财务指标。我们能够用因素分析的思路将该指标进行分解，这种方法最早是由美国杜邦公司提出来的，因此名为杜邦分析法。净资产收益率的计算公式如下：

$$净资产收益率=总资产收益率\times权益乘数=净利润率\times总资产周转率\times权益乘数 \quad (9.59)$$

股东认为股东的回报率（净资产收益率）取决于企业利用资产产生回报的能力（总资产收益率）以及运用杠杆的能力（权益乘数）。运用资产产生回报的能力又是由利润表盈利能力（净利润率）和资产运营效率（总资产周转率）决定的。

杜邦分析法是一个非常好的分析工具，它可以帮助我们将视线深入利润表和资产负债表的具体项目分析。要理解企业的净利润率，就要认真分析利润表的构成和净利润的生成过程，详细分析利润表；要了解总资产的运营效率，就需要将视线深入资产负债表的左边，对各项资产（至少是重要资产）的质量和运营效率进行分析和解读；要分析企业的杠杆水平，就要深入资产负债表的右边，认真解读该企业的资本结构、有息负债等的情况。

杜邦分析法是十分常用和流行的财务比率分析方法。但是，传统的杜邦分析法没有涉及现金流量表，没有引入现金流量分析。所以，我们需要在使用杜邦分析法的同时，注意观察该企业的现金流量状态。此外，杜邦分析法在进行盈利能力分析时，没有区分利润的来源，而是直接以净利润作为分析的起点。但是有时候，人们可能想要知道企业核心业务的盈利能力，于是“管理用杜邦分析法”作为杜邦分析法的一种改进被提了出来。

微课堂

杜邦分析法中的净资产收益率

3. 比率运用

我们来了解一下杜邦分析法中涉及的几个主要财务指标在我国上市公司中的表现。

### 案例 9.26

**杜邦分析法指标在我国上市公司中的表现**

用 2018 年上市公司年报数据来整理，共 3 606 个样本。净利润率的中位数是 7.16%，均值为-11.79%。可见均值被异常值拉低了。微亏的企业比较少，而微利的企业则比较多。根据证监会的行业分类指引分行业统计，净利润率较低的行业有批发零售业（2.86%）、租赁商务服务业（3.1%）、建筑业（4.13%）；净利润率较高的行业有金融业（34.88%）、卫生和社会工作（12.4%）、科学研究和技术服务业（12.36%）。这个结果是大类统计，不过也能够说明问题——不同行业的净利润率水平是有差异的。

总资产周转率的中位数为 0.51，均值为 0.61。同样，不同行业的总资产周转率显然也有着很大差异。总资产周转率较低的行业有金融业（0.03）、房地产业（0.1），综合为 0.24；总资产周转率较高的行业有批发和零售业（1.1）、租赁和商务服务业（0.78）、教育（0.66）。净利润率与总资产周转率之间似乎有此消彼长的关系。

再来看一看权益乘数，为了更加直观一些，这里给出的是资产负债率的统计结果。资产负债率的中位数是 42.37%，均值为 45.02%。分行业来看，资产负债率较低的行业有文化体育和娱乐业（32.4%）、信息传输软件和信息技术服务业（33.85%）、科学研究和技术服务业（34.15%）。资产负债率较高的行业有金融业（77.27%）、房地产业（66%）、建筑业（64.03%）。

最后来看一下净资产收益率的统计结果。净资产收益率的中位数为 6.81%，均值为-10.75%，这个均值也被异常值拉低了。净资产收益率较低的行业有综合业（4.04%）、租赁和商务服务业（4.97%）、住宿和餐饮业（5.31%）。净资产收益率较高的行业有卫生和社会工作业（13.2%）、教育业（10.97%）和科学研究和技术服务业（8.52%）。

当然，各个行业中都有优秀的企业，也有很差的企业。所以统计结果看看就好，但至少我们能够知道上市公司总体的分布状态，并有助于我们了解各个指标在总体指标分布中的位置和表现。

我们看到就上市公司杜邦分析法涉及指标的中位数状况是，净利润率在 7%左右，总资产周转率在 0.5 左右，资产负债率为 42%左右，净资产收益率在 7%左右。这是中位数，也就是说一半的上市公司各个指标的表现其实比这个还差。从这个统计结果来看，大部分上市公司的盈利能力并不强。可以扫码了解杜邦分析法涉及的指标在我国上市公司中的表现的详细数据。

# 第五节 管理用杜邦分析法

由于杜邦分析法对利润表的盈利能力没有再做细分，而直接采用了净利润。有些学者提出可以将利润按照其不同来源进行分类分析，进而设计出了管理用杜邦分析法。

## 一、报表的变形

管理用杜邦分析法需要在对利润表和资产负债表变形（参见表 6.6）之后才能运用。对资产负债表也要进行相应的变形，将资产分类为经营性资产与投资性资产，负债分类为经营性负债与金融性负债，变形后的资产负债表，见表 9.25。

将表 9.25 的左边和右边同时减去投资性资产，报表仍然平衡；再同时减去经营性负债，报表仍然平衡。但此时的报表变形为表 9.26。

**表 9.25　重新分类后的资产负债表**

| 资产负债表左边 | 资产负债表右边 |
|---|---|
| 经营性资产 | 经营性负债 |
| | 金融性负债 |
| 投资性资产 | 负债总额 |
| | 所有者权益 |
| 资产总额 | 负债和所有者权益总额 |

**表 9.26　变形后的资产负债表**

| 资产负债表左边 | 资产负债表右边 |
|---|---|
| 经营性资产 | 金融性负债 |
| | –投资性资产 |
| –经营性负债 | 净金融性负债 |
| | 所有者权益 |
| 净经营性资产 | 净金融性负债+所有者权益 |

这里引入了两个新的定义，净经营性资产（NOA）和净金融性负债（NFL），公式如下：

$$\text{净经营性资产}=\text{经营性资产}-\text{经营性负债} \tag{9.60}$$

净经营性资产表明企业在经营活动上净占用了多少资金。

$$\text{净金融性负债}=\text{金融性负债}-\text{投资性资产} \tag{9.61}$$

大家也可以将投资性资产理解为闲置生息资产，即抵减了闲置的资金后的净借款。

变形后的资产负债表符合下列会计恒等式：

$$\text{净经营性资产}=\text{净金融性负债}+\text{所有者权益} \tag{9.62}$$

## 二、净资产收益率的分解

管理用杜邦分析法的基本思路是：企业利用净经营性资产带来了税前经营性利润（OPBT），而净金融性负债导致了税前净财务费用（NFEBT）的发生。

净资产收益率（ROE）可以表达为如下形式：

$$ROE=\left[\frac{OPBT}{NOA}+\frac{NFL}{E}\left(\frac{OPBT}{NOA}-\frac{NFEBT}{NFL}\right)(1-T)+\frac{OIBT}{E}(1-T)\right] \tag{9.63}$$

式中，$E$ 为所有者权益；$T$ 为所得税率。即，净资产收益率={净经营性资产回报率(税前)+杠杆率×[净经营性资产回报率(税前)–净财务费用率(税前)]}×(1–所得税率)+其他利润对净资产收益率的税后影响，具体推导过程如下：

$$\begin{aligned}ROE&=\frac{(OPBT-NEEBT+OIBT)\times(1-T)}{E}\\&=\frac{(OPBT-NEEBT)\times(1-T)}{E}+\frac{OIBT\times(1-T)}{E}\\&=\left[\frac{\frac{OPBT}{NOA}+NOA-NFEBT}{E}\right]\times(1-T)\frac{OIBT\times(1-T)}{E}\\&=\left[\frac{\frac{OPBT}{NOA}+(NFL+E)-NFEBT}{E}\right]\times(1-T)\frac{OIBT\times(1-T)}{E}\end{aligned}$$

$$=\left[\frac{\frac{\text{OPBT}}{\text{NOA}}\times E}{E}+\frac{\text{OPBT}}{\text{NOA}}\times\frac{\text{NFL}}{E}-\frac{\text{NFEBT}}{E}\right]\times(1-T)+\frac{\text{OIBT}\times(1-T)}{E}$$

$$=\left[\frac{\text{OPBT}}{\text{NOA}}+\frac{\text{NFL}}{E}\times\left(\frac{\text{OPBT}}{\text{NOA}}-\frac{\text{NFEBT}}{\text{NFL}}\right)\right]\times(1-T)+\frac{\text{OIBT}\times(1-T)}{E}$$

管理用杜邦分析法将净资产收益率分成了三大块，一块是经营活动带来的“净经营性资产回报率”，一块是企业净筹资结果带来的，一块是其他带来的（其他收益、汇兑收益、减值损失、资产处置收益、营业外收支等）。对于其他这部分，如果确认是偶发的、一次性的，那么在进行财务报表分析和盈利预测时可以忽略；如果不是偶发或者一次性的，并且金额重大、不可忽视，那么有两种处理思路：第一，分析附注内容，将其并入经营活动、投资活动或者筹资活动，纳入到前面的净经营性资产回报率或者是净财务费用率；第二，仍作为其他利润，但是单独对其他利润进行分析。

从公式 9.63 可以看出，如果净经营性资产回报率大于净财务费用率，就能够提升对股东的回报；反之，如果融资成本大于利用资金产生的效益，就会导致净资产收益率下降。这种指标分解的方法非常好用，能够更加直观地帮助我们判断一个企业经营活动产生盈利的能力，以及企业的筹资、理财活动是否给股东回报加分了。

## 三、运用举例

用晨鸣纸业财务数据进行管理用杜邦分析。

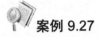

### 案例 9.27

**晨鸣纸业的管理用杜邦分析**

表 9.27 给出了晨鸣纸业管理用杜邦分析的一些主要指标结果。

**表 9.27 晨鸣纸业的管理用杜邦分析**

| 相关指标 | 2016-12-31 | 2015-12-31 | 2014-12-31 | 2013-12-31 | 2012-12-31 | 2011-12-31 | 2010-12-31 | 2009-12-31 | 2008-12-31 |
|---|---|---|---|---|---|---|---|---|---|
| 净经营性资产回报率（税前） | 5.40% | 4.56% | 2.86% | 3.08% | 1.65% | 2.13% | 5.82% | 5.42% | 7.54% |
| 净利息率（税前） | 3.42% | 3.67% | 3.65% | 3.24% | 4.21% | 1.87% | 1.53% | 3.28% | 3.45% |
| 杠杆率（净金融性负债÷权益） | 2.58 | 2.76 | 2.18 | 1.91 | 1.75 | 1.33 | 0.87 | 0.66 | 0.73 |
| 实际税率 | 21.70% | 30.65% | 19.20% | 20.31% | 389.26% | 15.77% | 16.69% | 18.67% | 19.02% |
| 考虑营业外收支前的净资产收益率 | 8.23% | 4.86% | 0.93% | 2.22% | 8.21% | 2.09% | 7.96% | 5.56% | 8.51% |
| 营业外收支对净资产收益率的税后影响 | 1.93% | 1.33% | 2.20% | 2.54% | −7.89% | 1.80% | 0.71% | 1.08% | 1.73% |
| 净资产收益率 | 10.16% | 6.19% | 3.13% | 4.76% | 0.32% | 3.89% | 8.68% | 6.63% | 10.24% |

总体来看，晨鸣纸业的经营活动的盈利能力与之前相比有所恢复；近些年有息负债融资

运用较多；10%的净资产收益率尚可；2016 年的业绩回升主要是在供给侧结构性改革带动下，造纸业涨价的行业大背景下产生的。可扫码了解如何对晨鸣纸业的财务报表开展管理用杜邦分析。

不论是传统杜邦分析还是管理用杜邦分析，在其指标体系中都没有纳入现金流量的相关数据。因此，除了关注盈利能力还需额外观察现金流量能力。就晨鸣纸业这个例子来看，经营活动现金流量在以前年度也并不稳定，不过 2016 年是其数据相对好看的一年。

管理用杜邦分析法比较适用于那些经营为主导的报表。如果是控股型公司的报表，主要资产项是长期股权投资，照搬前面管理用杜邦分析法的思路的话，长期股权投资被当成投资性资产作为金融性负债的减项处理，显然并不合适。遇到这种情况就需要将长期股权投资单独作为一项进行分析。最好是以经营性资产对应经营性利润，投资性资产对应投资性利润的形式进行分析。

# 第六节　比较标准的选择

财务比率不是计算出来就可以了，关键是要对计算结果进行解读和分析。选择合理的比较标准可以帮助我们对财务比率进行解读。常用的比较标准有经验标准、历史标准、行业标准和预算标准。

## 一、经验标准

所谓经验标准，是指依据大量长期实践的经验而形成的标准。例如，有些文献中会提到流动比率大于 2、速动比率大于 1 是比较好的，如果低于这个经验标准，很可能代表该企业的短期偿债能力出现问题。但在本书中，我们强调并不存在放之四海而皆准的经验标准，不同行业会有不同的经验标准，而且经验标准会随着科技进步、时代变化而发生变化。所以，你可以将经验标准理解为行业标准中的平均水平或一般情况。而要想取得比较可靠的经验标准就需要熟知行业情况和企业动态。

微课堂

比较标注的选择

## 二、历史标准

历史标准是指与该企业过去的相关比率相比。历史标准的取值可以取过去的最好水平，也可以取过去的正常水平，还可以取过去多年的平均水平。当我们运用比较分析法时，就是与上一年数据在进行比较。

历史标准的好处是，可能具有比较强的可比性，因为是同一主体前后期间比较。但如果该主体发生巨大的业务转型，那么历史标准的有用性可能会下降。另外，历史标准只跟主体自身比较，有可能存在“一叶障目，不见泰山”的问题，无法看清行业整体情况和变化。

## 三、行业标准

行业标准是与同行业的某个标准相比，具体取值可以取行业龙头企业的标准，可以取行业平均水平的标准，还可以取同行中最可比公司的标准。如果是与最可比的公司相比较，那么可比公司又如何选择呢？选择可比公司时可以考虑的因素有：产品和业务最为可比；对应的细分市场和客户最为可比；企业规模最为可比等。

行业标准的好处是能够帮助分析者看清该企业在行业中的相对地位和水平。但行业标准的主要问题在于可比性，可能并不存在完全意义上可比的两家公司。可比性既会受到行业中不同企业的细分市场、细分产品的差异影响，还会受到多元化企业业务结构复杂的干扰，还会受到不同企业采用不同会计政策和方法的影响。

## 四、预算标准

预算标准是实行预算管理的企业制定的预算标准。预算标准是内部进行财务报表分析和评价时使用的，外部分析不适用。制定预算标准并进行预算差异分析是企业内部控制和管理的需要。当然，预算标准的可靠性也受到预算编制人员主观因素的影响。

进行财务比率分析的时候，外部分析者较为常用的是历史标准和行业标准。建议大家在财务报表分析实践中，多多练习历史标准和行业标准的选择和比较。

## 本章小结

本章集中讨论了常用财务比率的设计原理和分析时的注意事项，阐述了短期偿债能力比率、长期偿债能力比率、营运能力比率和盈利能力比率，分别从基本公式、比率剖析和比率运用三个层面讲解每一个比率。除了介绍杜邦分析法之外，还介绍了管理用杜邦分析法的分析思路。实践中，需要在运用时恰当选择历史标准和行业标准，对计算结果进行解读判断。

## 综合练习题

### 一、单选题

1. 一家企业在2019年12月30日流动资产是200万元，总资产是300万元，流动负债是150万元，在12月31日将一台自用设备卖掉，银行存款增加50万元，当日没有发生其他交易，请问，该企业年度报告资产负债表日的流动比率为（　　）。

A. 2　　B. 1.33　　C. 1.67　　D. 1

2. 某企业当期预收款带来的收入快速增长，金额重大，其他条件不变的情况下，由此给传统的平均收账期指标会带来什么影响？（　　）

A. 对平均收账期没有影响　　B. 平均收账期会延长

C. 有影响，但不确定　　D. 平均收账期会缩短

3. 下列关于利息保障倍数的说法，不正确的是（　　）。

A. 利息保障倍数衡量了企业在扣除利息费用之前的盈利状态对利息费用的保障程度

B. 目前，利息费用的数据可以直接从利润表上取得

C. 利息费用中并不包含资本化了的利息支出

D. 利息保障倍数指标的数值往往比较稳定，不会在不同会计期间表现出太大差异

4. 关于净利润的现金含量指标，下列说法正确的是（　　）。

A. 净利润的现金含量指标分子和分母统计口径是一致的

B. 计算净利润的现金含量指标时，分子是当期现金流量的净变动额

C. 为了让净利润的现金含量指标的分子和分母更加可比，有人提出可以对分母进行一些调整

D. 以上均不正确

5. 下列关于盈利能力指标的说法中，不正确的是（　　）。

A. 毛利率、净利润率属于盈利能力指标

B. 总资产收益率和净资产收益率属于盈利能力指标

C. 每股收益、每股净资产属于盈利能力指标

D. 收入的现金含量和净利润的现金含量属于盈利能力指标

**二、判断题**

1. 一般来说，一个企业流动比率大于2、速动比率大于1，该企业的短期偿债能力没有问题。（　　）

2. 企业的净营运周期不可能为负数。（　　）

3. 一个企业的资产负债率为55%，则意味着这个企业的资金来源中有55%的资金银行借款。（　　）

4. 在计算固定费用保障倍数时，优先股股利可以作为固定费用的一种来处理。（　　）

5. 在我国计算现金利息保障倍数时，利息付现这个数据可以从经营活动现金流出中取得。（　　）

**三、简答题**

1. 请简要阐述计算固定资产周转率时，固定资产取值为账面价值和原值时分别有什么利弊。

2. 请简单介绍杜邦分析法的指标分解体系。

3. 请简单介绍管理用杜邦分析法的分析思路。

# 第四篇

# 财务报表分析专题

# 第十章　对集团报表的分析

**【知识目标】**

1. 了解企业合并的原因和类别。
2. 了解年报中有关集团投资的信息披露。
3. 掌握合并报表与母公司报表对比分析思路与方法。

**【技能目标】**

1. 能够从年报中找出集团投资相关信息。
2. 能够利用合并报表与母公司报表的对比分析，对集团架构、扩张效应、母子公司盈利能力和集团资金管控展开分析。

**【关键术语】**

企业合并、母公司、子公司、少数股东损益、扩张效应

引例

**苏宁易购合并家乐福（中国）和万达百货**

在新浪财经的“问董秘”频道中有投资者提问：“请问2019年年报家乐福和万达百货会合并到合并报表吗？”董秘回答：“您好，公司于2019年第三季度完成家乐福（中国）股权收购事宜，按照相关会计准则规定，2019年12月31日公司将家乐福（中国）截至报告期末的资产负债表、2019年10—12月家乐福（中国）利润表和现金流量表纳入合并范围。2019年4月，公司完成对万达百货的收购，2019年12月31日公司将万达百货截至报告期末的资产负债表、2019年4—12月利润表和现金流量表纳入合并范围。”

**启发思考**：什么是纳入合并范围？合并报表和母公司报表有什么区别？苏宁易购并购其他企业对我们分析其合并报表有什么影响？

## 第一节　企业合并的原因与类别

这一章我们要学习对集团报表的分析。什么是企业集团呢？企业集团是指由若干具有独立法人地位的企业在统一管理基础上组成的经济联合体。而企业合并形成的母子公司，是构成企业集团的最主要的方式。因此，我们先来了解一下企业合并的原因和类别。

### 一、企业合并的原因

企业合并，又称为并购，是指两个或两个以上独立企业的联合，或一家企业通过购买权益性证券等方式，取得其他企业的控制权。企业合并会发生的原因可能多种多样，但其基本

目的都是实现企业的更快发展，进一步提高盈利水平或者降低风险。

（1）为实现多元化经营，降低经营风险。企业的产品或者市场范围进一步分散有利于降低经营风险。或者当某个行业已经处于衰落趋势中时，该企业通过多元化并购进入其他新兴行业。

（2）为实现规模经济或消除竞争，以期进一步提升盈利能力。进行行业内的整合和并购，对市场进一步加强控制，也是常见的并购原因。为了防止垄断产生，各国也对并购进行了严格的监管。

### 二、企业合并的类别

并购的分类多种多样，可以按照出资的不同方式划分，可以按照是否取得被并购公司的同意划分，可以按照合并双方行业关系划分，可以按并购双方企业在并购后的法律地位划分。

高级财务会计课程中介绍合并报表编制时，与合并报表编制联系最紧密的是按并购双方企业在并购后的法律地位划分为：吸收合并、新设合并和控股合并。吸收合并中一家公司存续，其他公司终止其法律主体地位。新设合并中，两个或多个公司合并，成立一个新公司。这两种情况都只涉及合并日编制合并报表的问题，后续无须编制合并报表。而控股合并不同，控股合并中所有参与合并的公司仍然保留其法律地位，在合并日形成母子公司关系需要编制合并报表，在后续会计期间也仍然需要编制合并报表。

按照合并双方行业关系，一般可将合并划分为横向合并、纵向合并和混合合并。横向合并是指在并购双方属于同一产业、产品属于同一市场下发生的合并。纵向合并是指并购双方属于上下游产业或同产业的前后生产工序，或是生产与分销的关系的合并。混合合并是指并购双方分别属于不同产业，且产业之间并没有特别的生产技术联系的合并。混合合并往往是多元化战略的体现，而横向合并和纵向合并，多体现了企业在原有领域提升盈利能力的想法。

微课堂

企业合并的类别

理清企业并购的原因和类别，有助于我们对该企业的经营战略和执行效果进行分析，是在分析长期股权投资、合并报表时候需要关注的信息。

## 第二节　年报中关于集团投资的信息披露

想要对集团报表进行分析，需要对集团的投资情况进行了解。若是从母公司角度，母公司报表上的长期股权投资体现了母公司对子公司、联营企业和合营企业的投资。若是从集团角度，合并报表上的长期股权投资体现了整个集团对外的联营企业和合营企业投资。年报中有几处披露了集团的投资情况，是在分析集团投资行为和效果时需要关注的。下文以 2018 年伊利股份的年报为例，说明年报中有关投资的情况是如何披露的。

### 一、年报“第四节经营情况讨论与分析”

在第四节的“（五）投资状况分析”中，需要披露对外股权投资总体分析，这张表以合并报表为基础披露，其中的长期股权投资反映集团对外的联营企业和合营企业的投资。表 10.1 反映了伊利股份的联营企业情况。

表 10.1 伊利股份的联营企业

（金额单位：元）

| 被投资单位名称 | 会计核算科目 | 期初余额 | 增减变动 | 期末余额 | 在被投资单位持股比例（%） | 减值准备 | 本期现金红利 |
|---|---|---|---|---|---|---|---|
| 呼伦贝尔盛鑫投资有限公司 | 长期股权投资 | 18 660 593.87 | 10 580.99 | 18 671 174.86 | 40.00 | | |
| 山东新巨丰科技包装股份有限公司 | 长期股权投资 | 129 443 054.56 | 15 187 420.55 | 144 630 475.11 | 18.00 | | |
| China Youran Dairy Holding Limited | 长期股权投资 | 1 569 255 549.90 | 130 740 439.12 | 1 699 995 989.02 | 40.00 | | |
| 北京久阳智慧投资基金管理有限公司 | 长期股权投资 | 47 825 898.42 | −1 736 423.96 | 46 089 474.46 | 30.82 | | |
| 成都银行股份有限公司 | 可供出售金融资产 | 81 250 000.00 | 180 375 000.00 | 261 625 000.00 | 0.90 | | 9 100 000.00 |
| 绵阳科技城产业投资基金 | 可供出售金融资产 | 75 839 213.54 | −7 043 745.18 | 68 795 468.36 | 2.22 | | 16 632 226.25 |
| 中信产业投资基金管理有限公司 | 可供出售金融资产 | 121 500 000.00 | | 121 500 000.00 | 5.00 | | 50 000 000.00 |
| 内蒙古伊生生物科技有限公司 | 可供出售金融资产 | 400 000.00 | | 400 000.00 | 10.00 | | |
| 深圳市华泰瑞麟股权投资基金合伙企业 | 可供出售金融资产 | 34 000 000.00 | −25 127 006.00 | 8 872 994.00 | 10.00 | | |
| 合众创亚（呼和浩特）包装有限公司 | 可供出售金融资产 | 10 418 992.39 | | 10 418 992.39 | 18.64 | | |
| 国开博裕一期（上海）股权投资合伙企业 | 可供出售金融资产 | 194 233 037.00 | −16 405 085.24 | 177 827 951.76 | 4.09 | | 40 176 212.48 |
| 呼市驻海口办事处 | 可供出售金融资产 | 50 000.00 | | 50 000.00 | | 50 000.00 | |
| 呼市商城房地产 | 可供出售金融资产 | 300 000.00 | | 300 000.00 | | 300 000.00 | |
| 内蒙古协同创新股权投资基金股份有限公司 | 可供出售金融资产 | 20 000 000.00 | | 20 000 000.00 | 2.70 | | |
| 北京华泰新产业成长投资基金（有限合伙） | 可供出售金融资产 | 25 000 000.00 | 25 000 000.00 | 50 000 000.00 | 2.09 | | |
| CITICPE Holdings Limited | 可供出售金融资产 | 44 178 352.50 | 22 392 230.61 | 66 570 583.11 | 5.00 | | |
| 内蒙古乾草原文化影视产业基金（有限合伙） | 可供出售金融资产 | 45 000 000.00 | | 45 000 000.00 | 9.00 | | |
| 合计 | | 2 417 354 692.18 | 323 393 410.89 | 2 740 748 103.07 | | 350 000.00 | 115 908 438.73 |

将表 10.1 中前四家公司的投资期末余额相加能够得到合并资产负债表中长期股权投资的期末余额。至于那些由于持股比例小而达不到重大影响的参股企业，则放在了可供出售金融资产中。伊利股份对金融工具的核算仍然采用的是修订前的金融工具准则，因此依然有“可供出售金融资产”项目，并且在该项目下既有用公允价值模式后续计量的权益投资，也有用成本模式后续计量的权益投资。按照相关规定，伊利股份从 2019 年 1 月 1 日起也要施行新的准则要求了。

此外，在年报第四节中还对主要的（不是全部的）子公司的“注册资本”“总资产”“净资产”和“净利润”列表披露。表 10.2 给出了 2018 年年报中伊利股份的相关披露。

**表 10.2　伊利股份的主要子公司情况**

（金额单位：万元）

| 子公司全称 | 经营范围 | 注册资本 | 总资产 | 净资产 | 净利润 |
|---|---|---|---|---|---|
| 潍坊伊利乳业有限责任公司 | 乳制品（灭菌乳、调制乳、发酵乳）生产及销售；饮料（含乳饮料、强化维生素 AD 钙含乳饮料、营养强化酸奶饮料）生产及销售；冷冻饮品生产及销售；农机、机电设备及配件的收购及销售；农产品收购及销售；相关原辅料及包装物料的生产及销售；自营和代理各类商品和技术的进出口业务 | 48 000 | 137 666 | 82 908 | 17 537 |
| 伊利财务有限公司 | 对成员单位办理财务和融资顾问，信用鉴证及相关的咨询、代理业务；协助成员单位实现交易款项的收付；经批准的保险代理业务；对成员单位提供担保；办理成员单位之间的委托贷款；对成员单位办理票据承兑与贴现；办理成员单位之间的内部转账结算及相应的结算，清算方案设计；吸收成员单位的存款；对成员单位办理贷款及融资租赁；从事同业拆借；成员单位产品的买方借贷 | 100 000 | 721 129 | 221 941 | 38 172 |
| Oceania Dairy Limited | 乳制品生产加工、销售 | 45 056 万新西兰元 | 196 631 | 176 470 | −4 834 |
| 内蒙古金德瑞贸易有限责任公司 | 预包装食品、乳制品（不含婴幼儿配方乳粉）销售。（凭食品流通许可证经营）；畜禽及畜禽产品、饲草、农副产品（粮食收购除外）、机械设备销售；自营和代理货物进出口业务 | 5 000 | 195 295 | 13 428 | 783 |
| 湖北黄冈伊利乳业有限责任公司 | 饮料（蛋白饮料类）、乳制品（液体乳、灭菌乳、调制乳）、冷冻饮品（冰淇淋、雪糕、雪泥、冰棍、食用冰、甜味冰）、食品用塑料容器、糕点（烘烤类糕点）生产、销售；生鲜乳收购、销售；食品氮气生产（现持有效许可证的分公司经营）相关原辅材料及包装材料生产、销售及生产设备的进口；货物进出口业务 | 79 700 | 177 235 | 112 582 | 13 282 |
| 香港金港商贸控股有限公司 | 贸易、投资 | 104 824 万美元 | 704 341 万美元 | 704 782 万美元 | 11 930 万美元 |

## 二、财务报表中的长期股权投资具体数额

年报第十一节“财务报告”中，分别在合并资产负债表和母公司资产负债表中披露了长期股权投资的具体数额，该数据对于了解集团投资信息是非常重要的。伊利股份 2018 年年报中披露的长期股权投资数额如表 10.3 所示。

表 10.3　伊利股份合并报表与母公司报表中长期股权投资的数额

（金额单位：元）

| 报表名称 | 2018-12-31 | 2017-12-31 |
| --- | --- | --- |
| 合并报表 | 1 909 387 113.45 | 1 765 185 096.75 |
| 母公司报表 | 25 192 607 533.12 | 22 882 546 329.41 |
| 合并–母公司 | −23 283 220 419.67 | −21 117 361 232.66 |

伊利股份的长期股权投资数额出现越合并越小的现象。这是母公司对子公司的投资包含在母公司的长期股权投资中，而合并的时候需要抵销导致的。如果子公司对外的联营企业、合营企业不多，那么合并进来的联营企业、合营企业的长期股权投资数额小于抵销的母公司对子公司的投资的数额，就会出现这种越合并越小的现象。如果不想仔细翻查附注，而只是利用报表上的数字，对母公司的控制性投资（对子公司的投资）进行匡算，可以将合并报表与母公司报表上长期股权投资的差额作为母公司对子公司股权投资规模的大致估计。但是这只是大致估计，如果子公司对外参股规模很大，这种匡算就不准确了。

## 三、附注中的会计政策介绍

根据证监会 2014 年修订的《公开发行证券的公司信息披露编报规则第 15 号——财务报告的一般规定》在“第三章第三节　重要会计政策及会计估计”规定了上市公司应当披露“共同控制、重大影响的判断标准，长期股权投资的初始投资成本确定、后续计量及损益确认方法”。这里的会计政策往往都是引用准则中的规定，读起来难免有千篇一律之感。但是如果某一年会计政策发生了变更，就需要额外注意了。此处略去对伊利股份相关附注的摘抄，感兴趣的读者可以自行搜索年报查看。

## 四、合并财务报表项目注释

可以关注长期股权投资的具体附注内容，一般需要按被投资单位披露长期股权投资的期初余额、本期增减变动情况、期末余额、减值情况。伊利股份的合并报表长期股权投资附注如表 10.4 所示。

可见，合并报表中的长期股权投资仅包括联营企业和合营企业（伊利没有合营企业）。这个数字与表 10.1 中的数字是对应的。

此外，还应当关注“资产减值损失”的报表附注中给出的各个明细项目的减值损失，其中包括长期股权投资的减值损失。“投资收益”的报表附注中给出了“权益法核算的长期股权投资收益”和“处置长期股权投资产生的投资收益”，投资收益中还包括其他金融资产带来的投资收益。这些信息都有助于我们对集团投资的效益状况形成自己的判断。

## 五、母公司财务报表项目注释

在财务报表的附注中，还需要对母公司的某些重要报表项目披露附注内容，其中就包括长期股权投资。伊利股份 2018 年年报的披露如表 10.5 所示。

表 10.4　伊利股份的合并报表长期股权投资附注

（金额单位：元）

| 被投资单位 | 期初余额 | 本期增减变动 | | | | | | | | 期末余额 | 减值准备期末余额 |
|---|---|---|---|---|---|---|---|---|---|---|---|
| | | 追加投资 | 减少投资 | 权益法下确认的投资损益 | 其他综合收益调整 | 其他权益变动 | 宣告发放现金股利或利润 | 计提减值准备 | 其他 | | |
| 一、合营企业 | | | | | | | | | | | |
| 小计 | | | | | | | | | | | |
| 二、联营企业 | | | | | | | | | | | |
| 呼伦贝尔盛鑫投资有限公司 | 18 660 593.87 | | | 10 580.99 | | | | | | 18 671 174.86 | |
| 山东新巨丰科技包装股份有限公司 | 129 443 054.56 | | | 15 187 420.55 | | | | | | 144 630 475.11 | |
| China Youran Dairy Holding Limited | 1 569 255 549.90 | | | 130 740 439.12 | | | | | | 1 699 995 989.02 | |
| 北京久阳智慧投资基金管理有限公司 | 47 825 898.42 | | | −1 736 423.96 | | | | | | 46 089 474.46 | |
| 小计 | 1 765 185 096.75 | | | 144 202 016.70 | | | | | | 1 909 387 113.45 | |
| 合计 | 1 765 185 096.75 | | | 144 202 016.70 | | | | | | 1 909 387 113.45 | |

表 10.5　伊利股份的母公司报表长期股权投资附注

（金额单位：元）

| 项目 | 期末余额 | | | 期初余额 | | |
|---|---|---|---|---|---|---|
| | 账面余额 | 减值准备 | 账面价值 | 账面余额 | 减值准备 | 账面价值 |
| 对子公司投资 | 23 312 475 802.70 | 10 584 208.17 | 23 301 891 594.53 | 21 152 587 366.09 | 16 565 539.56 | 21 136 021 826.53 |
| 对联营、合营企业投资 | 1 890 715 938.59 | | 1 890 715 938.59 | 1 746 524 502.88 | | 1 746 524 502.88 |
| 合计 | 25 203 191 741.29 | 10 584 208.17 | 25 192 607 533.12 | 22 899 111 868.97 | 16 565 539.56 | 22 882 546 329.41 |

母公司报表的附注中自然包括了对子公司的长期股权投资。这个附注下面还详细给出了子公司的列表，并明细披露了“期初余额”“本期增加”“本期减少”“期末余额”“本期计提减值准备”“减值准备期末余额”（此处略去截图）。

要全面掌握一家企业投资情况，就需要综合提炼分散在年报各处的有关企业投资信息，对企业投资战略的变动、投资效果进行综合考量。

# 第三节　合并报表分析与母公司报表分析

我国上市公司在披露报表时会同时披露合并报表与母公司报表。那么合并报表的分析与母公司报表的分析有什么区别吗？本书前文介绍的财务报表分析方法是针对合并报表的分析方法，还是针对母公司报表的分析方法？这些分析方法对于合并报表和母公司报表都同样适用吗？本节将回答这些问题。

## 一、合并报表与母公司报表的分析特性

**微课堂**

**合并报表与母公司报表的分析特性**

合并报表分析与母公司报表的分析各自有一些特性。例如，前文介绍的分析方法可能更加适合合并报表的分析；母公司的各种比率极易受到内部交易的影响；合并范围的选择对合并报表的影响十分巨大。

### （一）通用的分析方法更适用于合并报表

之前介绍的常用比率多数都是针对合并报表的，或者说是适用于经营型企业的。如果报表中投资较多，或者其就是投资主导型报表（例如有些母公司报表），那么很多比率的适用性都要大打折扣。例如，母公司控制性投资很多的情况下，投资性资产的盈利能力无法通过对母公司利润表的分析得到。因为母公司利润表的投资收益不反映子公司的盈利能力，而只反映子公司的分红状态。所以，一旦母公司控制性投资较多，比率分析等常用分析方法对其的有效性就很差了。例如，在母公司控制性投资很多情况下的总资产周转率、总资产收益率和净资产收益率的意义就非常有限。

### （二）母公司的各种比率极易受到内部交易影响

可以说，基于母公司报表的各种比率可能是粉饰和精心安排之后的结果。企业可以通过母子公司之间的交易、子公司分红政策的变化、集团内资金筹集模式变更、费用支出主体变化等方式，来实现对母公司财务报表的任意“粉饰”。这也是国外有些资本市场只要求披露合并报表，并不强制要求披露母公司报表的原因。

我国要求合并报表与母公司报表同时披露，这就给了外部报表分析者足够的信息，让他们能够理解该企业集团在投资扩张、资金管理方面的一些特点，这些是可以通过对比合并报表和母公司报表来分析得到的。

### （三）合并范围的确定与选择影响了合并报表的编制

理论上来说，处于合并范围的子公司应当是那些能够被母公司控制的公司。但是在实践

中，可能出于盈余操纵的动机，某些公司任意选择或修改合并范围，人为操纵合并利润。例如，乐视网在2017年初预告2016年利润总额是4 000万元，但是随后其公布的2016年年报中利润总额是亏损3亿多元。

**案例 10.1**

**合并范围变更对乐视网合并报表的影响**

2017年4月20日，乐视网发布的致歉公告中将经审计师审计后的数字和业绩快报中的数字进行了对比，解释导致数字变化的主要原因之一是“放弃乐视电子商务的控制权”被确认为权益性交易，这导致营业利润减少了2.2亿元。一开始，乐视网没有将丧失控制权这件事作为权益性交易处理，相当于原来的合并亏损不用承担了，在合并利润表中以投资收益体现。但审计师不同意这种会计处理，认为乐视网和乐视电子商务的实际控制人一致，该交易应属于权益性交易，不得确认投资收益。最终，乐视网采用了审计师的处理意见。可扫码了解关于该案例更详细的信息。

## 二、合并报表与母公司报表对比分析

我国上市公司同时披露合并报表和母公司报表，这就给了我们通过观察两套报表来对企业集团管控模式进行猜测和评价的便利。我们可以通过合并范围内子公司的相关信息了解集团构架；可以通过合并报表数据和母公司报表数据的对比，评价母公司控制性投资的扩张效应；可以分别对母公司和子公司的盈利能力进行评价；还可以对该集团的资金管控模式进行分析等。

### （一）通过合并范围内子公司相关信息了解集团构架

关注合并报表的营业收入的业务结构和母公司营业收入的业务结构，观察集团内的业务分布状态。再通过年报中披露的子公司相关信息，可以大致了解集团构架情况。

**案例 10.2**

**美的集团和格力电器的集团架构**

美的集团2019年年报中披露合并营业收入是2 782.16亿元，母公司营业收入是17.67亿元，数额差异巨大。年报中合并营业收入包括暖通空调（1 196亿元）、消费电器（1 095亿元）、机器人及自动化系统（252亿元）三大块内容。而母公司报表附注中披露营业收入主要分为收取的商标使用费收入、租金收入及管理费收入。再结合年报中披露的主要子公司相关情况，可以确定美的集团是一家多元化经营的企业，母公司主要作为总部管理中心，实体经营业务在旗下子公司中。报表中约占总资产10%左右的商誉，也标志着美的集团采用了一定外延式增长（并购）的战略。

格力电器2019年年报中合并营业收入是1 981.53亿元，母公司营业收入是1 362.19亿元，母公司营业收入约占合并总收入的69%。显然，它的集团架构与美的集团架构很不一样。格力电器的空调业务主要都是在母公司完成的。2018年之后格力电器合并报表上才出现商誉，并且商誉仅占总资产的0.1%，说明格力电器并不怎么通过并购进行扩张。可扫码了解更多关于美的集团和格力电器集团架构的附注信息。

### （二）集团扩张效应的报表体现

微课堂

母公司控制性投资的扩张效应分析

当我们比较合并报表和母公司报表数据时，如果发现某些项目的额数越合并越小，那么这些项目中肯定存在母子公司间的内部交易。例如，长期股权投资的数额出现越合并越小的现象是正常的，因为母公司给子公司的投资算作集团内部交易，在合并的时候抵销。

长期股权投资的数额越合并越大，也是正常的。因为合并报表是以上市公司为龙头，以包含旗下所有子公司的集团作为会计主体的。如果子公司对外有投资（形成联营企业、合营企业），那么在合并的时候就会体现在合并报表的长期股权投资上。这个数额如果较大，甚至比母公司对子公司投资的数额还大，就会出现长期股权投资数额越合并越大的现象。上面这些分析，同样适用于其他报表项目。

利用报表中的数据，能否看出母公司对子公司提供了多少资金支持呢？母公司对子公司的资金支持除了体现在母公司的长期股权投资中外，还有可能体现在母公司的其他应收款等项目上。如果发现长期股权投资或者其他应收款的数额出现越合并越小的现象，我们可以通过二者差额来模糊估计母公司对子公司的资金支持力度。作为外部分析者，我们没有办法掌握母公司对子公司资金支持的明细数据，只能通过报表中的数据估算。但是这种估算是不准确的，其不准确的程度取决于子公司对外投资参股的程度。

集团扩张效应是指，用报表中的数据估算的母公司对子公司资金支持力度，与合并总资产和母公司总资产的差额进行比较，这就可以看出母公司用这些资金给整个集团撬动了多大的资产增量，这个撬动倍数越大，说明扩张效应越大。如前所述，根据报表中的数据粗略估算出来的资金支持力度，只是母公司对子公司支持力度的最小估计。实际的支持力度只可能比这个大而不可能比这个小。据此，算出来的扩张效应是一个最大估计，而不是最小估计。

母公司对子公司的投资为什么会产生扩张效应？其来源可能来自：①子公司向外部借款；②子公司吸收少数股东的投资；③公司大量运用了经营性负债；④子公司取得盈利。一般来说，扩张效应越大，表明子公司本身的质量越高（说明其有能力自己融资，或者有能力持续不断产生利润，扩大自身规模）。

**案例 10.3**

**贵州茅台的扩张效应**

比较贵州茅台的合并报表和母公司报表，长期股权投资和其他应收款的数额都出现越合并越小的现象。这表明我们可以利用报表中的数据大致估算母公司对子公司的资金支持力度，并做扩张效应分析，见表 10.6。

**表 10.6　贵州茅台财务报表上的扩张效应测算**

（金额单位：元）

| 相关项目 | 2019 年度 | 2018 年度 | 2017 年度 | 2016 年度 | 2015 年度 |
|---|---|---|---|---|---|
| 长期股权投资（合并−母公司） | −1 620 028 430 | −753 028 430 | −753 028 430 | −753 028 430 | −753 028 430 |
| 其他应收款（合并−母公司） | −564 067 122 | −523 642 404 | −49 394 390 | −3 876 049 | −40 379 395 |

续表

| 相关项目 | 2019 年度 | 2018 年度 | 2017 年度 | 2016 年度 | 2015 年度 |
|---|---|---|---|---|---|
| 母公司对子公司资金支持估算 | 2 184 095 552 | 1 276 670 834 | 802 422 819 | 756 904 478 | 793 407 825 |
| 总资产（合并–母公司） | 83 046 286 673 | 74 872 004 108 | 69 536 371 516 | 53 273 817 362 | 31 176 278 810 |
| 扩张倍数 | 38 | 59 | 87 | 70 | 39 |

通过表 10.6 的测算，我们发现贵州茅台的长期股权投资的数额出现越合并越小的现象，可以通过二者的差额大致估计母公司对子公司的资金支持力度。同样，其他应收款的数额也出现越合并越小的现象，也可以算作是母公司对子公司的资金支持。这二者相加得到母公司对子公司资金支持的估计数，再与合并报表与母公司报表上总资产的差异数比较，计算扩张倍数。我们看到贵州茅台的扩张效应是非常大的，通常这表明子公司质量较高。

### （三）母公司盈利能力与子公司盈利能力

扩张效应分析主要是通过合并资产负债表和母公司资产负债表的对比进行，我们还可以通过关注合并利润表、母公司利润表以及年报中披露的子公司相关信息，估计子公司的盈利能力。当子公司存在少数股东时，还可以观察利润表中的少数股东损益来对子公司的盈利状况做初步判断。

**案例 10.4**

**贵州茅台母子公司的盈利能力**

观察贵州茅台的利润表（可以扫码了解贵州茅台合并利润表和母公司利润表的详细数据），会发现投资收益这个项目的数额每年都是越合并越小，而营业成本的数额则有些时候出现越合并越小的现象。贵州茅台的集团架构，你可以按照上文所述方法判断一下。你会发现，茅台酒的生产是母公司的主要业务，而子公司多数是销售公司。营业成本的数额越合并越小，应该是由于母公司已经给子公司发货，而子公司还没有给经销商发货。

合并报表中的投资收益是零，但母公司账上有大量的投资收益（285 亿元），这是子公司给母公司的分红。母公司盈利能力指标的可塑性是非常强的，可以靠控制发货速度以及控制子公司的分红来达到母公司想要的利润水平。可以比较一下合并报表与母公司报表盈利能力的一些指标，如表 10.7 所示。

**表 10.7　贵州茅台合并报表与母公司报表的盈利能力指标**

| 相关指标 | | 2019 年度 | 2018 年度 | 2017 年度 |
|---|---|---|---|---|
| 毛利率 | 合并 | 91.30% | 91.14% | 89.80% |
| | 母公司 | 73.19% | 73.97% | 74.55% |
| 净利润率 | 合并 | 49.57% | 49.09% | 47.61% |
| | 母公司 | 112.67% | 202.64% | 49.26% |
| 总资产收益率 | 合并 | 24.02% | 23.67% | 21.55% |
| | 母公司 | 31.29% | 61.53% | 16.60% |
| 净资产收益率 | 合并 | 30.99% | 32.22% | 30.21% |
| | 母公司 | 34.84% | 68.31% | 28.36% |

母公司的毛利率比合并毛利率低，这是由于母公司对子公司的销售价格低于子公司对外销售价格。而母公司的净利润率最近两年非常高，主要是由于子公司近两年的巨额分红。也是由于受到巨额分红的影响，最近两年母公司的总资产收益率和净资产收益率都显著高于合并报表中的对应数据。母公司的盈利能力指标非常容易受到内部交易的影响。

对于子公司数据，贵州茅台只披露了销售公司的几个主要数据，如表 10.8 所示。

**表 10.8　贵州茅台 2019 年年报对子公司主要财务数据的披露**

（金额单位：万元）

| 子公司全称 | 所处行业 | 注册资本 | 总资产 | 净资产 | 营业收入 | 营业利润 | 净利润 |
|---|---|---|---|---|---|---|---|
| 贵州茅台酒销售有限公司 | 酒、饮料及茶叶批发 | 1 000.00 | 6 753 394.15 | 4 296 860.62 | 7 282 560.74 | 4 987 173.52 | 3 726 940.00 |

据此，计算得出子公司销售公司的净利润率为 51.18%，总资产收益率为 55.19%，净资产收益率为 86.74%（以上计算基于期末值）。可见销售公司子公司的盈利能力非常强，但其他子公司的净利润率应该不会比销售公司高。

### （四）集团内资金管控特征的报表体现

视野拓展

新希望六和的集团资金管控特征

通过对合并报表和母公司报表的比较，还可以对集团内资金管控特征进行解读。

我们可以通过关注合并报表层面上的利息费用率（财务费用 ÷ 金融性负债）的高低，来观察总体上集团资金成本的大小及其变化趋势。观察金融性负债的数额在合并报表与母公司报表上的差异及其变化趋势，看集团是更多利用母公司进行融资还是更多利用子公司分散融资。

还可以观察集团内的资金流转状况。看母公司货币资金占合并报表货币资金的比重在历年的变化，从而观察资金是向母公司集中还是分散在子公司。此外其他应收款的数额如果越合并越小，则说明母公司给子公司提供了资金；其他应付款的数额如果越合并越小，表明子公司给母公司提供了资金。配合现金流量表中的信息，其他应收款和其他应付款往往体现在现金流量表投资活动的“其他”项目中，如果出现其他现金流入和流出的数额越合并越小的情况，则说明集团内部资金往来非常频繁。

## 本章小结

企业合并往往是为了降低经营风险或者是提升增长潜力，根据不同分类标准，企业合并可以分为不同种类。对合并报表进行分析，需要了解该集团投资的相关信息，这些信息分散在年报的不同位置。利用合并报表与母公司报表的数据对比，可以进行一些分析。例如，可以了解集团架构，可以对母公司控制性投资的扩张效应展开分析，可以进一步了解子公司盈利能力，还可以对集团内资金管控模式进行模糊猜测等。

## 综合练习题

### 一、单选题

1. 按照并购双方在并购后的法律地位来划分企业合并的种类，不包含下列哪个选项？(　　)

A. 集团合并　　B. 吸收合并　　C. 新设合并　　D. 控股合并

2. 母公司报表上的长期股权投资的核算范围不包括(　　)。

A. 对子公司的投资

B. 对联营企业的投资

C. 对合营企业的投资

D. 对其他单位不具有控制、共同控制和重大影响的股权投资

3. 关于集团的对外投资相关信息，在年报中的某些章节中给予披露，不包括哪一章节？(　　)

A. 经营情况讨论与分析

B. 合并报表中关于长期股权投资的附注

C. 母公司报表中关于长期股权投资的附注

D. 董事会、监事会高管和员工情况

4. 下列关于集团扩张效应的说法，不正确的是(　　)。

A. 长期股权投资的数额有可能越合并越大

B. 长期股权投资的数额不可能越合并越大

C. 长期股权投资的数额有可能越合并越小

D. 有可能通过母公司和合并报表项目的比较，来衡量集团扩张效应。

5. 母公司对子公司的投资之所以会产生扩张效应，下列不正确的原因是(　　)。

A. 子公司举债融资　　B. 子公司吸收母公司投资

C. 子公司大量运用经营性负债　　D. 子公司取得盈利

### 二、判断题

1. 年报的“经营情况讨论与分析”中有企业对外股权投资的总体分析。(　　)

2. 长期股权投资的数额不会出现越合并越小的情况。(　　)

3. 母公司控制性投资很多的情况下，比率分析等常用分析方法的有用性就很差了。(　　)

4. 通过分析合并报表和母公司报表上长期股权投资数额和总资产数额，可以非常精准地评价母公司控制性投资的扩张效应。(　　)

5. 通过对合并报表和母公司报表相关项目的比较，还可以对集团内部资金管控特征进行解读。(　　)

### 三、简答题

1. 如何通过合并报表和母公司报表的数据，对母公司控制性投资的扩张效应进行评价？

2. 为什么说通用的分析方法更适用于合并报表？

3. 请指出年报中关于集团投资的相关信息在哪里披露。

# 第十一章　会计调整与关联方交易

【知识目标】

1. 理解会计政策变更及其对财务报表分析的影响。
2. 理解会计估计变更及其对财务报表分析的影响。
3. 理解会计差错更正及其对财务报表分析的影响。
4. 了解熟悉关联方以及关联方交易的定义。
5. 了解年报中对关联方相关信息的披露。

【技能目标】

1. 能够区分会计政策变更以及会计估计变更，并对其报表影响作出评价。
2. 能够区分会计估计变更以及会计差错更正，并对其报表影响作出评价。
3. 能够在年报中找出披露的关联方相关信息。
4. 可以对被分析标的关联方关系及其交易的现状进行评价。

【关键术语】

会计政策变更、会计估计变更、会计差错更正、追溯调整法、未来适用法、追溯重述法、关联方、关联方交易、披露规则

引例

**2019 年年报会受到对原来“可供出售金融资产”重分类的系统性影响**

**2017 年 3 月至 5 月，财政部连续修订了第 22 号、23 号、24 号和 37 号企业会计准则，对“金融资产”会计准则进行了重大调整，并要求 A 股上市公司自 2019 年 1 月 1 日起采用新准则。根据修订后准则的要求，原来记入“可供出售金融资产”的项目面临重分类至其他项目的情况，可能被分类为“以公允价值计量且其变动计入其他综合收益的金融资产”，也可能会被分类为“以公允价值计量且其变动计入当期损益的金融资产”，甚至有可能在考量了对被投资单位的影响力后，被分类为“长期股权投资”等项目。这必然会给 2019 年的年报带来系统性的影响。**

**启发思考：**按照法律法规的规定调整报表，属于什么类别的会计调整事项？应当如何进行会计处理？对报表分析有什么影响？

## 第一节　会计政策变更

会计调整事项包括会计政策变更、会计估计变更和会计差错更正。下面先来了解一下会

计政策变更的定义，以及对财务报表分析的影响。

## 一、会计政策变更定义

《企业会计准则第28号——会计政策、会计估计变更和会计差错更正》，对本章论述的基本内容作出了规定。其中会计政策，是指企业在会计确认、计量和报告中所采用的原则、基础和会计处理方法。准则规定会计政策一经确定，不得随意变更，但是如果法律法规要求变更，或者变更后能提供更加可靠和相关的信息，也允许变更。对于会计政策变更，应当采用追溯调整法进行会计处理。所谓追溯调整法，就是将会计政策变更累计影响数调整列报前期最早期初留存收益，其他相关项目的期初余额和列报前期披露的其他比较数据也应当一并调整。如果这种调整确实不可行，也可以采用未来适用法处理。所谓未来适用法，是指将变更后的会计政策应用于变更日及以后发生的交易或者事项。

企业应当在附注中披露会计政策变更的性质、内容和原因；当期和各个列报前期财务报表中受影响的项目名称和调整金额；无法进行追溯调整的，说明该事实和原因以及开始应用变更后的会计政策的时点和具体应用情况。

## 二、会计政策变更与财务报表分析

若是由法律法规的变动导致会计政策变更，并进一步影响报表，这属于“不可抗力”的影响。例如，租赁准则的修订对原来使用经营性租赁较多的企业财务报表影响很大。当我们观察到这类企业财务报表异动的时候，应知道原因，在此基础上进行同行比较和分析，这样就不会带来太大问题。并且这种原因不会是企业会计政策变更的经常性原因。

**微课堂**
会计政策变更与财务报表分析

更多情况下，企业进行会计政策变更，披露的原因是为了更加可靠和相关地反映企业真实业绩情况。但是，事实是否如此，就需要报表阅读者仔细判断了，很可能真实的动机是本书第一章第四节中提到的动机。

**案例 11.1**

**投资性房地产会计核算政策变更的有关统计**

2008年至2014年，将投资性房地产的核算方法由成本模式转换为公允价值模式的上市公司有16家。这个统计不一定完整，但已经十分能说明问题。看一下这些上市公司转换当年该事项对营业利润的影响，如表11.1所示。

**表11.1　投资性房地产计量模式转换对营业利润的影响**

| 转换计量模式年度 | 当年转换家数 | 公司名称 | 转换计量模式对利润表影响（万元） | 营业利润（万元） | 影响占比 |
|---|---|---|---|---|---|
| 2008 | 2 | 金融街 | −3 884.34 | 137 099.87 | −3% |
| | | 昆百大A | 3 673.39 | 3 912.49 | 94% |
| 2009 | 4 | 中航地产 | 3 169 | 11 848.22 | 27% |
| | | 海南航空 | 59 774.3 | −6 554 | — |

续表

| 转换计量模式年度 | 当年转换家数 | 公司名称 | 转换计量模式对利润表影响（万元） | 营业利润（万元） | 影响占比 |
|---|---|---|---|---|---|
| 2009 | 4 | *ST 天龙 | 75.84 | −1 653.69 | — |
| | | 世茂股份 | 16 134.75 | 30 311.58 | 53% |
| 2010 | 0 | | | | |
| 2011 | 1 | 金科股份 | 2 604.03 | 132 404.02 | 2% |
| 2012 | 6 | 三木集团 | 676.05 | 3 492.11 | 19% |
| | | *ST 冠福 | 19 834.89 | 4 629.7 | 428% |
| | | 斯米克 | 10 201.42 | −12 771.69 | — |
| | | 北京城建 | 5 722.59 | 188 791.57 | 3% |
| | | 恒顺醋业 | 1 150.56 | −6 636.33 | — |
| | | 中茵股份 | 908.01 | 15 264.59 | 6% |
| 2013 | 2 | *ST 国商 | 545 841.03 | 526 281.63 | 104% |
| | | 华业地产 | 3 549 | 68 543.66 | 5% |
| 2014 | 1 | 阳光股份 | 752.6 | −47.91 | — |

在变更投资性房地产计量模式的这 16 家公司中，只有 1 家（2008 年的金融街）因该转换事项使公允价值变动为负数（并且对当年利润影响不大），其余 15 家公司的营业利润全部都会因为该计量模式的转换而增加。这 15 家中甚至有 5 家（三分之一），考虑了这部分正收益之后，营业利润仍然是负数。另外的 10 家营业利润为正数的公司中，6 家公司公允价值变动收益占营业利润的比重超过 10%。因此，投资性房地产计量模式的转换非常直接的动机就是改善当期利润。当我们观察企业利润来源的时候，一定要区分这些利润到底是企业经营业务带来的，还是会计手法带来的。

# 第二节　会计估计变更

如前所述，会计政策变更通常是需要追溯调整财务报表的。而本节介绍的会计估计变更则不需要追溯调整财务报表，因此更容易成为调节利润的手段。

## 一、会计估计变更定义

微课堂

会计估计变更与财务报表分析

会计估计变更，是指由于资产和负债的当前状况及预期经济利益和义务发生了变化，从而对资产或负债的账面价值或者资产的定期消耗金额进行调整。会计上对会计估计变更使用未来适用法进行处理。会计估计变更仅影响变更当期的，其影响数应当在变更当期予以确认；既影响变更当期又影响未来期间的，其影响数应当在变更当期和未来期间予以确认。

准则规定，对于那些难以判断是属于会计政策变更还是属于会计估计变更的事项，应当将其作为会计估计变更来处理。

企业应当在附注中披露会计估计变更的内容和原因、会计估计变更对当期和未来期间的影响数，会计估计变更的影响数不能确定的，应披露这一事实和原因。

## 二、会计估计变更与财务报表分析

与会计政策变更的分析一致，管理层一般都会披露变更后的估计更加真实准确地反映企业情况，但事实可能并非如此。有可能管理层出于其他动机（本书第一章第四节探讨的动机）对报表进行操纵。

有时，会计估计变更与会计差错更正会难以区分，尤其是难以区分会计估计变更和由会计估计错误而导致的差错更正（可以参考后面关于会计差错更正的相关概念）。区分这二者的关键是判读前期作出的会计估计是否存在错误。如果前期作出会计估计时，是以当时存在的、预期能够取得的可靠事实为基础，而后面资产和负债的当前状况及预期未来经济利益和义务发生了变化，相应作出新的判断，这时就应当是会计估计变更而不是会计差错更正。会计差错更正和会计估计变更的会计处理不同，会导致对报表的不同影响。对这二者的不当运用，可能就带有盈余操纵目的。

**案例 11.2**

**将会计估计变更处理成会计差错更正**

2019 年 8 月，甲公司所在市人民检察院以欺诈发行股票罪对甲公司提起公诉。2019 年 12 月，甲公司所在市区级人民法院对甲公司作出刑事判决，判定甲公司犯欺诈发行股票罪，处罚金 500 万元。2020 年 1 月，市检察院以原审法院量刑偏轻对区级人民法院的判决提出抗诉。2020 年 3 月，甲公司所在市中级人民法院裁定撤销区级人民法院作出的刑事判决。虽然区级人民法院的判决被市中级人民法院撤销，但甲公司的法律顾问仍认为，甲公司因本次诉讼案被判处的罚金很可能为 500 万元。于是，甲公司在 2019 年度的财务报表中计提了预计负债 500 万元。甲公司 2019 年度财务报表于 2020 年 4 月 25 日经董事会批准后对外披露。

2020 年 4 月 27 日，市检察院以欺诈发行股票罪、伪造金融票证罪、故意销毁会计凭证罪再次对甲公司提起公诉。2021 年 2 月，市中级人民法院对甲公司作出刑事判决，判定甲公司犯欺诈发行股票罪，处罚金 1 000 万元；犯伪造金融票证罪，处罚金 20 万元；犯故意销毁会计凭证罪，处罚金 40 万元；共处罚金 1 060 万元。甲公司在上诉期间未对上述判决上诉。对于市中级人民法院所处罚金超过原来计提的预计负债的部分，甲公司将其认定为前期差错，追溯调整了 2019 年原已计提的预计负债，并在 2021 年度报表中进行了重述。

这种会计处理是否恰当呢？事实是，甲公司在估计 2019 年度的预计负债时是以当时能够取得的可靠信息作为基础的，而且并没有确凿证据表明甲公司当时的会计估计存在错误。此例中，根据新的证据（新的判决）作出新的会计估计可能才是对此例的正确理解。即应当作为会计估计变更来处理。甲公司之所以不愿意作为会计估计变更处理，可能是不想让补记的 560 万元负债带来的损失，进入 2021 年的利润表。而作为会计差错更正的话，这部分损失作为 2019 年的损失，是只追溯调整前期报表的，不会影响当期利润。

# 第三节　会计差错更正

上一节已经提到有时候会计估计变更与会计差错更正的区别比较模糊，容易被误判，甚至被人为认定为某种类型而对财务报表进行操纵。下面我们来具体了解会计差错更正的定义，以及其对财务报表分析的影响。

## 一、会计差错更正定义

前期会计差错是指由于没有运用或者错误运用了在编报前期财务报表时预期能够取得并加以考虑的可靠信息或者前期财务报告批准报出时能够取得的可靠信息，而对前期财务报表造成漏报或错报的现象。

前期会计差错通常包括计算错误，应用会计政策错误，疏忽或曲解事实，舞弊产生的影响以及存货、固定资产盘盈等。

企业应当采用追溯重述法处理前期会计差错。追溯重述法，是指在发现前期差错时，视同该项前期差错从未发生，从而对财务报表相关项目进行更正的方法。如果追溯重述不可行，才可以使用未来适用法。

企业应当在附注中披露前期差错的性质、各个列报前期财务报表中受影响的项目名称和更正金额。无法进行追溯重述的，说明该事实和原因以及对前期差错开始进行更正的时点、具体更正情况。

**微课堂**

**会计差错更正与财务报表分析**

## 二、会计差错更正与财务报表分析

有时候，企业经营过程中出现会计差错是难以避免的。但是如果会计差错对利润的影响都是使得利润情况发生改善，报表阅读者就需要心生警惕，仔细判断这种会计差错的真实原因。

同样，前面讨论会计估计变更时已经提到，有时候会计估计变更与会计差错更正的区分会比较困难。再举一个例子，大家体会一下。

**案例 11.3**

**将会计差错更正处理成会计估计变更**

2019 年 3 月，A 公司发布会计估计变更公告，将船舶预计净残值从 1 350 元 / 轻吨变更为 2 860 元 / 轻吨，变更后船舶的净残值自 2019 年 1 月 1 日起执行。A 公司认为船舶净残值的变更属于会计估计变更，因此采用了未来适用法进行会计处理，当年净利润因此增加约 6 亿元。

这个会计处理乍一看没有问题，毕竟会计课程中我们都学过改变固定资产净残值是会计估计变更。但是如果进一步了解，可得知根据公开市场的价格信息，从 2017 年初至 2019 年初，国内重型废钢价格基本维持在 2 900 元 / 轻吨左右。而 A 公司同行业的两家上市公司均在2018年初发布公告，从2018年初开始变更其船舶预计净残值，并采用未来适用法进行会计处理。综合这些信息，我们可以判断A公司在2017年底复核固定资产净残值时忽略了相关信息，由此导致A公司2018年对船舶净残值的估计发生错误。如果该项差错金额重大，是应当作为前期会计差错更正来处理的，即需要追溯重述。

## 第四节　关联方关系及其交易的定义

利用关联方进行交易，是盈余操纵十分常见的手段。因此，监管层也要求管理层在年报披露中对关联方关系及其交易进行较为详尽的披露。下面我们先了解一下关联方关系和关联方交易的定义。

### 一、关联方的定义

《企业会计准则第36号——关联方披露》规定了企业应当披露所有关联方关系及其交易的相关信息。对于已经包括在合并范围内各企业之间的交易可以不予披露，但应当披露与合并范围外各关联方的关系及其交易。一方控制、共同控制另一方或对另一方施加重大影响，以及两方或两方以上同受一方控制、共同控制或重大影响的，构成关联方。

准则中规定，下列各方构成企业的关联方：①该企业的母公司。②该企业的子公司。③与该企业受同一母公司控制的其他企业。④对该企业实施共同控制的投资方。⑤对该企业施加重大影响的投资方。⑥该企业的合营企业。⑦该企业的联营企业。⑧该企业的主要投资者个人及与其关系密切的家庭成员。主要投资者个人，是指能够控制、共同控制一个企业或者对一个企业施加重大影响的个人投资者。⑨该企业或其母公司的关键管理人员及与其关系密切的家庭成员。关键管理人员，是指有权力并负责计划、指挥和控制企业活动的人员。与主要投资者个人或关键管理人员关系密切的家庭成员，是指在处理与企业的交易时可能影响该个人或受该个人影响的家庭成员。⑩该企业主要投资者个人、关键管理人员或与其关系密切的家庭成员控制、共同控制或施加重大影响的其他企业。

### 二、关联方交易的定义

关联方交易，是指关联方之间转移资源、劳务或义务的行为，而不论是否收取价款。关联方交易的类型通常包括下列各项：①购买或销售商品；②购买或销售商品以外的其他资产；③提供或接受劳务；④担保；⑤提供资金（贷款或股权投资）；⑥租赁；⑦代理；⑧研究与开发项目的转移；⑨许可协议；⑩代表企业或由企业代表另一方进行债务结算；⑪关键管理人员薪酬。

**案例 11.4**

**中创环保 2019 年年报因关联交易收到深交所问询函**

2020 年 4 月，中创环保 2019 年年报收到深交所的问询，问询中包含关于关联交易、合并范围、会计差错更正、内控缺陷和有息负债等多个问题。其中有关关联交易的问询如下。

年报显示，报告期内公司发生关联方资金占用合计 25 176.74 万元，截至报告期末已偿还；因购销商品与宜兴市中新广贸铜业科技有限公司（以下简称“中新广贸”）等公司发生关联交易合计 25 350.49 万元，相关交易未及时履行审议程序，会计师因此对公司财务报告出具了带强调事项段的无保留意见的审计报告。

逐笔披露上述资金占用事项的具体情况，包括但不限于占用及偿还的具体时间、原因、占用方式、日最高占用余额，以及占用方与公司控股股东、实际控制人及其关联人的关联关系等。

逐笔披露上述关联交易的发生时间、交易背景及金额，并结合《深圳证券交易所创业板股票上市规则（2018 年 11 月修订）》第十章的相关规定详细说明上述交易涉及关联方的认定依据。

关联方关系及其交易是监管层重点关注的内容，在对上市公司信息披露的审核中经常会碰到监管层对关联方关系及其交易的问询。大家可以多多关注证监会网站上披露的审核意见和问询函等信息，这对于理解财务报表十分有益。

# 第五节 关联方的信息披露

企业可能利用关联方交易来对财务报表进行一定粉饰甚至操纵。因此，财务报表分析时需要了解企业关联方的相关情况，并对关联方交易的性质、规模进行分析。我国监管机构要求上市公司在年报中披露有关关联方和关联方交易的信息，财务报表分析者应当关注这些信息并对其进行分析。下面介绍年报中关联方相关信息的披露位置。

## 一、关联方披露的规定

《企业会计准则第 36 号——关联方披露》规定了企业无论是否发生关联方交易，均应当在附注中披露与母公司和子公司有关的下列信息：①母公司和子公司的名称。母公司不是该企业最终控制方的，还应当披露最终控制方名称。母公司和最终控制方均不对外提供财务报表的，还应当披露母公司之上与其最相近的对外提供财务报表的母公司名称。②母公司和子公司的业务性质、注册地、注册资本（或实收资本、股本）及其变化。③母公司对该企业或者该企业对子公司的持股比例和表决权比例。

该准则还规定，企业与关联方发生关联方交易的，应当在附注中披露该关联方关系的性质、交易类型及交易要素。交易要素至少应当包括：①交易的金额；②未结算项目的金额、条款和条件，以及有关提供或取得担保的信息；③未结算应收项目的坏账准备金额；④定价政策。

除了准则之外，实务中上市公司在进行年报披露时，还需要遵守《公开发行证券的公司信息披露内容与格式准则第 2 号——年度报告的内容与格式》，以及《公开发行证券的公司信息披露编报规则第 15 号——财务报告的一般规定》等规范，这些文件中都会有一些涉及关联方的信息披露。

## 二、年度报告的内容与格式有关规定

《公开发行证券的公司信息披露内容与格式准则第 2 号——年度报告的内容与格式》中对年报的披露格式进行了详细规定，其中涉及关联方的内容总结如下。

1. 年报的"经营情况讨论与分析"部分

在年报的"经营情况讨论与分析"部分需要披露的与关联方有关的信息有包括以下几个方面。

（1）在这部分需要披露主要经营业务的收入与成本，同时需要披露前五名客户和前五名供应商，而且要披露其中关联方交易的占比。具体规定如下：公司应当披露主要销售客户和主要供应商的情况，以汇总方式披露公司向前五名客户销售额占年度销售总额的比例，向前五名供应商采购额占年度采购总额的比例，以及前五名客户销售额中关联方销售额占年度销售总额的比例和前五名供应商采购额中关联方采购额占年度采购总额的比例。鼓励公司分别披露前五名客户名称和销售额，前五名供应商名称和采购额，以及其是否与上市公司存在关联关系。属于同一控制人控制的客户或供应商视为同一客户或供应商合并列示，受同一国有资产管理机构实际控制的除外。

（2）在"主要控股参股公司分析"这里，控股公司和参股公司都属于关联方，从此处的披露也可以了解关联方本身的一些经营情况。具体规定如下：公司应当详细介绍主要子公司的主要业务、注册资本、总资产、净资产、净利润，本年度取得和处置子公司的情况，包括取得和处置的方式及对公司整体生产经营和业绩的影响。如来源于单个子公司的净利润或单个参股公司的投资收益对公司净利润影响达到 10%以上，还应当介绍该公司主营业务收入、主营业务利润等数据。若单个子公司或参股公司的经营业绩同比出现大幅波动，且对公司合并经营业绩造成重大影响的，公司应当对其业绩波动情况及其变动原因进行分析。

主要子公司或参股公司的经营情况的披露应当参照上市公司经营情况讨论与分析的要求。对于与公司主业关联较小的子公司，应当披露持有目的和未来经营计划；对本年度内投资收益占净利润比例达 50%以上的公司，应当披露投资收益中占比在 10%以上的股权投资项目。

若主要子公司或参股公司的经营业绩未出现大幅波动，但其资产规模、构成或其他主要财务指标出现显著变化，并可能在将来对公司业绩造成影响，也应当对变化情况和原因予以说明。

（3）现在公司的投资行为越来越复杂，该准则规定上市公司需要披露控制的结构化主体的情况。具体规定如下：公司存在其控制下的结构化主体时，应当介绍公司对其控制权方式和控制权内容，并说明公司从中可以获取的利益和对其所承担的风险。另外，公司还应当介绍结构化主体对其提供融资、商品或劳务以支持自身主要经营活动的相关情况。公司控制的结构化主体为《企业会计准则第 41 号—— 在其他主体中权益的披露》中所规定的"结构化主体"。

2. 年报的“重要事项”部分

在年报的“重要事项”这一章需要披露的与关联方有关的信息有以下几个方面。

（1）对于关联方作出的重大承诺事项需要披露详细信息。具体规定如下：公司应当披露报告期内履行完毕的，以及截至报告期末尚未履行完毕的，由公司实际控制人、股东、关联方、收购人以及公司等承诺相关方作出的以下承诺事项，包括但不限于：股权分置改革承诺、收购报告书或权益变动报告书中所做承诺、资产重组所做承诺、首次公开发行或再融资所做承诺、股权激励时所做的承诺，以及其他对公司中小股东所做承诺。公司董事会应当说明上述承诺事项在报告期内的履行情况，详细列示承诺方、承诺类型、承诺事项、承诺时间、承诺期限、承诺的履行情况等。如承诺超期未履行完毕的，应当详细说明未完成履行的原因及下一步的工作计划。

如公司资产或项目存在盈利预测，且报告期仍处在盈利预测期间内，公司董事会、相关股东和负责持续督导的中介机构应当就资产或项目是否达到原盈利预测及其原因作出说明。同时，公司应当提供原盈利预测的相关披露查询索引。

（2）需要披露控股股东及其关联方的非经营性占用资金情况。具体规定如下：公司发生控股股东及其关联方非经营性占用资金情况的，应当充分披露相关的决策程序，以及占用资金的期初金额、发生额、期末余额、占用原因、预计偿还方式及清偿时间。公司应当同时披露会计师事务所对资金占用的专项审核意见。

（3）披露具体关联交易的信息。这部分信息对于我们了解关联交易的性质与规模是非常有用的。具体规定如下：公司应当披露报告期内发生的重大关联交易事项。若对于某一关联方，报告期内累计关联交易总额高于 3 000 万元（创业板公司披露标准为 1 000 万元）且占公司最近一期经审计净资产值 5%以上，应当按照以下发生关联交易的不同类型分别披露。如已在临时报告披露且后续实施无进展或变化的，仅需披露该事项概述，并提供临时报告披露网站的相关查询索引。

① 与日常经营相关的关联交易，至少应当披露以下内容：关联交易方、交易内容、定价原则、交易价格、交易金额、占同类交易金额的比例、结算方式；可获得的同类交易市价，如实际交易价与市价存在较大差异，应当说明原因。大额销货退回需披露详细情况。公司按类别对报告期内发生的日常关联交易进行总额预计的，应当披露日常关联交易事项在报告期内的实际履行情况。

② 资产或股权收购、出售发生的关联交易，至少应当披露以下内容：关联交易方、交易内容、定价原则、资产的账面价值、评估价值、交易价格、结算方式及交易对公司经营成果和财务状况的影响情况，交易价格与账面价值或评估价值差异较大的，应当说明原因。如相关交易涉及业绩约定的，应当披露报告期内的业绩实现情况。

③ 公司与关联方共同对外投资发生关联交易的，应当至少披露以下内容：共同投资方、被投资企业的名称、主营业务、注册资本、总资产、净资产、净利润、重大在建项目的进展情况。

④ 公司与关联方存在债权债务往来或担保等事项的，应当披露形成原因，债权债务期初余额、本期发生额、期末余额，及其对公司的影响。

⑤ 其他重大关联交易。

（4）披露上市公司给关联方提供担保的情况。具体规定如下：公司应当披露全部担保总额及其占公司净资产的比例，并分别列示：公司及其子公司为股东、实际控制人及其关联方提供担保的余额，公司及其子公司直接或间接为资产负债率超过70%的被担保对象提供的担保余额，以及公司及其子公司担保总额超过公司净资产50%部分的金额。

**3. 年报的“股份变动及股东情况”部分**

该准则规定如果股东之间存在关联关系的，需要披露相关情况。例如，前10名股东之间存在关联关系或属于《上市公司收购管理办法》规定的一致行动人的，应当予以说明。如前10名无限售流通股股东之间，以及前10名无限售流通股股东和前10名股东之间存在关联关系或属于《上市公司收购管理办法》规定的一致行动人的，应当予以说明。

**4. 年报的“优先股相关情况”部分**

如果前10名优先股股东之间,前10名优先股股东与前10名普通股股东之间存在关联关系或属于《上市公司收购管理办法》规定的一致行动人的，应当予以说明。这有助于报表阅读者判断企业投资人之间的关系，并对公司治理层面有更清晰的认识。

**5. 年报的“董事、监事、高级管理人员和员工情况”部分**

在这一部分需要说明董事、监事和高管是否在公司关联方获取报酬。关注董事、监事、高管的取酬方式和薪酬来源可以进一步帮助我们了解公司治理结构和公司管控方式。有时还存在关联方帮助上市公司分担高管薪酬费用的操作，这背后的原因就需要进一步分析了。

## 三、财务报告的一般规定

2014年修订的《公开发行证券的公司信息披露编报规则第15号——财务报告的一般规定》主要是规范了财务报表附注的披露规则。在财务报表附注中，关于关联方需要披露如下内容。

**1. 应收账款的附注**

在应收账款的附注中需要披露本期实际核销的应收款项金额，其中实际核销关联方的款项需要单独披露。对于大额核销的关联方应收账款应当引起重视。

**2. 附注中需要专门披露“关联方及关联交易”**

该规则规定要按照购销商品、提供和接受劳务、关联托管、关联承包、关联租赁、关联担保、关联方资金拆借、关联方资产转让、债务重组、关键管理人员薪酬、关联方承诺等关联交易类型，分别披露各类关联交易的金额。披露应收、应付关联方款项情况，以及未结算应收项目的坏账准备计提情况。这部分内容对于我们了解关联方间的资金往来、交易类型和交易强度很有帮助。

**案例 11.5**

**乐视网煞费苦心的销售模式变更和关联交易的报表体现**

乐视网在2016年年报中披露，其销售模式发生了变更。将销售模式由乐视致新（乐视网子公司）直接销售，改为通过乐视电子商务和乐帕营销销售，又改为通过乐视智能终端销售。经查，乐视智能终端最终控制人与乐视网一致，但是由于智能终端与乐视网没有股权关系，因此不需要合并报表。乐视网只要销售给智能终端，在合并报表中都体现为收入。之前通过子公司乐视致新直接销售是需要合并报表的；更改为销售给乐视电子商务，彼时乐视电子商务也是需要合并报表的；于是再更改为销售给智能终端，这样只要销售给智能终端（不需合并报表），就能使得合并报表收入较多，利润好看。

乐视网2016年年报被审计师出具的是带解释说明段的无保留意见，最主要的原因就是关联交易导致的应收账款太多了。在2016年年报“关联方应收应付款项”中，乐视网披露的期末应收账款关联方多达29项，账面余额高达38亿元（账面价值约37亿元，占所有应收账款账面价值的43%）。这么大额的关联应收账款的存在应该引起投资者对乐视网真实业绩状况的合理怀疑了。

## 本章小结

本章包含了两大块内容——会计调整与关联方交易。这两部分内容都是进行盈余操纵常见的手段。其中会计调整包括会计政策变更、会计估计变更和会计差错更正，本章首先专门对其概念进行了解释，在阅读报表时遇到这三类会计调整事项时，一定要多加小心、仔细分析。会计政策变更的真实原因可能并不是像管理层披露的那样，有可能是出于盈余管理和盈余操纵的动机而进行的会计政策变更。会计估计变更和会计差错更正有时候难以区分，本章中分别给出两个例子来说明二者的区分有时候是有难度的。在实务中，有可能出于盈余管理或者盈余操纵的目的而不恰当地使用某种处理。

第二块内容是有关关联方关系及其交易的内容。由于关联方之间可以在不依赖正常市场交易的条件下，通过关联方交易达到关联方的目的。本章专门介绍了关联方和关联方交易的定义，并详细介绍了年报中对关联方相关信息的披露情况。不可否认，关联方交易也可能是正常交易。正常交易往往表现出持续性、常态化与均衡性；不存在显失公允的定价；以及经过正当程序认可后的交易等特征。对于突发的、大额的关联方交易一定要保持适度警惕。

## 综合练习题

### 一、单选题

1. 下列关于会计政策变更的说法中，不正确的是（　　）。
   A. 对于会计政策变更，应当采用追溯调整法进行会计处理
   B. 如果追溯调整法确实不可行，也可以采用未来适用法进行处理
   C. 企业无须在附注中披露会计政策变更的性质、内容和原因
   D. 企业需要在附注中披露会计政策变更的性质、内容和原因
2. 下列关于会计估计变更的说法中，不正确的是（　　）。
   A. 对于会计估计变更，应当采用追溯调整法进行会计处理
   B. 对于会计估计变更，应当采用未来适用法进行会计处理
   C. 对于难以判断是会计政策变更还是会计估计变更的，应作为会计估计变更处理
   D. 应当在附注中披露会计估计变更的内容、原因、影响数等内容
3. 下列关于会计差错更正的说法中，不正确的是（　）。
   A. 会计差错通常包括计算错误、应用会计政策错误、会计估计变更等

B. 企业应当采用追溯重述法来处理前期会计差错

C. 当追溯重述法不可行时，可以使用未来适用法

D. 企业应当在附注中披露前期差错的性质、受影响的项目名称、金额等相关信息

4. 常见的盈余管理手段不包括下列哪一项（　　）。

A. 会计政策变更　　B. 会计估计变更

C. 会计差错更正　　D. 变更目标客户

5. 你观察到一家企业将其投资性房地产的核算方法由成本模式转变为公允价值模式，则下列说法中不准确的是（　　）。

A. 这属于会计政策变更

B. 应当用未来适用法处理这一事项

C. 应当用追溯调整法处理这一事项

D. 在进行财务报表分析时应当分析关于该事项对利润的影响

6. 下列哪一项不构成企业的关联方？（　　）

A. 该企业的母公司

B. 该企业的子公司

C. 该企业母公司的合营企业

D. 该企业主要投资者个人的合营企业

7. 下列关于关联方的信息披露中，不正确的是（　　）。

A. 如果母子公司之间没有发生关联交易，那么无须在附注中披露关于母子公司的有关信息

B. 企业与关联方发生交易的，应当在附注中披露关联方关系的性质、交易类型和交易要素

C. 关联方交易的交易要素包括交易金额、未结算项目金额、条款、条件、担保等信息

D. 关联方交易的交易要素包括未结算应收项目的坏账准备金额、定价政策等信息

8. 有关关联方的信息会体现在年报中的若干章节中，其中不包括（　　）。

A. 经营情况讨论与分析　　B. 重要事项

C. 股份变动及股东情况　　D. 公司业务概要

9. 财务报表的附注中需要专门披露关联方及关联交易，下列说法不正确的是（　　）。

A. 需要按照不同的关联交易类型分别披露各类关联交易的金额

B. 可以查看应收关联方款项的情况

C. 可以查看应付关联方款项的情况

D. 无须单独披露未结算关联应收项目的坏账准备计提情况

10. 关于乐视网 2016 年销售模式变更和关联交易的案例，下列说法不正确的是（　　）。

A. 这种销售模式的变更对合并利润影响不大

B. 这种销售模式的变更提高了合并收入和合并利润

C. 会导致关联方应收款急剧增多

D. 应当关注附注中披露的关于应收关联方占款的有关信息

## 二、判断题

1. 对于会计政策变更，一般应当采用追溯调整法进行会计处理。（　　）

2. 对于会计估计变更，一般应当采用未来适用法进行会计处理。（　　）

3. 前期会计差错通常包括计算错误、应用会计政策错误、疏忽或曲解事实以及舞弊产生的影响以及存货、固定资产盘盈等。（　　）

4. 企业应当采用追溯重述法来处理前期会计差错。（　　）

5. 对一个企业实施共同控制的投资方是该企业的关联方。（　　）

## 三、简答题

1. 如何区分会计估计变更与会计差错更正？

2.《企业会计准则第36号——关联方披露》中认定的构成企业关联方的有哪些组织和个人？

3. 上市公司年报的哪些部分涉及了关联方的披露？

# 第十二章 日后事项以及分部报告的财务报表分析

**【知识目标】**

1. 了解日后调整事项及其包含的内容。
2. 了解日后非调整事项及其包含的内容。
3. 了解企业会计准则解释第3号对分部报告会计准则的修订。
4. 了解分部信息在年报中的披露位置。

**【技能目标】**

1. 能够在年报中找出有关日后事项的披露。
2. 能够对日后事项性质是否合理形成自己的判断。
3. 能够在年报中找出披露的分部信息。
4. 能够运用分部信息对企业未来业务发展进行预测。

**【关键术语】**

日后事项、调整事项、非调整事项、分部报告、经营分部、分行业、分产品、分地区

**引例**

**疫情对上市公司2019年年报的影响**

新冠疫情从2020年1月起在全国爆发，国家采取了旅行限制和隔离等防控措施。虽然新冠病毒在2019年12月31日前已经存在，但是其发展成为新冠疫情并产生重大社会影响是在2020年1月。因此，对于受到影响的企业来说，新冠疫情应当是一项资产负债表日后非调整事项。非调整事项的发生不影响资产负债表日企业的财务报表数字，企业应当在附注中披露重要的非调整事项的性质、内容，及其对财务状况和经营成果的影响。无法作出估计的，应当说明原因。即对于受新冠疫情影响较大的行业中的企业，应当披露新冠疫情对企业的影响。例如，牧原股份在2019年年报资产负债表日后事项中披露：

公司于2020年1月29日召开第三届董事会第二十二次会议，审议通过了《关于捐赠1亿元支持新型冠状病毒肺炎疫情防控的议案》，同意公司捐赠人民币1亿元，用于全国新冠疫情防控工作……新冠疫情对湖北等省市以及全国整体经济运行造成一定影响，从而可能在一定程度上影响公司发展建设、生产经营。

**启发思考：**什么是日后事项？什么是非调整事项？有什么披露要求？

# 第一节　日后事项相关规定

《企业会计准则第 29 号——资产负债表日后事项》对日后事项的确认、计量和披露进行了规定。这个准则比较简短，对于非财务专业的人来说，读懂其内容也不是很难。资产负债表日后事项，是指资产负债表日至财务报告批准报出日之间发生的有利或不利事项。财务报告批准报出日，是指董事会或类似机构批准财务报告报出的日期。日后事项包括两种——资产负债表日后调整事项、资产负债表日后非调整事项。

## 一、调整事项及其界定

调整事项，是指对资产负债表日已经存在的情况提供了新的或进一步证据的事项。

准则中列举了一些比较常见的调整事项：①诉讼。日后诉讼案件结案，证实了在资产负债表日已经存在现时义务，需要调整确认相关的预计负债或者确认一项新负债。②减值。日后确凿证据表明某项资产在资产负债表日已经发生了减值，或者原计提减值金额需要调整。③成本或收入的调整。日后进一步确定了在资产负债表日前购入资产的成本或售出资产的收入。④舞弊和差错。日后发现财务报表舞弊或差错。

## 二、非调整事项及其界定

非调整事项，是指表明资产负债表日后发生的情况的事项。调整和非调整的关键在于，是否是新发生的情况。如果是进一步佐证资产负债表日已经存在的情况，就需要调整报表；如果是新发生的情况，就不需要调整报表。非调整事项在资产负债表日不存在，但是如果重要，就需要在附注中披露。

企业发生的资产负债表日后非调整事项，通常包括下列各项：①资产负债表日后发生重大诉讼、仲裁、承诺。②资产负债表日后资产价格、税收政策、外汇汇率发生重大变化。③资产负债表日后自然灾害导致资产发生重大损失。④资产负债表日后发行股票和债券以及其他巨额举债。⑤资产负债表日后资本公积转增资本。⑥资产负债表日后发生巨额亏损。⑦资产负债表日后发生企业合并或处置子公司。

## 三、判断日后事项涉及的关键日期

判断日后事项的过程中，涉及几个关键的日期。一般年报的资产负债表日是 12 月 31 日。假设某公司审计报告签章日为 3 月 17 日，董事会批准的年报对外报出日是 3 月 25 日，实际的年报对外报出日是 4 月 1 日，那么日后事项涵盖期间是 1 月 1 日至 3 月 25 日。如果 3 月 25 日至 4 月 1 日又发生了一些重大事项，需要对财务报告进行调整或者披露，怎么办呢？这时，财务报告应当进行调整，之后再次报董事会批准报出。假设这次董事会批准的年报报出日为 4 月 7 日，实际的年报报出日为 4 月 10 日。那么经过这次调整之后的日后事项涵盖期间为 1 月 1 日至 4 月 7 日。

如果某会计差错在财务报告实际报出之后才被发现，这时就要根据《企业会计准则第 28 号——会计政策、会计估计变更及会计差错更正》里的会计差错更正来做处理，不构成本章所说的日后事项。

# 第二节　日后事项与财务报表分析

日后事项是资产负债表日至财务报表信息披露日发生的一些重大事项，对于理解企业近期的发展变化提供了非常有用的信息。在进行财务报表分析时，关注日后事项必不可少。

## 一、日后事项在财务报表中的披露

对于外部报表阅读者来说，日后事项中的调整事项已经在实际报出之前被“消灭”了，除非企业特别说明（很少见），日后调整事项在报表中的痕迹并不明显。一般我们碰到的比较多的情况是，在附注中发现披露的日后非调整事项。

按照《公开发行证券的公司信息披露编报规则第 15 号——财务报告的一般规定》，上市公司在年报的报表附注中需要披露：①重要的非调整事项。公司应披露资产负债表日后存在的股票和债券的发行、重要的对外投资、重要的债务重组、自然灾害导致的资产损失以及外汇汇率发生重要变动等非调整事项，分析其对财务状况、经营成果的影响。无法作出量化分析的，应说明原因。②利润分配情况。公司应披露资产负债表日后利润分配情况，包括拟分配的利润或股利、经审议批准宣告发放的利润或股利金额等。③销售退回。在资产负债表日后发生重要销售退回的，公司应披露相关情况及对报表的影响。④其他重要资产负债表日后事项。

对照编报规则第 15 号与企业会计准则第 29 号的非调整事项相关规定，两者只是描述角度略有不同，基本内容是一致的。

## 二、日后事项对财务报表分析的意义

微课堂

日后事项与财务报表分析

日后事项中的调整事项，已经进行了报表调整，对财务报表的影响已经包含在相应报表中。而附注中披露的非调整事项往往揭示了企业最新的动态变化，对于我们判断公司未来的发展方向有非常重要的作用。

还有些时候，调整事项和非调整事项的界限似乎不太清晰，会出现有争议的局面。而这些信息都是我们在了解一家公司时需要关注的。

**案例 12.1**

**对西部创业日后事项性质的不同判断**

2019 年 8 月 6 日，上市公司西部创业发布了半年报。该公司的三名独立董事均认为无法保证半年报内容的真实、准确、完整。独立董事之所以对半年报提出异议，主要是由于对西部创业的全资子公司大古物流的一项涉税事项的会计处理有不同意见。半年报的资产负债表日是 6 月 30 日，根据西部创业发布的公告（第八届董事会第二十三次会议决议公告），半年报的批准报出日是 8 月 6 日。那么在 2019 年 7 月 3 日子公司收到的《税务行政处罚事项告知书》（以下简称《告知书》）的确是属于资产负债表日后事项的范围，其是否是调整事项呢？

独立董事认为应当作为调整事项，确认预计负债和相应的损失，在半年报的财务报表中列示。但显然董事会没有同意这样做，而是将其作为非调整事项进行了披露，具体在半年报附注“十二、其他重要事项”这部分进行了披露。公司以仍在申辩争取更大利益和未收到最终处理结果为由，没有计提预计负债并确认相关的损失，将这个日后事项作为非调整事项披露。这里到底是否要依据该《告知书》将此日后事项作为调整事项，取决于个人的判断——该事项到底有多大可能实际发生，以及金额是否能够可靠计量。显然，独立董事和公司董事会作出了不同的判断。可扫码了解西部创业日后事项的更多信息。

## 第三节　有关分部信息的相关规定

对上市公司来说，主要有以下四个文件涉及对分部信息的披露规定：《企业会计准则第35号——分部报告》《企业会计准则解释第3号》《公开发行证券的公司信息披露内容与格式准则第2号——年度报告的内容与格式》《公开发行证券的公司信息披露编报规则第15号——财务报告的一般规定》。让我们分别看一下这些文件中的主要规定。

### 一、《企业会计准则第35号——分部报告》

企业会计准则第35号明确对分部报告作出了规范，规定了企业应当区分业务分部和地区分部。业务分部，是指企业内可区分的、能够提供单项或一组相关产品或劳务的组成部分。地区分部，是指企业内可区分的、能够在一个特定的经济环境内提供产品或劳务的组成部分。准则规定了确定业务分部和地区分部时应当考虑的一些因素，具体可参见准则。并且准则规定企业应当以业务分部或地区分部为基础确定报告分部。

报告分部的选择标准或者说门槛基本上是10%（维度可以是收入、利润或者资产），所有报告分部的对外交易收入合计额应当占合并总收入的75%以上（这其实是要求报告分部要解释绝大部分的收入）。报告分部区分主要报告形式和次要报告形式。如果企业以业务分部作为主要报告形式，那么地区分部就成为次要报告形式；反之亦然。

主要报告形式，要披露分部收入、分部费用、分部利润（亏损）、分部资产总额和分部负债总额等。次要报告形式，要披露分部收入和分部资产。

对于很多企业来说，既要区分业务分部又要区分地区分部，还要确定主要报告形式和次要报告形式，十分烦琐，增加了企业编制财务报表的成本。在实践中，分部报告的这些规范落地十分困难。在这种背景下，财政部发布了《企业会计准则解释第3号》，对报告分部信息进一步进行了明确，可以说是对《企业会计准则第35号》进行了实质性的修订。

**视野拓展**

**《企业会计准则解释第3号》对分部信息的详细规定**

### 二、《企业会计准则解释第3号》

《企业会计准则解释第3号》对分部报告会计准则进行了实质性的修订，不再区分业务分部和地区分部，而是按照管理实践的方便和需要认定经营分部；不再区分主要报告形式和次要报告形式，而是要求经营分部报告利润总额及其组成、资产总额及其组成、负债总额等信息，同时区分国内和国际业务分别报告对外交易收入和非流动资产总额信息。

### 三、《公开发行证券的公司信息披露内容与格式准则第2号——年度报告的内容与格式》

实务操作中，上市公司具体在编制年报时需要参考证监会发布的《公开发行证券的公司信息披露内容与格式准则第 2 号——年度报告的内容与格式》（2017 年 12 月修订）的具体规定。在这个文件中，分部信息主要体现在“经营情况讨论与分析”这一部分。

在这一部分中，公司应当结合行业特征和自身实际情况，分别按行业、产品及地区说明报告期内公司营业收入构成情况。对于占公司营业收入或营业利润 10%以上的行业、产品或地区，应当分项列示其营业收入、营业成本、毛利率，并分析其变动情况。对于实物销售收入大于劳务收入的公司，应当按行业口径，披露报告期内的生产量、销售量和库存量情况。相关数据同比变动在 30%以上的，应当说明原因。公司应当披露已签订的重大销售合同截至本报告期的履行情况。

## 四、《公开发行证券的公司信息披露编报规则第 15 号——财务报告的一般规定》

2014 年 12 月修订的《公开发行证券的公司信息披露编报规则第 15 号——财务报告的一般规定》第六十八条规定：公司应披露报告分部的确定依据、分部会计政策、报告分部的财务信息（包括主营业务收入、主营业务成本等），以及分部财务信息合计金额与对应合并财务报表项目的调节过程。公司无报告分部的，应说明原因。

从以上规定可以看出，附注中的分部报告并不是强制披露的。

**案例 12.2**

**华大基因 2019 年半年报增加了一个报告分部**

华大基因 2019 年半年度报告增加披露了一个报告分部“精准医学检测综合解决方案”，该报告分部主要包含仪器试剂及综合解决方案等服务收入，该报告分部收入占营业收入比例约为 17%。而在之前的年度报告中，公司是根据该分部所支撑的业务板块，将其分别归类在“生育健康基础研究和临床应用服务”“肿瘤防控及转化医学类服务”“感染防控基础研究和临床应用服务”“多组学大数据服务与合成业务”四大类产品中披露的。从 2019 年半年报开始，根据重要性的原则，公司将其单独作为一个报告分部披露。分部报告的披露有助于我们了解公司的业务结构、各个业务分部的历史业绩，并有助于我们判断其未来发展走势。

# 第四节　分部信息的披露实务

由于《公开发行证券的公司信息披露内容与格式准则第 2 号——年度报告的内容与格式》这个文件明确要求需要按行业、产品及地区披露营业收入的构成，对于那些重要的（10%）的行业、产品或地区还要分别列示营业收入、营业成本和毛利率，所以几乎所有上市公司都会有这部分内容的披露，不过详尽程度可能略有差异。但是，由于《公开发行证券的公司信息披露编报规则第 15 号——财务报告的一般规定》中规定“公司无报告分部的，应说明原因”，实务中普遍将其解读为无须强制披露。而且，有些公司没有披露分部报告，也并没有说明原因。

## 一、未披露分部报告的示例

由于信息披露编报规则第 15 号并没有强制要求披露分部报告，所以有些上市公司并没有在年报附注中单独披露分部报告。例如，亨通光电 2018 年年报并没有披露分部报告。

**案例 12.3**

**亨通光电的分部信息**

亨通光电 2018 年年报的合并报表附注并没有披露分部报告信息，这是不是因为业务单一而没有必要报告分部呢？在“经营情况讨论与分析”这一部分可以看到公司披露了分行业、分产品、分地区的营业收入、营业成本和毛利率情况。从披露的信息来看，无论是业务还是地区，亨通光电都具备一定的复杂性，分部报告其实是非常必要的。但是就分部信息的披露上，该公司只披露了目前监管层明确规定的强制披露信息。可扫码了解亨通光电 2018 年年报中更详细的分部信息。

## 二、披露分部报告的示例

有些上市公司出于自愿披露，在年报附注中披露了分部报告信息。例如，美的集团在附注中报告了分部报告。

**案例 12.4**

**美的集团的分部信息**

请扫码了解美的集团 2018 年年报中的分部信息。它有四个经营分部：暖通空调分部、消费电器分部、机器人及自动化系统分部和其他分部，并且除了会计准则要求披露的收入、费用、利润、资产和负债之外，还额外披露了各个分部对联营企业的长期股权投资、对联营企业的投资收益、非流动资产增加额、资产减值损失、折旧费和摊销费。按照《企业会计准则解释第 3 号》的规定，美的集团还区分了国内和其他国家 / 地区，并披露了收入和非流动资产等的情况。可以说，美的集团的分部信息披露是比较完善的。

将分部报告的信息与“经营情况讨论与分析”中披露的营业收入的构成比较一下，可以看到分产品这里的分部划分与分部报告中经营分部的划分基本一致。

**微课堂**

**分部信息与财务报表分析**

分部信息的披露对于财务报表分析具有十分重要的意义。我们可以通过分部信息，了解企业的业务结构，从而判断企业每一分部的相对重要性；了解每一业务分部过去的增长水平及其对企业增长的贡献；预测每一业务分部未来的发展趋势，结合公司战略，判断对公司未来业绩的影响。

但是分部信息也有其局限性，分部的业绩水平极大取决于共同费用在不同分部间的分摊标准以及分部间内部交易的转移定价。对于内部分析和评价而言，确定以上两个影响分部业绩的因素是否合理是至关重要的。对于外部分析者而言，我们应当意识到，企业有可能为了营造某类业务前景良好的假象，而对其分部业绩进行盈余操纵。

## 本章小结

本章主要讲解了资产负债表日后事项以及分部报告的财务报表分析。

资产负债表日后事项分为调整事项和非调整事项，是指资产负债表日至财务报告批准报出日之间发生的有利或不利事项。如果是进一步证明了资产负债表日已经存在的事实，则需要调整报表；如果是新发生的事实，并且较为重大，就需要在附注中披露。关注日后事项在附注中的披露，可以帮助我们发现企业近期的一些动态。但是，实务中也会出现对调整事项和非调整事项判断不清，从而引发争议的现象。

由于分部报告会计准则中对分部报告的规定在实务中落地困难，财政部发布的《企业会计准则解释第 3 号》其实是对分部报告准则做了实质性的修订。根据信息披露编报规则第 15 号的规定，是否在附注中披露分部报告并不是强制性的，因此有些上市公司在附注中披露了分部报告，有些上市公司并没有披露。但是，内容与格式准则第 2 号规定企业必须在年报的“经营情况讨论与分析”这一部分按行业、按产品、按地区披露营业收入的构成情况，这成为我们了解企业分部信息的重要渠道。分部信息有助于我们更加准确地判断企业未来的发展趋势。

## 综合练习题

**一、单选题**

1. 下列关于日后事项的说法中，不正确的是（　　）。

   A. 日后事项是指资产负债表日至财务报告批准报出日之间发生的有利或不利事项

   B. 日后事项是指资产负债表日至财务报表实际报出日之间发生的有利或不利事项

   C. 日后调整事项是日后事项的一种

   D. 日后非调整事项是日后事项的一种

2. 下列不属于日后调整事项的是（　　）。

   A. 日后诉讼案件结案，证实在资产负债表日已经存在现时义务

   B. 日后的确凿证据表明某项资产在资产负债表日已经发生减值

   C. 日后新增的诉讼案件

   D. 日后发现的财务报表舞弊或者差错

3. 下列不属于日后非调整事项的是（　　）。

   A. 日后新增的诉讼　　　　　B. 日后资产价格、税收政策等发生重大变化

   C. 日后发生巨额亏损　　　　D. 日后发现的财务报表舞弊或者差错

4. 某公司审计报告签章日为 3 月 15 日，董事会批准对外报出日是 3 月 27 日，实际对外报出日是 4 月 3 日，日后事项包含的时间是（　　）。

   A. 1 月 1 日至 3 月 15 日　　　B. 1 月 1 日至 3 月 27 日

   C. 1 月 1 日至 4 月 3 日　　　D. 3 月 15 日至 4 月 3 日

5. 在进行财务报表分析时，对日后事项的下列说法，不正确的是（　　）。

   A. 日后调整事项已经包含在相应报表中了

   B. 财务报表附注中可以找到关于日后调整事项的详细披露

   C. 财务报表附注中可以找到关于日后非调整事项的详细披露

D. 日后非调整事项往往揭示出企业最新的动态变化，在进行财务报表分析时需要关注

6. 下列哪一个文件的内容已经被实质性修订了？（　　）

A.《企业会计准则第35号——分部报告》

B.《企业会计准则解释第3号》

C.《公开发行证券的公司信息披露内容与格式准则第2号——年度报告的内容与格式》

D.《公开发行证券的公司信息披露编报规则第15号——财务报告的一般规定》

7. 下面关于分部信息披露的说法，正确的是（　　）。

A. 企业要报告业务分部

B. 企业要报告地区分部

C. 企业要区分主要报告形式和次要报告形式

D. 分部信息的披露在实务中是自愿披露

8. 年报的“经营情况讨论与分析”中也会涉及一些分部信息的披露，下列说法不正确的是（　　）。

A. 企业要按行业披露营业收入的构成

B. 企业要按产品披露营业收入的构成

C. 企业要按地区披露营业收入的构成

D. 相关数据同比变动在10%以上的，应当说明原因

9. 下列关于报告分部的说法，正确的是（　　）。

A. 企业必须披露报告分部

B. 所有上市公司年报中都包含报告分部的信息

C. 有些上市公司并没有披露报告分部

D. 报告分部无须区分国内和国际业务

10. 分部有关信息对财务报表分析十分有用，下列说法中不正确的是（　　）。

A. 分部信息不太容易受盈余操纵的影响

B. 分部信息揭示了企业的业务结构

C. 分部信息有利于我们判断每一个具体业务过去的表现

D. 分部信息有助于我们分析每一个具体业务未来的态势

## 二、判断题

1. 资产负债表日后事项是指资产负债表日至财务报告报出日之间发生的有利或不利事项。（　　）

2. 日后发现财务报表舞弊或差错属于日后调整事项。（　　）

3. 如果某会计差错在财务报告实际报出之后才被发现，这时需按照会计差错更正来做处理。（　　）

4. 一般在附注中披露的日后事项是日后非调整事项。（　　）

5. 按照我国目前的相关规范，在年报中分部报告属于强制披露的信息。（　　）

## 三、简答题

1. 请简要描述在年报中分部信息是如何披露的。

2. 什么是日后调整事项？什么是日后非调整事项？并举例说明。

3. 日后事项对财务报表分析有什么意义？

# 参考文献


企业会计准则编审委员会，2020. 企业会计准则实务应用精解——会计科目使用 + 经济业务处理 + 会计报表编制（2020 年版）[M]. 北京：人民邮电出版社.

续芹，2017.财务报表解读：教你快速学会分析一家公司[M]. 北京：机械工业出版社.

张新民，2017. 从报表看企业：数字背后的秘密[M]. 3 版. 北京：中国人民大学出版社.

张新民，钱爱民，2019. 财务报表分析[M]. 5 版. 北京：中国人民大学出版社.

张新民，王秀丽，2016. 财务报表分析[M]. 3 版. 北京：高等教育出版社.

中国证券监督管理委员会会计部，2017. 上市公司执行企业会计准则案例解析（2017）[M]. 北京：中国财政经济出版社.

# 更新勘误表和配套资料索取示意图

**说明 1：**本书配套教学资料完成后会上传至人邮教育社区（www.ryjiaoyu.com）本书页面内。下载本书配套教学资料受教师身份、下载权限限制，教师身份、下载权限需网站后台审批，参见以下示意图。

**更新勘误及意见建议记录表**

**说明 2：**“用书教师”，是指学生订购本书的授课教师。

**说明 3：**本书配套教学资料将不定期更新、完善，更新后的资料会随时上传至人邮教育社区本书页面内。

**说明 4：**扫描二维码可查看本书现有“更新勘误记录表”“意见建议记录表”。如发现本书或配套资料中有需要更新、完善之处，望及时反馈，我们将尽快处理。

**咨询 QQ：**602983359

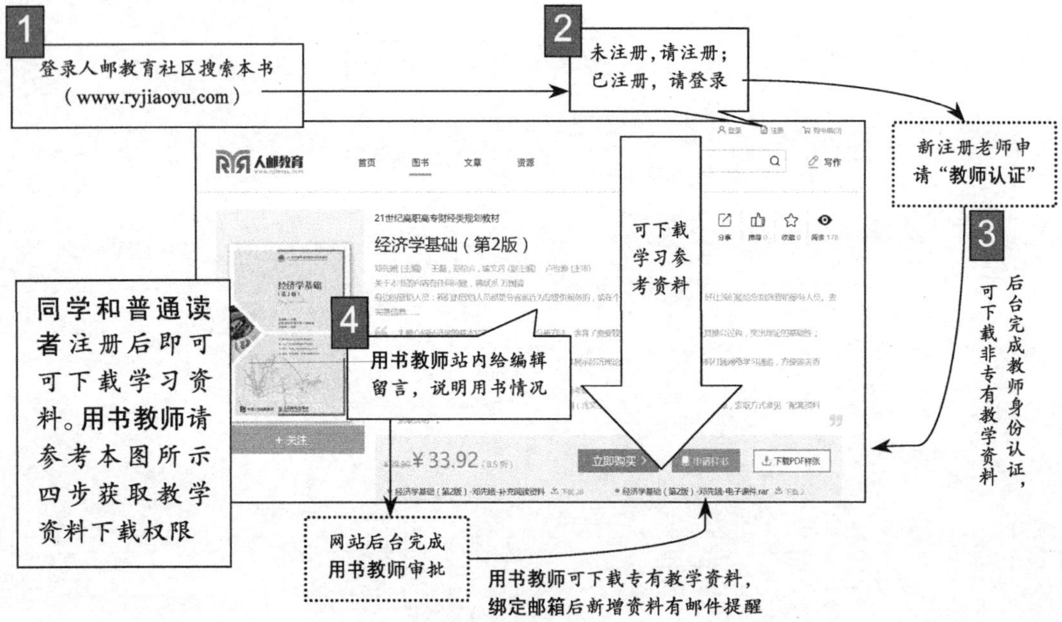